文化产业管理专业系列教材

张胜冰 修斌 主编

Case Studies of Cultural Industries Management

文化产业经营管理案例

张胜冰 马树华 徐向昱 尚光一 著

中国海洋大学出版社

·青岛·

图书在版编目（CIP）数据

文化产业经营管理案例/张胜冰等著.—青岛：中国海洋大学出版社，2007.4
(2020.8重印)

ISBN 978-7-81067-563-5

Ⅰ.文… Ⅱ.张… Ⅲ.文化—产业—经济管理—案例—高等学校—教材

Ⅳ.G114

中国版本图书馆 CIP 数据核字（2007）第 051757 号

出版发行 中国海洋大学出版社

社　　址 青岛市香港东路23号　　　　　　　**邮政编码**　266071

网　　址 http://pub.ouc.edu.cn

电子信箱 jilizhen@163.com

订购电话 0532-82032573（传真）

责任编辑 光　明　　　　　　　　　　　　**电　　话**　0532-85902469

印　　制 北京虎彩文化传播有限公司

版　　次 2007年4月第1版

印　　次 2020年8月第7次印刷

开　　本 850mm×1 168mm　1/32

印　　张 9.5

字　　数 230千

定　　价 29.50元

目录

第一章

绪论:案例教学的意义与方法

案例教学是当今国内外高等院校部分应用性学科专业经常使用的一种教学手段,目的在于有效地增加课堂教学的生动性与实践性,以达到理论教学与实践教学相结合的实际效果。实践证明,一个好的案例常常有助于提高课堂教学的质量和效果,增加学生对专业学习的热情和积极性,并且能起到举一反三、触类旁通的作用,启发学生对现实社会中相关事例与情境的深入观察与思考。

第一节　什么是案例教学

案例教学是学生在初步掌握了基本理论知识和方法的基础上,在教师的具体指导下,根据教学的目的和要求,将学生带入特定事件和情景现场进行分析。案例教学是一种以传授分析方法为目的的教学手段,它是鼓励个人独立思考与群体互动,促使理论与实践相结合,以达到对个人沟通、控制、决策等思维能力的一种训练。运用案例教学,是活跃课堂教学的有效手段,也是全面提高学生综合能力和实践能力的重要步骤,在专业课程的学习中具有十分重要的地位。

案例教学最初始于法学和医学,但案例教学最为成功的应用是在工商管理的教学中。20 世纪 20 年代哈佛商学院最早尝试采用案例分析的方法教授管理学,取得了极大的成功,成为全球

MBA 教学的创始者,它的教学方法与理念一直沿用至今,成为 MBA 教学的基本模式。运用案例教学的方法,哈佛商学院培养出了众多活跃于各国工商界的骄子,也使得案例教学成为 20 世纪一种风靡全球并被公认为代表着未来教育发展方向的成功教育模式。实践证明,有效地实施案例教学,可以培养学生对专业学习的积极性与主动性,增加学习的热情与参与意识。

今天的案例教学已经不再局限于传统的学科领域,而是向更广泛的学科门类渗透,尤其是在许多应用性学科专业中,案例教学运用得更为普遍,它已经成为观察现实和分析问题的一种最有效的方法。通过案例,理论研究与现实操作得以更好地结合,案例教学已经成为把两者联系起来的桥梁和途径,同时也使传统的人文社会科学与现实的联系更为紧密,也更为直接。

在教学中,一个好的案例就是一种行之有效的教学手段,因为案例本身所提供的是一种真实的问题、矛盾和情境,它存在着从各个方面进行研究、分析和解释的可能性,这对进一步启发学生思考、深化教学过程来说是非常重要的。通过对一个完整案例的分析,可以教给学生从中发现问题的能力。例如,对于世界文化遗产的保护和利用,是当今世界各国政府都非常重视的问题,它往往涉及到很多层面的问题,如对遗产资源的管理与修复、对游客的管理、对管理人员的培训、对遗产价值与可能造成的危害的评估等等。这些问题如果通过一个个具体遗产案例讲解的方式,能收到很好的教学效果,增加学生对事件发生的现场感的认识,从而使学生更加深刻地理解课堂讲授的内容。

第二节　案例教学的意义

案例教学的意义可以概括为以下几点:

第一,它可以使学生认识到案例对专业学习的重要性。

文化产业管理是一门应用性很强的专业，学生将来走入社会要能够学以致用，成为为社会所用的人才，所学的知识就必须与现实社会具有密切的联系，要充分认识和了解文化产业在现实中的具体发生情况。案例教学正是为了达到这一目标而设置的，它可以使学生与社会现实直接接触，培养学生重视案例、观察案例并主动收集案例的意识，使理论教学与实践教学密切配合。案例教学已成为培养学生应用能力与实践能力的重要环节，对于造就文化产业管理的创新型人才来说，案例教学非常重要，已经成为教学中的重要手段。

第二，案例教学从大量的现实生活中获取更为生动的教学资源，可以弥补理论教学的不足。

"理论是灰色的，只有生活之树常青。"从专业教学的角度来说，理论教学虽然非常重要，但也容易带来枯燥乏味，而且相对来说理论一旦进入书本，就成为一种静态的、不变的东西，难免与瞬息万变的现实社会产生一定的脱节。书本中的理论知识须保持一定的稳定性，这就必然偏重于对基本原理的阐述，而很难把关注的重点放在与现实生活密切相关事物的发展变化上。因此，与现实发展相比，书本上的东西存在着一定的滞后性，这种滞后性可以通过案例教学加以弥补，因为案例教学的特点是动态的、即时的，并且可以对案例不断进行修订、补充和置换，以保证案例的时效性和新鲜感。从这个意义上说，案例教学与理论教学相配合，可以使教学收到更好的效果。

文化产业在现实中的发展是复杂多变的，有很多东西远远超出了书本理论的范畴，一个生动的案例有助于使教学更加贴近现实情景，追踪文化产业发展的完整过程，包括文化企业的成长、规模和数量的快速扩张、富有价值的创意活动以及可能遭遇的失败等，都可以通过案例加以说明。通过这些案例的学习，自然加深了学生对文化产业发展过程的一种深层次的理解，提高了学生对市场风险的分析、判断与预测的能力。

第三，案例教学可以促使学生走出课堂，达到理论与实践的结合，强化能力的培养。

在MBA的案例教学中，由于学生已经接受过必要的基础理论的训练，具有较强的理论分析能力，案例教学就是为了进一步突出学生的这种能力，包括对事物的分析能力、对市场的快速反应能力和在不充分信息条件下的决策能力。对文化产业管理专业的学生来说，案例教学是基础理论学习的有效补充，可以使理论与实践达到有效结合，收到预期的效果。因此，文化产业管理专业的案例教学，要将案例教学与基础理论学习相结合，在传授基础知识的同时，将案例教学作为基础理论教学的有效补充，强化对能力的培养。通过案例教学，引导学生主体性、主动性的进一步发挥，并注重引导学生通过案例的分析与推导，运用基础理论来解决实际问题，帮助学生通过案例的分析，寻找解决问题的最佳方案。

第四，案例教学能吸引学生主动自觉地参与案例的收集和编写，充实案例教学资源库，提高学生的综合技能。

文化产业管理是一门实践性非常强的学科专业，需要借助于大量的案例来加以说明，但受制于各种条件的限制，教师对案例的收集和掌握毕竟是有限的，而学生在校期间参与的文化产业管理活动在时间上、介入的深度上也处于一个较低的层面。为了获取更多更好的案例，可将案例教学与学生的实践活动（实习）相结合，要求学生在完成实践活动（实习）后，将参与的实践活动编写成为案例形式。

收集和编写案例是提高学生综合技能的重要环节。学生在案例的收集和编写过程中，一是可以提高对实践活动的重视程度，避免走马观花、蜻蜓点水式的参与；二是可以提高对实践过程的认识程度，重视实践的学习；三是由于编写案例的过程涉及到材料选择、文字编辑、图片处理等环节，学生在编写过程中可以全面提高自身的文字处理能力和计算机软硬件的操作水平;四是学生参与编写的案例虽不免简单,但对于启发教师的思路,充实案例资源库却具有重要意义,是教师建立案例资源库的重要补充。这对专业建设来说尤为重要。

第五,案例教学还有助于加深与文化企业的密切合作。

案例教学中涉及的大量案例都是从现实中来的,很多案例材料是从文化企业那里直接收集来的,这就需要企业一定要给予密切配合,愿意提供各种案例材料。在这个过程中自然就加深了高校与文化企业之间的密切合作。反过来说,这些文化企业通过案例形式走入高校的课堂教学中,也起到一种向社会公众推介和宣传的作用,有利于社会对其文化产品的认知与了解。

第三节　案例教学的方法

案例教学应结合教学需要,积极探索能够取得实际效果的行之有效的方法,为达到教学目的服务。结合教学的实际,案例教学的方法主要有:

1. 理论与实践相结合的方法

这是案例教学总的指导原则。案例教学的目的是使理论与实践更好地结合,所学的理论知识能够与现实中所发生的情景相一致。通过案例分析,使得学生进一步对文化产业的具体运作原理、行业管理规则和操作过程有比较深入全面的了解。

2. 个案分析法

个案分析法也叫个案研究(case studies)法,它是许多学科普遍运用的一种研究方法,在经济学、管理学、法学、社会学、人类学等学科中运用得更为普遍。个案分析强调的是对一个具体而完整的个别案例作深入的观察、透视与研究,通过个案有助于发现事物的一般规律和变化过程。文化产业管理的教学应选取某些具体的文化产业管理的个案进行深入分析,以更好地认识文化产业的特点。

3. 情境教学法

情境教学法指的是在教学中对现实中发生的事件的具体描述,或是说把学生带入特定事件和情景的现场进行分析,让学生有一种现场的真实感,把理论学习还原为现实经验。为了达到这一效果,情境教学需辅之一定的具有情境效果的图文案例,以增加对现场事件的具体感受。

4. 课堂讨论法

课堂讨论是达到案例教学效果的必要环节。课堂讨论的主题是一个个的具体案例,通过讨论,也就自然深化了对案例的认知和对原理的把握。例如,文化产业最终还是取决于文化产品本身的价值,即它的文化内涵,文化产业发展应避免只顾经济利益的"泡沫文化"现象。对这一问题的认识可以结合具体案例作为课堂讨论的主题,通过现实中的一些生动的案例来进行说明,避免不联系实际地空谈理论。这样的围绕案例的课堂讨论,往往能收到良好的教学效果。

思考题

1. 请谈谈案例在教学中的重要性。

2. 案例教学应注意哪些问题?

3. 你认为案例教学方法中哪个最重要? 为什么?

第二章 《哈利·波特》系列及其营销策略

　　1997 年 6 月，英国女作家 J·K·罗琳的系列幻想小说"哈利·波特"的第一部《哈利·波特与魔法石》在连遭 12 家出版社拒绝之后，终于由英国布卢姆斯伯里出版社（Bloomsbury Press）出版。随即她以几乎每年一本的速度创作了《哈利·波特与密室》（1998）、《哈利·波特与阿兹卡班的囚徒》（1999）、《哈利·波特与火焰杯》（2000）、《哈利·波特与凤凰社》（2003）。2005 年 7 月，她的第六部作品《哈利·波特与"混血王子"》在全世界"哈利·波特"迷的热切盼望中问世，再次掀起"哈利·波特"狂潮。目前，"哈利·波特"系列小说已被翻译成近 70 种不同的语言，在全世界 200多个国家和地区累计销售达 3 亿多册，且屡屡名列各地畅销书排行榜榜首。图书的持续热销，根据图书改编的电影的火爆以及与其相关的其他产品的走俏，这一切给曾经极度贫苦的罗琳带来了巨大的声誉和财富，也创造了出版史上的一个"神话"，产生了一个由平凡走向伟大的奇迹。

第一节　J·K·罗琳与《哈利·波特》

　　1965 年 7 月 31 日，"哈利·波特之母"——J·K·罗琳出生在英格兰西南部风景宜人的耶特（Yate）小镇，幼年时期的生活对罗琳后来的写作生涯影响极大。罗琳搬过两次家，第一次是从耶特迁到 4 英里外的温特本（Winterbourne），在这里，罗琳家和邻居波特一家（这个名字大家早已不再陌生）经常往来，互相交换书籍。9 岁时，罗琳又随父母迁往离切普斯托不远的图希尔小镇，紧邻着迪安森林。森林北部有古老的建筑，南部风景优美，蕴藏着各种名字古怪的珍奇动植物。另外，这里还有两个神秘的地方：一个是图希尔塔，据称是 16 世纪的灯塔；另一个是禁止入内的 11 世纪的城堡，坐落在切普斯托的一个峭壁上，这一点也许已经解释了《哈利·波特》系列中的许多问题。这是一片历史悠久的土地，流传着很多古老的传说和神话，可以想见，它给了少年时代的罗琳怎样无尽的遐想。

中小学时代的罗琳对读书有着极大的热情，阅读了大量的小说。她喜欢写作胜过任何事情，希望将来能成为作家。她的第一件作品是大约五六岁时所写的关于兔子的故事。在学校的午餐时间，罗琳喜欢经常讲故事给她的朋友听，故事里的她和朋友们总是英勇而果敢。待年龄稍长，罗琳仍坚持写作，但极少将作品示人。1983 年，罗琳进入位于德文郡的埃克塞特大学学习法语，对写作依然情有独钟。毕业后，她一边工作一边仍坚持利用零散时间进行写作。

哈利·波特的故事诞生于 1990 年。这年 6 月的一天，在前往伦敦的列车旅途中，一个瘦弱、戴着眼镜的黑发小巫师不经意间闯进罗琳的脑海，使她迸发了创作生涯中最富创造性的灵感——哈利·波特。她将要按照自己的方式描述一个 11 岁巫师男孩 7 年的成长故事。这个念头彻底改变了罗琳的文学创作生涯。从此，她全身心投入到"哈利·波特"系列的创作中，将自己擅长讲故事的天赋发挥得淋漓尽致，写出了一部部奇妙迷人的魔法故事。从灵感来临的瞬间到第一部《哈利·波特与魔法石》最终完稿，其间历时近 6 年。在这期间，罗琳的职业生涯屡遭变化，生活上经历了种种苦难，但她从未放弃，而是利用一切可能的时间进行创作。

1996 年,罗琳将"哈利·波特"系列的第一部《哈利·波特与魔法石》的手稿寄到克里斯托弗·利特尔文学作品代理公司,此公司慧眼识珠,当即和罗琳签订了一份代理合同,代理公司抽取15％的代理费,然后由代理商将手稿寄给出版社。在连遭 12 家出版商拒绝之后,最终布卢姆斯伯里出版社以 1500 英镑的价格买断了该书的首版出版权。1997 年 6 月 26 日,《哈利·波特与魔法石》问世,首印只有 500 册。3 天后,美国学者出版公司(Scholastic Press)以 10.5 万美元的高价买下该书的美国版权。不到 10 天,华纳兄弟电影公司以 100 万美元的高价买下该书的电影改编权。《哈利·波特与魔法石》一上市便备受瞩目,好评如潮,数月之间的销售量超过了 15 万本。至该年年底,它一连获得好几项图书奖,其中包括英国国家图书奖儿童小说奖、童书联盟团体奖,以及斯马蒂图书金奖奖章等。随后,罗琳完成了"哈利·波特"系列的第二部《哈利·波特与密室》。1998 年夏天,《哈利·波特与密室》一出版,立刻成为抢手的畅销书。数月后,罗琳辞去教职,开始专职写作。并相继于 1999 年 10 月推出第三部《哈利·波特与阿兹卡班的囚徒》;2000 年 7 月,推出第四部《哈利·波特与火焰杯》,迅即售出 530 万册;2003 年 6 月,推出第五部《哈利·波特与凤凰社》,首发日当天 24 小时的销量为 500 万册;2005 年 7 月,推出第六部《哈利·波特与"混血王子"》,首发日当天 24 小时内销量达到 690 万册。[①]"哈利·波特"系列小说的畅销势头一浪高过一浪,形成了一次比一次猛烈的"哈利·波特"飓风。据 2005 年《英国医学杂志》上的一篇论文说,《哈利·波特》第 5 册、第 6 册书上市后的一段时间内,医院急诊室里救治的男孩患者少了一半,因为孩子们被书吸引,顾不上惹是生非了。在英国,84％的老师说,《哈利·波

　　①　相关数据来源于 Bloomsbury Press 官方网站(http://www.bloomsbury.com)。

特》对培养孩子的阅读兴趣和习惯起到了积极作用；83％的父母说，他们的孩子视"小巫师"为道德楷模。[1]

与此同时，美国传媒巨头时代华纳公司买断《哈利·波特》系列的电影版权，先后推出电影《哈利·波特与魔法石》、《哈利·波特与密室》、《哈利·波特与阿兹卡班的囚徒》与《哈利·波特与火焰杯》，目前正在筹拍第五部。2001年秋，《哈利·波特与魔法石》在美国首映打破纪录，当天票房3350万美元，首映3天为9030万美元。2004年，《哈利·波特与阿兹卡班的囚徒》当天取得了9270万美元的票房收入，并再次创下了续集电影的首映记录。有华尔街分析师预计，待到7部电影全部完成，《哈利·波特》系列的票房总收入可望超过100亿美元，而这100亿美元还不包括DVD与录像带的收入。[2]

图书、DVD与电影并不是"哈利·波特"产业链的全部。除了电影版权，时代华纳还买断了"哈利·波特"的商品化经营权。可口可乐仅买断电影《哈利·波特与魔法石》的全球独家营销就出价1.5亿美元。医药巨头强生，玩具制造商Mattel、乐高（Lego）与孩之宝（Hasbro），游戏商EA等，也已经向时代华纳购买了"哈利·波特"的特许经营权，哈利·波特已经像米老鼠、加菲猫一样，出现在成千上万种商品上。2005年初，美国版的《福布斯》撰文指出，由于书籍、电影及衍生产品等不断在全球热卖，"哈利·波特"系列已经成为全球最著名的品牌之一，品牌估价已突破了10亿美元。[3] 经过作者、文学经纪人、出版社、电影制片人，以及一系列营

---

[1] 李孟苏：《成年人对〈哈利·波特〉的其他解读》，载《三联生活周刊》2006年第31期。

[2] 相关数据来源于Bloomsbury Press官方网站（http://www.bloomsbury.com）。

[3] 转引自《哈利·波特玩具品牌估价突破10亿美元》，载《卡通世界》2005年4月。

销高手的运作,围绕小魔法师哈利·波特,形成了一个令人难以置信的价值千亿美元的产业链,创造了出版史上的神话,产生了一个商业传奇,而"哈利·波特现象"也随之成为众多专家学者热烈讨论的话题。

第二节 《哈利·波特》系列的出版营销战略

回顾《哈利·波特》系列小说的出版历程,第一册发行时并没有安排大规模的营销活动,这本书会不会畅销,能不能卖得动,布卢姆斯伯里出版社并没有多大把握,只是尝试性地印了 500 本精装本。但是随着每本新书的问世,读者群就像滚雪球般逐渐扩大到数以百万计。无疑,作为典型的口碑畅销商品,它的力量基于其可读性极强的幻想冒险故事,得益于读者对家人和朋友的推荐。那么,除了它自身的文学魅力外,还有什么力量促使一个穿着黑斗篷、戴着小眼睛、在霍格沃兹魔法学校学习的小男孩迅即风靡全球呢?

在《哈利·波特》系列图书席卷全球的过程中,有两家出版社贡献最大,也最为著名,这就是英国的布卢姆斯伯里出版社和美国的学者出版社。布卢姆斯伯里出版社的总部位于伦敦,创立于1986 年,经营得相当不错,但不算很出名。在它谨慎地出版《哈利·波特与魔法石》后,看到了该系列小说良好的销售势头,接着便运用其出色的管理才能,采取了一系列巧妙的营销手段,成功地将此后几本书推向市场,使哈利·波特迅速成为出版社的摇钱树。

《哈利·波特》的大受欢迎,在很大程度上还得益于赖文——美国学者出版社的一位编辑。1997 年春天,当布卢姆斯伯里出版社正在印刷《哈利·波特与魔法石》的时候,赖文在意大利多隆那书展上,以 10.5 万美元的价格拍下此书的美国版权。《哈利·波特与魔法石》进入美国出版社的包装与营销体系后,经过学者出版社一系列精密的包装、策划、宣传、营销，《哈利·波特与魔法石》很快登上畅销书榜。接下来的3本书在《纽约时报》畅销书榜上连续81周占据榜单前3名，致使《纽约时报》不得不应其他作者请求，为《哈利·波特》系列另开辟一个儿童文学排行榜。

《哈利·波特》系列的畅销使布卢姆斯伯里出版社名扬天下，规模已经扩大到10倍以上，股票也从1994年的每股105便士涨到了2005年的每股376.5便士。就在两家公司宣布第六部书出版日期当天，学者出版社的股价上升了4.2%，布卢姆斯伯里股价上涨16.7%，而美国三家最大的图书零售商亚马逊、Barnes & Noble与Borders集团股价当天都平均上涨2%左右。①

下面我们来看看是哪些营销因素促成了《哈利·波特》系列的热销。

首先，逆向营销是作者、出版商和发行商推销《哈利·波特》系列最常用的营销手段。逆向营销，又叫"悬念营销"，是指在新书推出之前，严密封锁消息，制造各种悬念，吊足读者的胃口。哈利的命运和冒险故事是读者最关心的，他和两位好友的友谊能经得起考验吗？他和谁谈恋爱了？伏地魔的力量又增强了多少？哈利最后能否战胜他？在每一册续集推出之前，罗琳都拒绝透露任何关键信息，使读者对新书出版始终保持无尽的想象与期待。中国图书进出口公司上海分公司的徐先生认为，这种看似无意的安排，实际上起到了非凡的效果："罗琳在写完前四部之后，整整停了两年才推出《凤凰令》，其实这是一个非常好的时机，连续地强烈刺激读者之后，然后停顿两年，让这些读者在未产生厌恶之前，又获得充分积蓄阅读欲的时间，而如今，这种对续集的渴望已经达到了峰

① 相关数据来源于 Bloomsbury Press 官方网站（http://www.bloomsbury.com）。

值,出版社完全把握住了读者的心理。"①最近,罗琳声明,本系列小说的最后一部将于 2007 年上半年完成,届时将有两位主角死去,一人复活,但她一概不说出是谁。可以想见,大结局到来时,首发式会是怎样一种狂热场面。

《哈利·波特》的出版商布卢姆斯伯里出版社也采取了类似的策略。在书籍出版之前,它拒绝透露有关新书的任何信息,并设计了独特的午夜投放市场新书发布方式——午夜 12 点,各加盟首发式的书店点着蜡烛,披着黑斗篷、戴着小眼镜的"哈利"同时出售《哈利·波特》。全球同步发行的奇特首发式使得每个新故事都显得神秘莫测,激起人们的好奇和遐想。在亚马逊网站,《哈利·波特》系列和其他图书的待遇完全不同。出版部发言人克里斯汀·马里安尼透露:"《哈利·波特》丛书享有一个专门的区域用于放置,它们被完全隔离,周围有高达 8 英尺的围墙,入口只有很有限的几个,每个都有保安层层把守,只有佩戴特殊徽章的才能获准进入,而且每次出入都必须向保安出示徽章。在《哈利·波特与"混血王子"》的销售过程中,为了保证不再出现 2003 年的盗书事件以及亚马逊抢先出售的事情,这一次英国的布卢姆斯伯里出版社决不允许新书提前一分钟离开保安的监护。"②

其次,整体开发与营销是出版商和发行商推销《哈利·波特》系列的又一手段,它包括出版社对该系列图书的经营思路、经营策略、资讯收集、图书的整体制作,以及最后的上市促销。我们可以通过我国人民文学出版社(以下简称人文社)对《哈利·波特》系列中文版的出版销售来了解这一营销战略。

众所周知,人文社一直以出版经典文学名著著称,对经营少儿图书并不见长。但自 1999 年起,人文社调整了经营思路,开始下

---

① 转引自路万涛:《解读〈哈利·波特〉现象》,载《出版科学》2006 年第 2 期。
② 转引自路万涛:《解读〈哈利·波特〉现象》,载《出版科学》2006 年第 2 期。

决心开发少儿图书市场。《哈利·波特》系列正是在出版社确定了新的经营思路和经营策略的背景下，通过编辑们及时的资讯搜集，进入出版人的视野，最终成为人文社 2000 年度和 2001 年度的重点项目的。之后，经过同英方艰苦的版权引进谈判和国内同行激烈的版权竞争，终于获得《哈利·波特》系列的中文简体字版权。

取得版权后，书籍的整体制作是整体开发与营销的一个重要环节。"整体制作首先指的是一种理念，那就是要以整体设计的原则去进行一本书的设计制作。我们要求对于《哈利·波特》系列图书的设计制作，从一开始就要有意识地去适应读者和市场营销的需要。"[①]因此，对包括翻译、编审、校对、装帧设计、出版选料、印装等在内的一系列工序，都要做好统筹安排。为了让《哈利·波特》的制作不落俗套，人文社每一个制作环节都充分考虑到了读者的需求和市场营销的效果。在秉承注重翻译质量和编校质量传统的基础上，人文社对制作细节予以了充分的关注。例如，开本选用国际上流行的小 16 开本，封面设计力求与中国读者的审美趣味保持一致，版式设计疏朗、大方、活泼，引进国外版本具有现代形式美感的插图，选用优雅可爱的淡绿色书写纸，封面制作采用进口铜版纸和先印后压纹的工艺，直到最后的印装，出版社都付出了非同寻常的努力。"总之，我们以整体开发和营销的思维，对《哈利·波特》这套图书的各个细节进行精心设计和制作，创造了一个完整和谐的图书形态，为后续的促销和销售提供了质量过硬的产品，更好地引起了读者的兴趣和欲望。"[②]

再次，上市促销是整体开发和营销的最后阶段。一部畅销书

① 聂震宇：《一部超级畅销书的"生命工程"——〈哈利·波特〉的整体开发与营销》，载《编辑之友》2002 年第 5 期。

② 聂震宇：《一部超级畅销书的"生命工程"——〈哈利·波特〉的整体开发与营销》，载《编辑之友》2002 年第 5 期。

文化产业经营管理案例

的营销全过程既包括出版者的前期宣传，也包括针对图书批销商的业内宣传和分销设计，还包括上市销售阶段鼓动性、弥漫性、持续性的宣传和推动。仍以人文社的上市促销为例。在充分的前期宣传的影响下，人文社选择了几家对图书批销业比较有影响的媒体，有意识地与媒体配合，加大报道和宣传力度，以此树立图书批销商的进货信心。在此基础上，人文社又召开专题订货会，邀请各地重要的批发商专程到北京参会，和他们交流《哈利·波特》系列的营销计划，包括后续宣传计划、首次印数、装帧方案等，以增强合作的信心。经过缜密的前期准备，《哈利·波特》进入最令人兴奋的上市阶段，人文社为此做了同样周密的设计，实施了全国同时首发、广告招贴宣传、撷英手册导读、赠送精致礼物等促销计划。在第一阶段促销大功告成后，出版社又发动了第二阶段的促销活动，在北京、上海、长沙等地召开儿童文学专家、文学评论家、教育专家、中学特级教师等出席的《哈利·波特》研讨会，使其重要价值得到中国式阐发，为读者提供了权威性的、肯定性的意见，从而使图书销售形成了持续上升的良好态势。①

人文社在此后几册《哈利·波特》的销售中也采取了同样的营销手段，使《哈利·波特》全套图书销量直线飙升。据人文社策划部负责人透露，《哈利·波特》系列中文版出版以来，前五部平均每部销售 150 万册，《哈利·波特》第六部中文版出版后，很快即售出近 100 万册。"在中国，几乎没有哪部书的发行过千万。一本书如果发行过 10 万，那就相当不错了；如果销售过百万，成绩就相当骄人了。《哈利·波特》中文版的发行用两个字形容，那就是'奇迹'。"《哈利·波特》第一部市场价仅为 19.50 元，第二部至第四部市场价分别为 22.00 元、26.50 元、39.80 元，后两部的价格竟然高

① 参见聂震宇：《一部超级畅销书的"生命工程"——〈哈利·波特〉的整体开发与营销》，载《编辑之友》2002 年第 5 期。

达 59.00 元、58.00 元(每本书市场价的高低与页数的多少有关)。截至 2006 年初,出版社已经净赚了 2400 多万元。[①]

最后,细节营销也是《哈利·波特》的作者、出版商和发行商惯用的营销技巧。它关注营销过程的各个环节,事无巨细,力图用细节打动读者。作者罗琳为了增强小说的可读性,不放过创作过程中的任何一个细节,她不但为作品中的人物、动植物取了极具创意的名字,还创造了许多稀奇古怪的名称,如麻瓜、九又四分之三站台、笑话商店、怪味豆、鼻涕虫、魁地奇等等,这些名词已随着哈利·波特的形象成为全世界流行的时尚话语。再加上那些神秘的咒语和离奇动人的情节,整套小说都透露出细腻生动的特质。

各出版商也将细节营销发挥得淋漓尽致。比如在署名问题上,布卢姆斯伯里出版社就颇费心思。在出版第一部时,出版社认为男孩子不太认可一部女作家的作品,因而"Joanne Rowling"这个名字不太讨男孩读者的喜欢。所以,出版社建议罗琳用她的教名和中名的首字母。罗琳一直没有中名,这时她想起了令她尊敬的祖母凯瑟琳;再者,她也喜欢 J 后面跟着 K 时读起来的顺畅感觉。于是,J·K·罗琳这个不易让人识出性别的名字便随着哈利·波特一起风靡了全世界。

一系列成功的出版营销战略促成了《哈利·波特》系列在全球范围的成功热销。根据业内销售调查公司尼尔森(Nielsen Book Scan)的统计,自 1997 年出版第一部《哈利·波特与魔法石》以来,截至 2006 年初,该系列图书已被翻译成 70 多种语言,在全球 200 多个国家累计销售达 3 亿多册。J·K·罗琳女士由此一跃成为全英国最富有的女人,在美国《福布斯》杂志最新推出的全球名人

① 参见双目:《出版贸易大逆差:"哈利·波特"告诉我们什么?》,载《国际市场》2006 年 1 月。

榜中,她位居第22位。① 当然,罗琳与《哈利·波特》系列的成功,除归功于故事本身的魅力以及上述出版营销战略外,还得益于科技传媒时代的跨媒体营销以及后续产品开发所带来的连锁效益。

第三节 跨媒体营销与衍生产品开发

书籍只是"哈利·波特"财富链的开端而已,根据《哈利·波特》系列小说改编的电影及一系列产品同样大受欢迎,带来了巨大的财富。而"哈利·波特"的背后,是国际传媒巨头无所不包的跨媒体传播力量。跨媒体营销是指现有各类相互独立的媒体趋向融合,形成一个全方位并以宽带网络信息服务为核心、整合各种传播媒介的跨媒体平台。它的魅力在于给人们创造出一种整体的体验。跨媒体合作嫁接了IT业和传媒业的优势,使电影、娱乐业及相关产品的销售及时、迅速、低成本地走向市场。《哈利·波特》系列影片的推广计划正是这一模式的典范,即利用不同媒介推广电影,同时电影也倒过来推动其他媒介,并最终推动了一系列衍生产品的开发与销售。

1997年,时代华纳的一位合作伙伴看到《哈利·波特与魔法石》后,向公司推荐了这本书。时代华纳非常看好这本书的潜力,不仅购买了罗琳第一部小说的电影版权,还买断了前四部小说的电影版权与后三部小说的优先权,以及所有特许权和制造附属商品的权利。在电影拍摄中,时代华纳预算投资1亿美元,但仅可口可乐买下全球独家联合行销权就达到1.5亿美元。同时,由于图书销售非常火爆,时代华纳省去近2/3的宣传成本。电影拍摄完成后,在美国首映当日,哈利·波特同时出现在全美3672家电影院的8200块银幕上,票房收入3350万美元,创下好莱坞有史以来

---

① 参见路万涛:《解读〈哈利·波特〉现象》,载《出版科学》2006年第2期。

最好的单日票房纪录。后又在短短三天内,票房达到9030万美元,创造了最快突破亿元票房的电影史纪录。在英国,到首映前夜为止,就已售出20万张的预售票,票房累计收入已达100万英镑。在中国,火爆场面令许多影城始料不及,家家影院都加厅放映。《哈利·波特与魔法石》以眼球指数、金钱指数、热炒指数、推动力指数、突破指数等均达到5的佳绩当选年度电影。①

在完成第一部之后,时代华纳又相继完成第二、三、四部的拍摄计划,票房加上DVD与录像带的巨额收入,成为时代华纳度过2001~2003年经济衰退危机的救心丸。这些巨额财富的背后,是时代华纳进行跨媒体交互推广的营销模式。

时代华纳跨媒体经营的实质,是围绕知识产权形成的众多媒体与资本间的一条产业链。具体到电影业,电影和相关广告构成第一层次收入,由华纳电影公司、网站及电影台经营;由影片诞生的原声唱片、家庭DVD构成第二层次收入,由华纳唱片公司经营;第三层次收入则由与电影相关的服装、玩具等人物副产品构成,由华纳消费品公司经营。在这种模式下,公司对《哈利·波特》是充满信心的。《哈利·波特》系列电影出自华纳旗下的华纳兄弟电影公司,原声唱片由其子公司录制;影片放映后的许多信息出现在时代华纳属下的《时代》杂志上,并成为另一份华纳刊物《娱乐周刊》的封面;而AOL网站则成为在线宣传、网上订票和其他服务的最便捷之处。可以说,"哈利·波特的火爆是时代华纳吹响跨媒体营销的号角,其内容整合与渠道统一的威力以及所带来的营销利润充分显示跨媒体营销的灿烂前景。"②

随着《哈利·波特》系列的上映,时代华纳的股票在资本市场的表现也非常活跃,迅即成为抢手股,与哈利·波特相关的企业股

① 参见袁晓懋:《哈利·波特照亮跨媒体营销》,载《企业活力》2002年第4期。
② 袁晓懋:《哈利·波特照亮跨媒体营销》,载《企业活力》2002年第4期。

文化产业经营管理案例

票也大幅上涨。华尔街分析师认为,许多投资者在电影上映前买进,利用电影公映的时机抛出,从中获利。台湾一家公司因接受"哈利·波特"系列玩具的订单,股票在疯狂跌势中止跌回升。同时,由于影片的热映,书籍也更加畅销了。书商们认为是他们利用高超的出版营销手段创造了哈利·波特的奇迹,但他们并未充分认识到,其实他们还应该感谢时代华纳。

伴随图书和电影一起蜂拥而至的,是大量与"哈利·波特"有关的商品。围绕哈利·波特的相关产品主要有两类。一类是与《哈利·波特》有关的辅助读物,如哈利在魔法学校读的图书《神奇的动物在哪里》《神奇的魁地奇》《哈利·波特的魔法世界》《哈利·波特魔法揭秘》《我和哈利·波特真实的故事》等等;另一类是衍生产品,即目前充斥儿童文化市场的各类文体用品、游戏玩具、生活用品和服饰等品牌商品。当《哈利·波特与魔法石》上映时,市场上已经出现哈利·波特明信片、黑白和彩色对照的填色书、笔记本、铅笔盒、贴画书、万花筒、飞天扫帚、魔法帽等500多种文具与玩具。到2002年,在美国加利福尼亚州一个特许经营权展会上,有80家公司向时代华纳购买了特许经营权,涉及到2000多种商品。根据好莱坞巨头的经验以及《哈利·波特》非同寻常的受欢迎程度,有分析师预计,哈利·波特相关商品将超过10000种。同时,这还不排除建造哈利·波特主题公园,或在迪斯尼主题公园中增建哈利·波特专区的可能。① 目前,"哈利·波特"已成为被利用得最多的品牌之一。

从图书出版开始,到改编电影、DVD、录像带,再到文具、玩具、游戏、饮料、服装等成千上万种特许经营商品,再到主题公园,以及英格兰正在策划中的哈利·波特旅游业,"哈利·波特"已经不再是一个幻想小说中的人物,而聚集成一个庞大的文化产业。

---

① 王羽潇:《浅谈畅销书的整合营销策略》,载《中国出版》2006年第5期。

这是一个最终价值可能超过千亿美元的产业,创造了儿童文学、乃至小说史上一个史无前例的商业"神话"。

第四节 《哈利·波特》带来的启示

《哈利·波特》系列不仅仅是超级畅销书,更代表一种文化现象,它给人们带来很多重要启示,值得我们认真探讨。首先,文化产业的发展最终还是取决于文化产品本身的价值。文化产品的持久价值在于它的文化属性,而不是商业属性,文化产品应始终坚持以文化为本位的原则,挖掘它的文化内涵,并把这种文化内涵同市场需求结合在一起,这是发展文化产业首先应该考虑的问题。《哈利·波特》在世界范围内深受读者的普遍欢迎,正说明它是由其文化内涵决定的,并非商业炒作。文化内涵必然带来文化产品的审美价值属性,这是它具有市场的真正原因所在。

其次,发展文化产业应避免只顾经济利益的"泡沫文化"现象。文化产业中的"泡沫文化"是一味追求经济利益的结果,这使得文化产品经不起时间的考验,转瞬即逝,不仅浪费了投资,损害了投资人的利益,也严重扰乱了文化市场的正常秩序,造成文化产业领域的虚假繁荣现象,从根本上讲,这对文化产业发展是不利的。

再次,文化产品应注重市场营销手段的运用,通过有效的市场营销手段加大市场开发力度,有助于社会对文化产品的认知和了解。现代社会是一个营销社会,合理运用营销手段,是产品走向消费者的必要桥梁,文化产品也仍然遵循着这一规律。《哈利·波特》在这方面做得非常成功,在作品出版前就进行大量的宣传推介工作,充分利用当代社会发达的媒介对作品内容进行介绍和宣传报道,使读者有了一种阅读期待,这对后来的热销产生了很好的作用。这是值得很多文化产品借鉴的营销经验。

最后,应做好与营销有关的文化服务工作。发达完善的文化服务业是当今文化产业发展的重要标志,它不仅可以为消费者提供最大方便,满足他们的需要,也能对文化产品营销起到积极的促进作用,这在今天市场经济条件下显得尤为重要。产品的竞争已经变为一种服务的竞争。《哈利·波特》的营销在这方面做得非常出色,它甚至注重图书销售的各个细小环节的服务,促进了销售额的增加。例如,全球最大的网上书店亚马逊,在《哈利·波特与凤凰社》在英国上市时,为了在第一时间将 25 万册书送到读者手中,特意租用了 9000 辆送货车送书上门,极大地方便了读者购买,也增加了图书的销售量。

思考题

1. 请根据《哈利·波特》系列作品,结合自己的体会,分析畅销书必备的元素。

2. 跨媒体营销指的是什么?它有什么作用?

3. 文化的衍生产品应如何开发?

相关案例:

《百家讲坛》与易中天《品三国》

从 1999 年开始,中央电视台确定了"频道专业化、栏目个性化、节目精品化"的发展战略,加快了电视频道专业化改革,电视宣传的方式、手段和效果都发生了显著变化。2001 年 7 月 9 日,中央电视台教育频道(CCTV-10)开播,开播当天,即推出了《百家讲坛》。按照当时的设计,《百家讲坛》是一个会集专家名师的讲座式栏目,开播后陆续推出了系列专家讲座,目的是通过电视这一媒体将过去只能为少数人接触的各类专业知识传播给电视观众,给电视观众一个直接面对专家学者的机会。栏目的宗旨是"建构时代常识，享受智慧人生"。在栏目开播之初，选题主要集中在大学精品课程方面，几乎是将大学课堂搬到了电视屏幕上，在开办之初的相当长的时间里，这种模式并未得到观众的认同，收视率一直较低。

2002年，中央电视台推出了《节目综合评价体系方案》和《栏目警示及淘汰条例》，并从2003年正式开始实施，为电视产品的量化比较提供了相对客观公正的评价体系。评价体系包括三个基本指标：客观评价指标是指以收视率为基础，兼顾频道、时段、节目类别等因素之后获得的栏目收视表现的量化值；主观评价指标是综合专家、领导对栏目评价以及观众对栏目的满意度的量化值；成本评价指标是栏目投入产出的量化值。综合评价指标是指综合了三项指标之和形成的节目传播效果的综合量化值。按照《栏目警示及淘汰条例》的要求，以频道为考核单位，在考核期内，排名处于最后的几个栏目或综合评价指数下滑趋势比较明显的栏目将被给予警示。警示每季度举行一次，警示结果在下一季度初公布，一年内一个栏目被警告三次就将被淘汰，对于被淘汰的栏目央视不再允许播出，所在部门一年内频道不能增加新的栏目，制片人两年内不得再以制片人的身份开办新栏目，经费由总编室收回。

在这样的评估体系中，《百家讲坛》的命运岌岌可危。在末位淘汰的压力下，《百家讲坛》对节目重新定位与调整，由原来的"建构时代常识，享受智慧人生"变为"让专家为百姓服务"，由原来的大学课堂转入演播室录制，主持人的讲课风格也从原来的课堂式教学改为论坛式讲座。主讲人的构成也进行了调整，既有在学术领域的成名人物，也增加了更适合电视节目需要的其他人选。选题内容也摆脱最初大学通识课的束缚，增加了时代气息。讲座方式也充分利用了现代技术，综合运用了各种电视手段，投影仪、动画、相关事件的电视画面在节目中穿插运用，既是讲座的重要组成部分,又成为缓解观众视觉疲劳,提高观众兴趣的手段。

在节目宣传上,一是在央视官方网站上播出节目预告,使观众能够提前了解将要播出的节目;二是本频道和央视其他频道插播电视预告,这对一些系列性节目显得尤为重要;三是综合运用电视以外的其他传播手段,通过发行DVD、出版图书等方式扩大和巩固节目的影响,提高节目的知名度。

《百家讲坛》的变革是一种从封闭式的"精英文化"向开放式的"大众文化"的转变,主讲人也一改通常讲座平铺直叙的叙述方式,借鉴了传统评书的手法,层层设置悬念,激起观众的兴趣。选题上充分注重文化中的热点,突出历史题材,对于已经得到观众认可的主讲人和选题进行了深入挖掘。如易中天的《汉代风云人物》热播后,及时推出了《品三国》,在电视节目受到欢迎时又及时推出相关音像制品和图书等。这些都收到了预期的效果,从2004年开始,阎崇年的《正说清朝十二帝》得到观众的认可,之后推出的刘心武、纪连海、王立群、易中天等系列讲座节目带来《百家讲坛》的知名度迅速提升,栏目收视率从最初的较低水平一跃成为科教频道最受欢迎的节目。

《百家讲坛》的成功之处在于推动了"精英文化"与"大众文化"的互动,使学者成为社会公众人物,2004年是阎崇年,2005年是刘心武,2006年是易中天。

易中天,1947年生,湖南长沙人,1978年考入武汉大学,之前是新疆建设兵团的中学教师,1981年获武汉大学文学硕士学位并留校任教,1991年调入厦门大学,现为厦门大学人文学院教授,博士生导师,长期从事文学、艺术、美学、心理学、人类学、历史学等多学科和跨学科研究,著有《〈文心雕龙〉的美学思想》(1986)、《艺术人类学》(1992)、《黄与蓝的交响——中西美学比较论》(1988)(与邓晓芒合作)等著作。近年撰写出版了"易中天随笔体学术著作——中国文化系列"四种:《闲话中国人》、《中国的男人和女人》、

《读城记》和《品人录》。

20世纪90年代后期，易中天开始了与媒体的合作，按照易中天的说法，"我靠自己的书来换钱换经费"①，他的四本随笔体学术著作成为从书斋精英学者向大众知识分子的转折点，之后他在《文汇报》、《解放日报》等报刊上开办了专栏。正是因为易中天具有较好的文史基础、表达能力，能够适应电视媒体的要求，加上他在大众文化中的影响力，使他走上"百家讲坛"，成为电视媒体与学术传播相结合的代表人物。2005年，易中天在《百家讲坛》开讲《汉代风云人物》，他妙语连珠、充满活力的说史风格，激发了大众的兴趣，引导更多人去了解历史，由此诞生了一个新的网络词汇——"意（易）粉"，根据网络贴吧中"易中天吧"的调查，7成以上的"意粉"是13～25岁的年轻人，能带动这样一个群体去关注中国历史，汲取中华民族丰厚文化的营养，易中天感到非常欣慰。

《汉代风云人物》一炮走红后，《百家讲坛》在2006年初又推出了《品三国》。与《汉代风云人物》相比，易中天的《品三国》保留了前者"以故事说人物，以人物说历史，以历史说文化，以文化说人性"②的特点，又融会贯通了《三国演义》、《三国志》等内容，将大众耳熟能详的故事以一种全新的方式展现在电视屏幕上，既有真实鲜活的人物，也有传统评书的表现手法，加上对历史时尚化的表述，《品三国》一经播出，就获得褒贬不一的评论。认同者与批评者各执其词，争论的核心是易中天对历史的表述方式，即历史能否被娱乐化解读，就这一命题引发了广泛的争论。

《品三国》电视节目走红后，《百家讲坛》及时推出了易中天《品三国》一书。正是由于电视节目的带动，之前出版的《阎崇年正说

---

① 转引自易中天：《"说时代"下的电视知识分子》，载《三联生活周刊》2006年第28期。

② 转引自易中天：《我红因为我人性》，载《三联生活周刊》2006年第28期。

清十二帝》、《刘心武揭秘红楼梦》、《易中天品读汉代风云人物》等图书都取得了不错的销售成绩。对于《品三国》一书的发行权,实行了国内图书界从未实行的公开招标形式。2006 年 5 月 22 日,中国国际电视总公司在央视梅地亚中心主办了易中天《品三国》(第一部)的无标底招标会。该次招标会采用无标底竞标,评标会根据出版社给出的首发数、版税、3 年保底印量的最高指标决定中标单位。上海文艺出版社、北京出版社、东方出版社、人民日报出版社等 11 家国内知名出版社参与了竞标。最终,已连续出版易中天四部作品的上海文艺出版社,以首批印量 55 万册、14% 出版版税(易中天得 12%、中央电视台得 2%)、3 年保底数 20 万册的标的夺得《品三国》书稿的出版权。这次招标开了中国图书出版权竞标发行之先河,同时上海文艺出版社给出的 14% 的版税也使版税水平达到了新的高度。按照出版社的中标条件,首印 55 万册、每册定价 25 元、14% 的版税,《品三国》税前收入就达到 192.5 万元,如按 75 万册计算,版税将达到 262.5 万元。2006 年 7 月,易中天《品三国》(上)正式出版发行。

《学习的革命》①

1998 年 12 月 8 日,中央电视台在黄金时段播出了一则关于《学习的革命》一书的广告,按照当时的标准,这则 15 秒钟的广告价格是每天 25 万元,开中央电视台图书广告之先。

12 月 9 日,一直主要从事教育软件开发的科利华公司在北京梅地亚宾馆宣布了《学习的革命》的推广计划——在 100 天内斥资

---

① 《学习的革命——通向 21 世纪的个人护照》,由美国教育学博士珍妮特·沃斯与新西兰记者戈登·德莱顿合著,1997 年上海三联书店推出中文版。1998 年科利华公司与上海三联书店合作发行该书修订本。

1 亿元广告宣传费用，销售数量达到 1000 万册。在当时中国的图书市场，按照业内人士的看法，科利华公司的举动近乎疯狂。90 年代末期，受市场供求变化和盗版书影响，中国图书市场整体状况低迷，1997 年，全国共发行图书 120106 种，总印数 730528 万册（张）①，平均每种图书的印量为 6.08 万册。除了《毛泽东选集》和《邓小平文选》外，一般的图书销售数量能达到上百万册就可称为非常畅销的图书了。

12 月 12 日开始，名为"学习的革命"的展览在全国 30 多个城市举行，同时《学习的革命》一书在几十个城市开始大规模发行。

在整个推广过程中，广告宣传成为最重要的工具，当时聘请了著名导演谢晋为该书广告宣传片的形象代言人，并在中央电视台、上海电视台、凤凰卫视中文台等播出，电视广告费用超过 1000 万元，这是图书广告首次出现在电视中。同时，广告宣传还在各地电视台、日报、晚报等媒体中频繁出现。科利华公司还特别制作了 100 本高 76 厘米、宽 52 厘米、重 14.8 千克的"书王"，以及 12 米高、9 米宽的中国最大的图书模型，并为该书专门开设了一个网站，成为国内第一家为一本书开设的网站。为防止盗版书的冲击，印制时采取了严格的反盗版措施，包括印刷数量的控制、提前与管理部门沟通、书内附有反馈卡、封面有防伪标志、反馈卡载有书的序号（一书一号）等。

广泛的宣传活动和市场造势，收到了明显的营销效果。科利华公司的宣传口号是"有牛奶的地方就有《学习的革命》"，图书销售也确实突破了书店的限制，在报摊、超市、车站、机场、码头等地方都可以买到。在图书开始销售第一天就出售了 25 万册，很多城市连续出现脱销，在三个多月的销售时间中，该书被重印 9 次，长期占据了各城市畅销书排行榜前列，成为当时最畅销的图书。

---

① 国家统计局 1998 年数据。

1999 年 3 月 22 日,科利华公司召开了"《学习的革命》发行超过500 万册新闻发布会",宣布销量已突破 500 万册。

最终,号称耗资 1 亿元广告宣传费用的《学习的革命》售出了约 850 万册,成为当时中国图书界的一个奇迹。《学习的革命》一书恰值中国教育体制改革的关键时期,书中提出了终身教育的理念,并且提出了具有所谓革命性的学习方法和观念,引起了社会的普遍关注,当时各种媒体关于《学习的革命》的报道超过 2000 次。受其影响,"教育的革命"、"课堂的革命"、"思维的革命"等概念也成为当时的时髦概念。

《学习的革命》的营销模式,是科利华公司创始人宋朝弟经营策略的重要组成部分。1991 年,宋朝弟依靠 600 元开始创业,第一笔生意是销售复习资料,靠着 600 元发出去 5000 封信函,与一般的销售方式不同的是,宋朝弟承诺"满意后再付款",结果收到了大量订单。

该书在营销上取得了巨大成功,也成为后来被仿效的一种模式。但事实证明,该书内容并没有多少新意,书中所罗列的那些关于学习的方法也极为普通,并无惊奇之处,它实际上是通过商业手段和媒体炒作而推向市场的一本书。在西方国家,该书也并非像广告中说的那样引起普遍轰动和重视,所谓的"革命性"也仅仅是告诫人们开发学习潜能的重要性而已。

第三章

麦乐迪模式与娱乐文化的走势

第一节 "麦乐迪"简介

"麦乐迪"(MELODY)全称是"麦乐迪餐饮娱乐管理有限公司",成立于 2000 年 5 月,总部设在北京,是一家以经营量贩式 KTV 为主,兼营餐饮、商品等产业的大型文化娱乐企业,开创了闻名国内的量贩式 KTV 娱乐消费方式,形成了著名的"麦乐迪模式"。除了在北京设有多家直营店(朝阳店、月坛店、中关村店等),还在南京、上海、扬州等地开设了多家分店,形成了歌舞娱乐的连锁经营模式(见图 3-1)。其经营理念为"安全健康,快乐时尚"。仅北京总店就有员工上千人,下设 7 个职能部门,总面积 9000 平方米,大小包房 300 多间,从开业到 2003 年短短三年中,已累计接待消费者超过百万人次,上缴地税千万元,为进一步繁荣北京娱乐文化市场做出了贡献。麦乐迪在国内文化市场已形成文化娱乐业的知名品牌,在国内娱乐业具有推广价值,为国家文化产业示范单位。

图 3-1 位于北京朝阳区的麦乐迪外景(作者摄)

"麦乐迪"虽然成立的时间不长,但对于国内歌舞娱乐业的发展具有重要意义,它的出现在很大程度上影响了国内卡拉 OK 业的发展方向,克服了卡拉 OK 业长期以来存在的诸多不健康消费现象(如陪侍、吸食摇头丸、赌博等),以及人们对歌舞娱乐业形成的偏见,引导娱乐业往健康安全、透明公开、合理消费等方面发展,代表了娱乐文化的一种走势。

"麦乐迪模式"的出现,在全国具有广泛的影响,曾经引起业内的纷纷仿效。麦乐迪公司深刻地意识到,在中国发展歌舞娱乐业注定了它从一开始就不可能是一帆风顺的,必然要经历许多坎坷,它一方面要符合当今国内外歌舞娱乐业的发展趋势和潮流,满足观众的消费口味和需求,另一方面也要符合中国特定的国情,不能盲目地把西方娱乐模式引入中国。中国娱乐业总体上还停留在比较低级的消费水平上,消费习惯也呈现出低端化的特点,真正高层次的高雅娱乐消费比较少,而大众娱乐消费占了多数。根据这种情况,麦乐迪引入了卡拉 OK 这一大众娱乐消费概念,并将"量贩"这一自助式消费作为大众娱乐的新形式,以满足大众的内在表现需要。事实证明，以大众为定位，以量贩为手段，以"安全健康，快乐时尚"为目的，以多元化连锁经营为追求的"麦乐迪模式"，符合中国娱乐业发展的内在要求，使得麦乐迪在短短几年中发展、壮大，成为国内歌舞业娱乐业的典范。

第二节　我国娱乐业背景透视

中国娱乐业虽然不如西方发达，但具有悠久的历史。早在夏商周时期，专供奴隶主贵族享受的古代宫廷宴乐、宫廷乐舞等歌舞娱乐形式就已经开始出现，同时还出现了专门从事宫廷乐舞的奴隶，有了演出和听众，古代文化市场的雏形逐渐形成了。随后，歌舞娱乐长期以来一直都是我国古代文化娱乐的主要形式，还出现了歌妓、舞妓这一特殊的演艺阶层，成为我国古代歌舞娱乐业繁荣发展的见证。[①] 在过去，我国歌舞娱乐业主要是为统治阶层服务的，市场化程度并不高。而真正走向市场化和商业化，是近 20 年以来的事情，在改革开放的背景下，我国娱乐业经历了从无到有、从简单形态到繁荣发展的变化过程。

中国近 20 年以来的娱乐业发展是我国社会发展的一个缩影，它是从卡拉 OK 等歌舞娱乐的基础上逐步发展起来的。卡拉 OK 的出现，对中国娱乐业发展来说具有重要意义，它开启了中国娱乐市场的大门，加速了中国娱乐业的发展。最初出现的是简单的卡拉 OK，后来又出现了 KTV、量贩式 KTV、夜总会等不同形式的歌舞娱乐场所。据介绍，国内经营性卡拉 OK 的出现最早可追溯到 1979 年，它是随着营业性文化市场的出现而产生的。当时广州东方宾馆开设了国内第一家音乐茶座，随即，营业性舞厅等经营性文化活动场所在各大城市

文化产业经营管理案例

①　参见李向民：《中国文化产业史》，第 35～37 页，湖南文艺出版社，2006 年版。

开始出现。① KTV 是在卡拉 OK 的基础上进一步发展来的,其主要特点是以包房的形式唱卡拉 OK ,但比起大众舞厅的开放空间来说,更具有私人性和隐蔽性,因此,更能受到人们的欢迎,尤其是在年轻消费群体中,KTV 很有市场。KTV 不同于夜总会、演艺厅、迪厅等,它是唱卡拉 OK 的特定场所和环境。唱卡拉 OK 也称之为 K 歌,这是一种自娱自乐的方式,最早起源于日本,后来风靡于我国台湾地区和其他亚洲国家,欧美等国家一般不大流行这种娱乐形式。在欧美等西方国家,最常见的娱乐场所是夜总会、酒吧、卡西诺(CASINO)等,它也是西方娱乐文化的一种反映。

近年来我国娱乐业发展迅速,大量各类娱乐场所不断出现,如歌舞厅、酒吧街等(如图 3-2)。娱乐业已经成为第三产业中增长速度最快的产业之一,有力地拉动了经济的增长,满足了人们对娱乐的消费需要。但由于管理上的滞后,加之许多政策法规不健全,国内歌舞娱乐场所的经营较为混乱,缺乏行业规范和秩序。很多地方借国家放开娱乐场所经营之机盲目地增加娱乐场所,如各种卡拉 OK 厅、KTV、迪厅、夜总会等,使得这些娱乐场所在国内各大城市泛滥成灾,总量过大,并不同程度上存在着恶性竞争、宰客、拉客等不规范经营现象,尤其是存在着较严重的黄、赌、毒等现象,很多歌舞娱乐场所已经演变为陪侍、嫖娼卖淫、吸食毒品等特定场所,成为藏污纳垢的地方,在社会上的名声一直不好。虽然各地先后出台了《娱乐场所管理条例》等政府文件,并加大了对娱乐场所的管理和整治力度,但情况并没有发生根本好转,黄、赌、毒的现象依然大量存在,在一些边远地区更为严重。在这种背景下,倡导“安全健康,快乐时尚”的麦乐迪开始出现,这对我国歌舞娱乐业的发展无疑具有积极的意义,并引导歌舞娱乐业向健康文明的方向发展。

---

① 江蓝生、谢绳武主编:《2001～2002 年:中国文化产业发展报告》,第 4 页,社会科学文献出版社,2002 年版。

图 3-2　北京什刹海酒吧街,现已成为京城新生酒吧业的代表(作者摄)

　　麦乐迪主要是以经营量贩式 KTV 为主,它对营业性歌舞娱乐业具有规范经营、提高层次、提升消费水平等作用。量贩式 KTV 是 KTV 中的一种,它是通过消费者自助和自娱自乐的方式实现人与人交流和沟通的目的,因此,多用于一些彼此十分熟悉的亲朋好友之间,作为交往聚会和增进友谊的一种方式,这种娱乐形式很能体现出东方人特有的一种娱乐文化特点,与东方文化伦理精神融为一体。这种娱乐形式的出现,在很大程度上克服了娱乐业长期以来存在的黄、赌、毒等不良消费现象,有效地引导了娱乐业的转型,改变了人们对娱乐业的偏见,因此具有重要的推广价值。

第三节　"麦乐迪"的经营之道

　　麦乐迪开创的量贩式 KTV 自助娱乐消费方式,以及"安全健康,快乐时尚"的经营理念和"环境装修人性化,消费水准大众化"

的服务目标,被称之为"麦乐迪模式"。① 这是国内卡拉 OK 业的一种全新的消费方式,具有经营管理上的原创意义,也改变了人们长期以来对歌舞厅等娱乐场所形成的固有偏见。其经营有以下特点:

1. 注重品牌建设,树立良好的品牌形象。"麦乐迪"这一品牌名称让人自然就想到了我国台湾著名的卡拉 OK 品牌"好乐迪"(青岛歌舞娱乐业也有"海乐迪"、"歌乐迪"等延伸品牌),有了一种品牌感,自然对消费者形成了吸引力。有了品牌要注意维护品牌的形象,麦乐迪在这方面做得非常好,坚持自己的经营理念,"一切为了顾客",规范经营,不搞其他的违法经营活动,也没有其他娱乐场所常见的色情陪侍、玩骰子、赌博等不良现象。

2. 消费透明公开,不欺诈顾客。这是与很多娱乐场所不同的地方。麦乐迪始终把规范经营看作是企业发展的立足之本,让顾客放心消费。长期以来,我国很多娱乐场所都存在不同程度的不规范经营现象,宰客、价位虚高、消费不公开、推销和搭售商品(如酒水、小食品、礼品等)是很多娱乐场所存在的普遍问题,而在麦乐迪却看不到这些现象。麦乐迪设有自选商场,价格与其他商场一样,让人消费放心,所以到麦乐迪消费的回头客很多,通常都达到60%以上。

3. 定位于大众娱乐和大众消费。麦乐迪不片面追求高档次、高价位,而是考虑大众娱乐的需要,以工薪阶层为消费主体,兼顾其他消费阶层。这一定位让更多的人能够消费得起,使得麦乐迪拥有了更大的消费群。定位明确和消费合理公开,为麦乐迪带来了更多的客源,很多人都愿意到麦乐迪去消费,使麦乐迪成为大众歌舞娱乐的最佳场所。

---

① 陈小明:《以创新性经营理念引领京城娱乐消费时尚》,载王永章主编《中国文化产业典型案例选编》,北京出版社,2003 年版。

4.以量贩式为主要消费模式。量贩式是一个舶来词,意思是自助。这个词较多地用于大型超市的经营模式,如好又多量贩等。麦乐迪把它用于歌舞娱乐消费,形成量贩式 KTV 的概念,这是一种创新。

5.环境人性化,服务温馨化。麦乐迪的服务理念是"一切为了顾客",要让每一个来此消费的顾客高兴而来,满意而归。麦乐迪十分注重员工的上岗培训和行业素质培养,近年来招聘了数十名本科毕业生充实到各个管理岗位,极大地提高了管理水平和服务水平,

6.连锁经营。麦乐迪采用当今比较流行的连锁经营模式,充分利用其已经形成的品牌的价值和吸引力,扩大经营规模和范围,除在北京开设多家直营店外,还在全国其他城市开设分店,既扩大了业务范围,也扩大了自身的影响力。

第四节　娱乐业发展趋向

我国娱乐业经过不断发展现已形成具有相当规模的文化产业门类,对拉动经济增长、带动就业、满足人们娱乐消费需要起起到了积极的作用。娱乐业在我国是一个备受争议的行业,主要是娱乐业反映出的问题,很多与人们的思想意识相违背,甚至是相抵触。这些问题不仅在我国存在,在世界各国都普遍存在,它是娱乐业本身的特殊性造成的。在我国,这一点表现得尤为突出。所以,人们对娱乐业应抱有一种宽容的态度,采用依法管理的办法进行行业规范,而不是采取行政的手段进行粗暴干涉,否则不但会限制娱乐业的正常发展,还会人为地抬高进入娱乐业的门槛,影响娱乐业的发展。

我国娱乐行业由于管理不力,一直存在着不正当竞争的现象。很多娱乐场所采取非法手段笼络客源,甚至专门靠黄、赌、毒来吸

引消费者,严重败坏了娱乐业的声誉。政府部门一直在探讨如何对娱乐场所实施有效管理(包括对娱乐场所的治理和整顿),例如取缔那些不规范经营的小歌舞厅,扶持和鼓励那些有条件、上档次的正规歌舞厅的发展等,通过制定政策法规,对娱乐场所进行进一步的规范,使娱乐场所的管理做到有法可依,违法必究。这正是中国娱乐业今后的发展趋向。

经国务院修订的《娱乐场所管理条例》已于 2006 年 3 月 1 日起正式颁布实施。条例对娱乐场所的管理与经营作了许多新的规定,使我国娱乐业进一步朝健康方面发展。新条例中值得注意的规定为:

国家机关及其工作人员不得开办娱乐场所,不得参与或变相参与娱乐场所的经营活动,与文化主管部门、公安部队的工作人员有夫妻关系、直系血亲关系、三代以内旁系血亲关系以及近姻亲关系的亲属,不得开办娱乐场所,不得参与或变相参与娱乐场所的经营活动。营业性迪斯科舞厅要配备安检设备,来往人员先经安检再蹦迪,严禁携带危险品、传染病源体进入娱乐场所;娱乐场所应实用正版音像制品、电子游戏产品;娱乐场所提供娱乐服务项目和出售商品应明码标价并出示价目表,不得欺骗消费者,强迫其购买商品;歌舞娱乐场所将全部安装闭路电视监控设备,包间应安装透明门窗;凌晨 2 点至上午 8 点,不得营业;噪声应符合规定的标准;不得接纳和招聘未成年人;等等。这些规定对我国娱乐业今后的健康发展将起到重要作用。

思考题

1. 我国娱乐业发展应注意哪些问题?

2. 简要谈谈麦乐迪模式对娱乐业的启示。

3. 我国新颁布的《娱乐场所管理条例》有哪些新增内容?

相关案例：

北京三里屯与香港兰桂坊

三里屯位于北京朝阳区，它是自发形成的酒吧街。这里距离北京使馆区和国外驻京机构比较近，外国人比较多，并且位于王府井、朝外、燕莎等几大商圈之间，具有优越的地理条件。最早在三里屯北街形成的是小规模的服装市场，1995年，两个留日归来的年轻人在这里开设了酒吧屋，供来此经营和购买服装的人们休憩和享用。之后这一带的酒吧屋开始增多，慢慢有了人气，前来这里消费的人(包括外国人)开始增多，逐渐形成了以酒吧和酒吧音乐为特色的街区。经过近10年的发展，三里屯已成为北京娱乐休闲产业和"夜经济"的代表，成为北京的一个著名景点，在国内外的知名度很高。这里曾经聚集了北京半数以上的酒吧业，充满异国情调，人流如织，异常热闹。到北京的外国游客曾这样说：到北京一定要看三样东西：长城、天安门、三里屯。

三里屯一带的酒吧是各种流行音乐的秀场，这里的酒吧以演奏流行音乐为主，有的还专门演奏美国乡村音乐，充满一种西方文化风情。著名酒吧屋有米兰俱乐部、男孩女孩、NO.52、隐蔽的树、云胜酒吧、阿尔卑斯酒吧、棕榈海滩、兰桂坊、THE CLUB、JAZZ—YA、友谊青年吧等。

2003年，北京市下发文件，对三里屯进行大规模改造和拆迁。2004年6月16日，"3.3商业地产项目"正式启动，标志着对三里屯改造的开始。据业内人士称，这个项目占地6123.2平方米，建筑面积28880平方米，地上五层，地下三层，是一个集娱乐、购物、休闲于一体的大型综合性建筑，将成为新三里屯的地标性建筑。然而，人们担忧的是，经过所谓"现代化"改造和装饰一新的新三里

屯,还能否继续保持它原有的韵味和温情吗?（见图3-3和图3-4）

图 3-3　外国游客从正在改造的新三里屯施工现场走过(作者摄)

图 3-4　三里屯已失去了往日热闹景象,变得冷清萧条(作者摄)

　　香港兰桂坊是香港的一条以酒吧为特色的时尚街,它位于香港岛中环云咸街和德已立街之间,看上去很普通,并不是很宽,甚至有点拥挤,但却很有人气。自 1978 年一家名为 DiscoDisco 的娱乐场所在此开业以来,这一带的酒吧、夜总会和各种风味的餐厅开始增多,形成一条以时尚文化和欧洲风情为特色的街区,连这里的语言都是用国际通行的英语。香港一些白领阶层和外籍人士是这里主要的消费对象,许多来自世界各地的观光客,也纷纷慕名而来。尤其是到了周末,这里灯红酒绿,人头攒动,欢声笑语,十分热闹。许多时尚的年轻人和外国人来此饮酒狂欢,几乎每家酒吧都挤满了人,连街道两旁都是人。这里还不定期举办各种形式的嘉年华狂欢活动,场面十分火爆。"兰桂坊"已经成为香港酒吧业和时尚与娱乐文化产业的代名词,在香港具有很高的知名度,在国际上也很出名,已成为"魅力香港"的象征。

第四章 广州日报报业集团的发展之路

第一节 中国报业集团出现的背景

一、中国报业经济的发展历程

新中国成立以后,中国的报业曾有过一段短暂的企业化经营时期。到 1956 年,随着各行业社会主义改造的完成,中国的报业开始完全纳入了计划经济体制的管理模式之中。从 1957 年开始,中国是没有任何私营性报纸的,所有报纸都由党和国家来办,在所有制上属于国家所有,办报经费也全部由国家提供,由此形成了"公款办报、公款订报"的报业发展模式。这一时期的报纸,从功能上看,主要承担政治宣传的任务,其社会、经济、文化等方面的功能都大大淡化了;从属性上看,只剩下了政治属性,其商品属性基本消失了。特别是在"文革"时期,这种状况更是发展到了极端。当时大批报纸停办,全国只剩下几十种报纸维持生存,这些报纸多为政府机关报和机关性质的报纸,发行方式基本靠派送。整个报业陷入一片萧条。[①] 应该说,在计划经济体制下,由于不存在市场竞争和利润导向,报业经济的发展是无从谈起的。

中国报业经济的发展步入正轨,始于"文革"后改革开放政策的实施,当时中国所实行的双轨制的经济运行模式,为报业经济的发展提供了必要条件。1978年,《人民日报》等8家中央新闻单位首先试行"事业单位、企业化管理"的办报模式,是报业走上"独立核算、盈余留用"的市场化发展道路的开始。此后,国家允许报纸发行广告,自办发行,自定价格,开展多种经营,由此奠定了中国报业经济发展的基础。到1980年代后期,绝大多数省级党委机关报和半数以上的市级党委机关报都不再依靠国家财政拨款,新办报纸更是一律实行自负盈亏,没有任何国家财政补贴。除了上述报社性质的变化之外,报业结构、办报观念、报纸功能及报业经营方式也都发生了根本性的转变。到90年代初期,报纸的数量和种类都有了大幅度增长,其商品属性和多样化功能得到了确认,多种经营和规模经营成为众多报纸的发展方向。

总的来说,七八十年代中国报业经济进入了良性发展时期。但从产业层面来看,这一时期还只能说是处于发展的起步阶段。鉴于当时整个经济体制改革尚有待推进,报业经济发展所必需的市场环境并不成熟,在人才素质、管理水平、政策法规的配套和现代企业制度的建立等方面都有所欠缺,因而,这一时期中国报业经济的发展目的仅仅是为了减轻国家的财政负担,并没有形成市场化的自觉意识和一整套清晰的发展战略。事实上,当时全国报业兴起的大办公司的热潮也都普遍以失败告终。

---

① 吴信训、金冠军主编:《中国传媒经济研究1949—2004》,第28页,复旦大学出版社,2004年版。

二、中国报业集团出现的原因

应该说，中国报业经济真正的起飞还是出现在 20 世纪 90 年代，其主要的标志就是报业集团的出现。1992 年，邓小平南巡讲话之后，中国开始迈入市场经济的快车道，这有力地推动了中国报业市场的发育和成熟。1993 年 6 月，中共中央和国务院发布了《关于加速发展第三产业的决定》，正式将报业经营列入第三产业，这是中国报业发展的一个重要转折点，以此为契机，中国报业迅速进入产业化发展阶段。90 年代前几年，中国报业经济进入了高速增长期。在 1992 年前后 5 年的时间里，报业广告经营平均增长速度曾经达到 60.9%。① 这使许多报社迅速积累起巨额财富。雄厚的财力为报业技术装备的现代化和人才配备的合理化奠定了坚实的物质基础，同时也对下一步的发展提出了更高的要求，以往粗放型、单一型的经济模式必然要向集约型、综合型的经济模式转化，最终走上规模经营和集团化发展之路。

与此同时，在市场经济条件下，中国的报业也开始遇到一些前所未有的难题，比如国际国内纸张市场的剧烈波动，直接导致报纸成本的不断变化；国内企事业单位财政状况的紧张，则使以往依赖公费订阅的报纸发行量直线下降；国内外经济的景气指数，也严重影响到广告业务的开展。这就使中国报业的决策者不能不产生强烈的危机意识，认识到必须要在市场经济的大潮中发展壮大自己，增强经济实力。而要做到这一点，继续按照以往的报业发展模式走下去显然是不行的，因此，就要走报业集团这条路。

显然，从市场角度来看，报业集团的出现是市场经济条件下新闻事业产业化的必然结果，它反映了资本扩张的基本规律。报业

---

① 参见祁述裕主编：《中国文化产业国际竞争力报告》，第 225 页，社会科学文献出版社，2004 年版。

集团通过多元化、规模化的发展战略，可以有效地整合各种资源，实现资源的合理配置和优势互补，从而降低和节省生产与管理成本，提高资本的使用效率，最大限度地规避和减少经营风险。

另一方面，由于中国报业还承担了党和国家新闻宣传的重要任务，因而，就不能只追求经济效益，还要注重社会效益。而在市场经济条件下，报业集团可以凭借其雄厚的经济实力实现新闻采、编、印、发等环节的现代化，在此基础上，报纸才能不断提高宣传质量，更好地为改革开放和社会主义现代化建设创造良好的舆论环境。可以说，正是报业集团的出现，为新闻产业社会效益和经济效益的统一提供了有力保证。

另外，对于政府和报业主管部门来说，报业集团的出现也有助于解决报业市场散和滥的问题，使报业结构趋于优化，这样可以减少管理的中间环节，使政府有关方面更有效地实施宏观调控。可见，报业集团的出现并不仅仅是一种市场行为，更是涉及到中国新闻改革的重大战略举措，因而国家行政干预和指导是必不可少的。而且，在初期的试点阶段，国家行政行为的推动和政策扶持对报业集团的形成往往还起到了决定性作用。[①]

三、中国报业集团的组建和发展概况

1994 年之后，中国报业集团的组建开始进入实施阶段。国家新闻出版署先是在 1994 年 5 月 18 日发布了《关于书报刊音像出版单位成立集团问题的通知》，对于报业集团的组建提出了几条指导性意见：第一，目前报业集团的组建，只做少量试点，不能一哄而上；第二，不能组建股份制报业机构，也不得吸收与报业无关的商业机构参加报业集团；第三，不组建跨省（区）媒体集团；第四，报社组建报业集团必须出具论证报告，并交新闻出版署审批。这个通

①　参见曹鹏：《中国报业集团发展研究》，第 77～84 页，新华出版社，1999 年版。

知的出台为报业集团的出现提供了初步的政策依据,加快了各地组建报业集团的进程。

随后,1994 年 6 月,新闻出版署又在杭州举办了全国首次报业集团问题研讨会,进一步为报业集团的组建确立了一些硬性指标。会议指出,组建报业集团应以党报为主开展试点,同时报业集团应具备以下条件:第一,在媒体影响力方面,集团应有一张有影响的主报,并至少拥有 4 个子报或子刊;第二,在经济实力方面,拟组建集团的报刊依据地区不同而有差异,沿海地区拟组建集团的报社年税利不少于 5000 万元,中西部地区不少于 3000 万元;第三,在人才资源方面,报社采编人员的高级职称不少于 20%,管理和技术人员中的中级职称比例在 15% 以上;第四,在技术装备方面,集团应拥有独立的印刷厂,拥有现代化的激光照排和胶印设备,具备彩色胶印能力,除保证本报社所属报刊正常印刷装订以外,能够承接一定数量的代印业务,每日总印刷能力在对开 200 万份以上;第五,在发行市场方面,报业集团的母报、子报和子刊的期发行总量应在 60 万份以上,或在本地区每 150 人以下拥有一份报纸。集团应有畅通的发行渠道,并有逐步建立自办发行网的可能。[1]

1996 年 1 月,经中共中央宣传部同意,国家新闻出版署批准广州日报社进行报业集团试点,1996 年 5 月 29 日,广州日报报业集团正式挂牌运行,就此宣告了中国第一个报业集团的诞生。继广州日报报业集团成功组建之后,全国各地要求成立报业集团的呼声日渐强烈。顺应这一形势,1998 年 2 月,新闻出版署制定了《新闻出版业 2000 年及 2010 年发展规划》,明确提出:"要扶持有影响的党报实施兼并、重组,建立起以党报为龙头的报业集团。到

---

[1]　参见吴信训、金冠军、李海林等著:《现代传媒经济学》,第 292～293 页,复旦大学出版社,2005 年版。

2000年,报业集团要扩大到5~10家,到2010年,报业集团要有较大的发展,经营规模上亿元的报社要达到总数的10%。"这一文件出台后,各地都在加紧筹划组建新的报业集团。1998年5月18日,广州的《南方日报》和《羊城晚报》同时分别挂牌成立南方日报报业集团和羊城晚报报业集团。它们与此前成立的广州日报报业集团一起在广州形成三足鼎立之势,使广州的报业竞争进入白热化状态。同时,这表明广东作为中国改革开放前沿,在报业经济的发展方面也已走在了全国的最前列。紧接着,在6月8日,《光明日报》和《经济日报》也分别举行挂牌仪式,成立了光明日报报业集团和经济日报报业集团。这两家报业集团的成立标志着中央大报开始跻身于报业集团的行列,意味着报业集团的试点将在更大范围内展开。随后,在7月25日,上海《文汇报》和《新民晚报》又合并组建了当时国内最大的报业集团——文汇新民报业集团。此后,中国报业集团建设进入了快速发展期。通过兼并或创办子报子刊等形式,在10年时间里,全国共组建了39家报业集团,其中,中央级报业集团2家,省级报业集团24家,省会城市及计划单列城市报业集团13家,除江西、广西、贵州、西藏、陕西、宁夏、新疆、青海、内蒙古等九个欠发达省区以外,其他所有省市都组建了报业集团。

目前,这些报业集团已成为中国报业发展的主力军。据统计,在2004年,39家报业集团所拥有的报纸数量占全国报纸总量的17%,但平均期印数却占到全国的30%。总印数占全国的41%,总印张占全国的56%,报业集团的广告收入、利润总额等,也都远远超过一般报社,其中有9个报业集团的年经营总收入已达到10亿元以上。在区域报业市场上,报业集团的竞争优势非常明显,部分报业集团已具备辐射全国报业市场的能力。报业集团所属的晚报、都市类报纸,在全国同类报纸中也都占据绝对优势,在2004年和2005年两次全国晚报都市报竞争力监测中,报业集团所属晚报都市报在竞争力前 20 强中均占有 18 席。[1] 毫无疑问,报业集团的出现带动了中国报业经济的飞速发展。以报纸的广告收入为例,1999 年,全国报纸广告营业额为 112.3 亿元,比 1995 年差不多翻了一番,如此快的发展速度,使中国成为这一时期世界报业经济增长最快的市场之一。而在 33 家广告收入超亿元的报社中,名列前 5 位的全部集中于实力雄厚的报业集团中。[2] 报业集团对中国报业经济的贡献由此可见一斑。进入新世纪后,报业集团继续推动中国的报业维持高速发展的态势。到 2004 年,中国报纸的日销量高达 8200 万份,中国也因此成为世界最大的报纸消费国。[3]

总之,中国报业集团在 90 年代中期之后的出现并发展壮大,绝不是偶然的,这实际上反映了市场经济条件下报业发展的必然趋势。在目前已组建的 39 家报业集团中,广州报业集团作为报业改革的先行者,取得的成就尤为引人瞩目。因此,我们有必要对这一成功案例进行深入分析和研究,这也许能为中国报业未来的发展提供一些有益的启示。

第二节　广州日报报业集团简况

一、广州日报报业集团成立的基本条件

广州日报报业集团成立于 1996 年,是中国第一家报业集团。它之所以能在报业集团建设过程中捷足先登,有着多方面的原因。首先,它的主报《广州日报》在集团未组建之前就已经具备了雄厚

---

① 参见石峰:《总结经验深化改革,全面推进报业集团建设的新阶段》,载崔保国主编《2006 年:中国传媒产业发展报告》,第 24 页,社会科学文献出版社,2006 年版。

② 参见吴飞:《大众传媒经济学》,第 191 页,浙江大学出版社,2003 年版。

③ 参见吴信训、金冠军、李海林等著:《现代传媒经济学》,第 289 页,复旦大学出版社,2005 年版。

的经济实力,同时其报道水平和印刷水平在全国也都名列前茅。《广州日报》是中共广州市委机关报,创刊于1952年12月1日,是在前《联合报》的基础上发展起来的,当时为对开四版,曾三次停刊,三次复刊。1972年8月1日,改出日报并恢复《广州日报》名称和沿用毛泽东主席手书报头。1987年,《广州日报》首开全国地方报纸从对开4版扩为对开8版的先河,其后从对开8版再扩为对开12版、16版、20版等举措,在国内均属首创。从扩版开始,《广州日报》的发行量就不断上升,此后一直处于高速发展状态,论实力多年来一直稳居全国报业之首。同时,在内容方面,《广州日报》也形成了成熟的办报风格和特点。该报版式庄重,格调高雅,贴近受众,信息充分,既有严肃的权威性,又不失生动活泼,是一份典型的政经主流大报。总之,无论是从业务还是经营管理方面来看,《广州日报》都处于中国报业的领先地位,而绝不仅仅是一份省会城市的地方报纸。因此,由《广州日报》率先组建报业集团,就是一件顺理成章的事情了。

其次,《广州日报》之所以能够迅速崛起,并走在集团化建设的前列,当然离不开90年代市场经济体制确立后大的时代环境所提供的难得的发展机遇。除此之外,更重要的是《广州日报》还具有得天独厚的区位优势。众所周知,《广州日报》所在地广东地处中国改革开放的前沿地带,是中国经济最具活力的地区。在这里,发达的经济环境为报业的广告经营和其他经营活动提供了优越的条件,充分的市场竞争也使报业经济的发展充满生机和活力。我们不难发现,《广州日报》的广告收入之所以能跃居全国首位,实际上在相当程度上是依赖于广东经济发展的大平台。而《广州日报》的发展壮大也离不开它与《南方日报》和《羊城晚报》多年来激烈的竞争。同时,由于广东是中国改革开放最早的地区,这里的政治环境和舆论环境较之内地也都更为宽松。就报业发展的政策环境来说,这里可能是国内新闻单位受到各种条条框框束缚最少的地方。

与其他地区新闻出版主管部门严格监管、控制和限制下属新闻单位不同,广东和广州的新闻出版领导机构总是尽一切可能为下属单位提供更多的自由,创造更好的条件发展。比如说,1994年,全国宣传工作会议之后,广东省委宣传部就提出组建报业集团的设想,并计划在几家条件较为成熟的报社进行试点,应该说,新闻主管部门的这些超前观念直接催生了广州日报报业集团的出现。除了政治、经济的优势之外,广东在思想解放、观念更新等方面也走在了全国的前列。《广州日报》在不断开拓创新并率先进行集团化建设的过程中,所体现出来的那种"敢为天下先"的大胆首创精神,正反映了广东区域文化的精髓。

最后,广州日报报业集团之所以能脱颖而出,还因为它有着一个坚强有力、勇于进取的领导集体和一支素质过硬、能力突出的人才队伍。《广州日报》当时的主要负责人具有相当高的理论水平和丰富的实践经验,在带领报社开拓创新、发展壮大的过程中,其领导者非常注意进行前瞻性的理论探讨和总结。对于报业集团的组建问题,报社领导从1992年开始就在多家新闻学术刊物上发表理论文章,进行讨论,并作了大量前期工作和充分的舆论准备。应该说,《广州日报》最终能够成功地申办组建报业集团,与其领导者的理论远见是直接相关的。另外,除了领导者有较高的综合素质外,《广州日报》的人才储备也相当丰富,这是它能在残酷的市场竞争中立于不败之地的内在条件。从其发展历史来看,《广州日报》曾有过几次重大起落的经历,但每次停刊,都保留了原有的业务骨干,而每次复刊,又增添了新生力量。这样,其人才优势的传统就一直得以保持,从而也保证了其办报水平在全国同类报纸中始终处于一流的位置。[1]

---

① 参见曹鹏:《中国报业集团发展研究》,第111～114页,新华出版社,1999年版。

由于具备了上述条件,《广州日报》最终获准组建了中国第一家报业集团。正如国家新闻出版署在 1996 年 1 月 15 日《关于同意建立广州日报报业集团的批复》所指出的:"《广州日报》经过几年的思想理论、物质条件、运行机制等方面的准备,已经具备了较有影响的传媒实力,较灵活畅通的发行实力,在社会效益和经济效益两个方面都取得了较好的成绩。由《广州日报》组建中国首家报业集团,条件已经成熟。为此同意《广州日报》作为报业集团试点单位。"

二、广州日报报业集团的基本组织架构与经营业绩

经过 10 年探索,广州日报报业集团已形成了完善合理的组织构架,其董事会由广州日报社社务委员会成员组成,社长为集团董事长,社委会成员为董事,下辖出版部门、综合管理部门、相关企业等。出版部门主要涉及报刊、出版社和网络。相关企业涉及房地产、报刊发行、印刷、连锁店、电子商务、图书业、酒店业、广告业等。综合管理部门主要是指社委会下设的编辑委员会和经营管理委员会,其中层配置还有 6 个处级单位和 6 个相当于处级的公司。集团目前共有职工约 5000 人,其中核心单位广州日报社职工 800 余人。

广州日报报业集团是在 1 张主报和 6 张子报的基础上发展起来的。其主报《广州日报》目前以每天日均 52 版的篇幅,报道以广州为中心城市的华南地区各个领域以及国内外的重要新闻。日均发行量为 165 万份,在党报中仅次于《人民日报》,其中自费订户超过 80%。

除主报之外,目前集团还拥有众多的子报子刊及独立的出版社和网站,已形成了一个品牌多元的"报业航母群"。《足球》、《广州英文早报》、《岭南少年报》、《现代育儿报》、《老人报》、《商旅导报》、《广州文摘报》、《科学先驱报》、《信息时报》、《舞台与银幕》、

《美食导报》、《第一财经日报》、《篮球先锋报》等14家子报和《新现代画报》、《南风窗》、《看世界》、《赢周刊》等4家子刊,在珠三角地区乃至全国各地,都拥有一批忠实的读者。其中创办于1980年1月1日的《足球》报,是中国发行量最大最具影响力的足球专业报纸,也是《广州日报》子报子刊中最具经济实力的媒体。它在全国及海外(新加坡)设有32个分印点,期发行量高达150多万份,最高时达到200万份。目前该报每周出版六期,一、三、五为4开24版,主要报道国内外足球新闻和评论,二、四、六是4开16版的《足球大赢家》,提供专业、及时、准确的足彩讯息。另外,意大利AC米兰俱乐部还独家授权《足球》报社出版其中文版队刊。

创办于1985年的《信息时报》原是一份面向高收入群体的财经类专业报纸,2001年5月15日,集团投入巨额资金,对其进行了革命性改版。改版后《信息时报》的定位是"发财狮子,大众报纸",经过短短几年时间就发展成为一份重量级、综合性、都市类的新锐日报。目前该报与主报《广州日报》并称为集团两大主流媒体,报纸日发行量超过90万份,是广州报业市场零售发行量排第二的综合性日报,其发行网络覆盖到整个珠三角地区。

创办于1985年4月的《南风窗》目前为半月刊,全国发行量40万份以上,已经发展成为颇有影响的政经新闻杂志之一。该刊曾先后荣获"中国双百期刊"、"全国百种重点社科期刊"、"广东省十佳期刊"、广东省优秀社会科学期刊等荣誉,可以说是集团子刊中的佼佼者。

近两年,加盟集团的报业新军还有《看世界》、《番禺日报》、《增城日报》、《篮球先锋报》、《大东方》、《第一财经日报》等。其中创办于2004年11月15日的《第一财经日报》是全国首家综合性财经类日报,它由广州日报报业集团和上海文广新闻集团、北京青年报社等京沪穗三大强势媒体联合推出,反映了广州日报报业集团正在向着跨地区、跨行业、跨媒体的战略方向发展。

1999 年,广州日报报业集团出资创办的大洋网是经过国务院新闻办公室批准的有新闻登载资格的重点新闻网站。目前,其日均页面访问量达到 500 万。据美国大使馆驻广州文化参赞称,该网站是美国媒体引用最多的中国网站。目前,大洋网在电子商务方面也在积极探索和实践,有望成为集团一个新的经济增长点。

广州日报报业集团还拥有一些众多的经济实体,如广州日报印务中心、广州市报刊发行公司、广州新闻纸张供应公司、广州日报连锁店有限公司、广州市彩色印务有限公司、大洋房地产有限公司、大洋广告有限公司、广州大洋文化传讯有限公司、广州记者乡村俱乐部、大洋梅地亚宾馆、广州日报(香港)有限公司、广州日报株式会社等。

作为中国第一家报业集团,广州日报报业集团成立 10 年来一直稳居中国报业的龙头老大位置,其强大的竞争力可以从它创造的多项"第一"中得到有力证明:使用新闻纸张数量第一;刊登图片文字数量第一;同一厂内印刷份数第一;是中国第一个拥有博士后流动站的新闻媒体;拥有全国第一的报业印刷能力;[①]是中国媒体行业中最早实施 ERP 系统和最先提出"数字化记者"概念的新闻单位。集团主报《广州日报》在地方报纸中最先实现扩版,其后在 1997 年为纪念香港回归祖国出版 97 个版面特刊,2000 年为纪念新世纪的到来出版 200 个版面特刊,均创国内新闻出版的历史纪录。《广州日报》也是国内最早实现全彩印刷的报纸。2004 年,在世界品牌实验室(WBL)和"经济联合国"——世界经济论坛(WEF)编制的《中国 500 最具价值品牌》排行榜上,《广州日报》以46.17 亿元的品牌价值位居全国综合类报纸首位,成为中国大报第一品牌,同时其广告收入也连续 12 年蝉联全国平面媒体第一。

① 参见赵曙光等:《中国著名媒体经典案例剖析》,第 248 页,新华出版社,2002年版。

近年来,集团综合实力大大加强,截止到 2005 年 12 月,集团总资本达 61 亿元,净资产 45 亿元。

第三节　市场化的经营模式

作为党报走向市场化成功的范例,广州日报报业集团在其发展壮大的过程中,逐渐探索和创造出一整套成熟有效的市场经营模式。对此,我们不妨从内容生产、报纸发行、广告业务、技术支持、内部管理、产业结构、人才建设、品牌形象等方面进行分析,看一看广州日报报业集团是如何做强做大的。

一、内容生产

所谓"内容为王",这是任何媒体生存和发展的基础,广州日报报业集团的崛起,也遵循了这一规律。作为党的机关报,主报《广州日报》原来的主要任务是配合市委进行宣传,把握正确的舆论导向,其内容基本是指令性和指导性的。随着形势的发展,这样单调的内容显然已不能满足受众日益多样化的需求。因此,增加报纸的信息量势在必行。但是,《广州日报》与当时的综合性日报一样,都受到了版面的制约,对开 4 版的信息容量是不可能承载更加丰富多彩内容的。为了解决这一问题,同时也为了广告资源的扩张,当时的《广州日报》编委会经过反复研究,决定在全国率先进行扩版,即由原来的 4 版扩为 8 版。事实证明,1987 年的这次扩版,是《广州日报》日后走向腾飞极为关键的一步,由此还带动了全国报纸的扩版潮。此后,《广州日报》还有过数次扩版,版面容量不断增加。1993 年扩为 16 版,1995 年扩为除周末外每天 20 版,1998 年基本保持为 24 版,目前每天平均为 52 版。1997 年香港回归及 2000 年新年之际,还分别出过 97 个版面和 200 个版面的特别报道。持续的扩版除了促进广告、发行、印刷等项工作全面推进外,对报纸本身来说,最大的改变就是内容的充实和扩展。就新闻来说,除了报道本市新闻外,《广州日报》特别开设了"珠江三角洲新闻"每日专刊,这是因为,珠三角地区是广东乃至全国市场经济最发达、最活跃的地区,同时也是《广州日报》广告和发行的重心所在。对于最受读者喜爱的文化娱乐内容,《广州日报》更是不惜版面加以安排。除了每日专版《娱乐新闻》外,仅文艺副刊就有《珠江》、《连载》、《艺圈广角》、《读书》、《文化》等专版。为了开发双休日市场,《广州日报》每周六都出版 40 版的《广州日报周末版》和每周日 16 版的《广州日报星期天》。类似的专刊还有《求职广场》、《都市时尚》、《一周证券》等,专刊、专版总数在 1996 年就达到了 67 个,每日刊载新闻、文章 13 万字,内容极为丰富,不同年龄、不同性别、不同职业、不同层次、不同爱好的读者在此都能找到自己想看的信息。①

当然,扩版所带来版面容量的增加,只是报纸内容丰富的必要条件,实际上更重要的还是要提高内容的采编质量。否则,信息容量再多,但是内容空洞,仍然不会受读者欢迎,也打不开市场销路。因此,《广州日报》几次扩版,都坚持把扩大版面和提高质量紧密结合起来,在扩版的同时,特别强调精耕细作,即精心组稿、精心采写、精心编排,在新闻内容方面努力做到"人无我有,人有我优"。这种"追求最出色的新闻"的核心理念在其第一、二版的地方新闻板块中表现得尤为突出。

作为中共广州市委机关报,《广州日报》的新闻内容首先必须准确、鲜明、及时地体现市委意图,在方向的指导性方面发挥积极作用。另一方面,如果这些新闻内容得不到读者认可,引不起读者兴趣,那么实际上其宣传和指导的功能也难以很好地实现。这就要求必须在加强报纸的可读性方面下工夫。为此,《广州日报》在

---

① 参见曹鹏:《中国报业集团发展研究》,第 117 页,新华出版社,1999 年版。

报纸内容上力求做到"三贴近",即"贴近实际,贴近生活,贴近群众",并对采编人员提出了更为细致的要求,倡导"三深入"和"四向下",即"深入生活,深入社区,深入市民"和"眼睛向下,脚步向下,笔头向下,版面向下",使报纸在内容的大众化方面取得了可喜的成就。① 1998 年,时任中宣部部长的丁关根到《广州日报》视察时,曾问陪同的广东省委书记谢非:"你总结《广州日报》的风格是什么呢?"谢非回答说:"一个字——活。"丁关根点头赞许说:"说得好。"②可见,《广州日报》在内容的可读性方面所做出的努力不仅受到了读者的欢迎,而且也得到了上级领导的认可。

此外,为了满足市场竞争对新闻时效和质量的要求,《广州日报》还根据国际惯例,推行了"大采访通间"和总编辑直接控制下的"大夜编中心",改变了过去各部门各自为政,资源浪费的局面,保证了报纸一半以上的版面"当夜即拼",大大提高了新闻的时效性、新鲜性。

总之,过硬的产品质量为《广州日报》在市场上的成功提供了可靠保证。从 1992 年开始,广州市委不再下红头文件让基层单位订报,从此,《广州日报》的生存和发展就完全依靠市场需求,因而,报纸内容对读者的吸引力也就显得至关重要。《广州日报》正是通过抓住扩版的契机,在报纸内容的质和量两方面都实现了革命性改观,形成了"主旋律,高格调,大众化"的风格和特色,从而由原来以公款订阅为主的机关报成功转型为以市场为导向的综合性主流大报。

---

① 参见方仁:《新型党报 别开洞天》,载《传媒观察》2004 年第 7 期。
② 王放:《销量取决于质量——〈广州日报〉发行破百万的启示》,载《新闻记者》1999 年第 4 期。

二、报纸发行

对于报业市场来说,仅仅做到保证内容生产的规模和质量还远远不够。如果报纸出于种种原因无缘与读者见面,那么,无论多么丰富精彩的内容都会失去意义。这就像英国哲学家斯宾塞所说的:"没有人阅读的印刷品只不过是一堆废纸和不值钱的油墨罢了。衡量印刷品价值的标准,不在于印了多少,而在于被阅读和理解了多少。"[①]特别是在现代报业市场"买方市场"格局逐渐形成的形势下,所谓"酒香也怕巷子深",因此,作为市场销售终端的报纸发行工作就显得极为重要。另外,由于报纸发行还与广告业务息息相关,对于报纸的经济效益具有举足轻重的影响,这同样要求必须做好报纸的发行工作。

在传统的计划经济条件下,报纸长期以来都是采用邮局发行。但是,随着报业市场化进程的加快,通过邮局发行已越来越不适应形势的发展,其弊端日益暴露无遗。《广州日报》扩版后,对于增加的版面,邮局要收高额发行费用,同时报社还不能根据广告客户的需求随时调整版面,而且邮发费用每半年结算一次,又大量占用了报社的流动资金。更为重要的是,《广州日报》结合日本的经验并经过市场调研认为,广州市民喝早茶的时候是读报的黄金时间,因此要求必须能在早上7点半之前将报纸送到读者手上。但这一"每天和太阳一同升起"的"早茶战略",通过邮局却是无法实现的。[②]另外,从商品生产的规律来看,作为报业产品生产者的报社只能依靠邮局却不能自主销售,这样实际上也割裂了生产者和销

① [美]默恩:《美国报纸组版和设计》,陆炳麟、江和平编译,第3页,上海外语教育出版社,1989年版。

② 参见赵曙光等:《中国著名媒体经典案例剖析》,第254页,新华出版社,2002年版。

文化产业经营管理案例

售者的联系,使生产者失去了与市场亲密接触的机会,无法从市场销售过程中及时得到来自消费者的信息反馈,最终会损害报社的市场竞争能力。正是基于上述考虑,《广州日报》在1991年坚定走上了自办发行之路。

在邮发时代,一般来说,报纸的发行部门对报社的影响无足轻重,因此发行部常常是安置采编能力不强人员的地方。《广州日报》在自办发行之前,发行科室和广告科是合在一起的,人员不足10人,车辆不过三辆,工作条件十分简陋。自办发行就意味着必须对以往的发行模式进行彻底改革,只有这样,才能适应市场的需求。为此,一方面,从整个报社中选调精兵强将充实发行部门,选派发行业务骨干到日本《朝日新闻》等报社跟班学习,组建专门的培训学院,新来的发行员必须首先去封闭培训40天,原来的员工则分批回炉培训,这些措施对于发行队伍迅速成熟起到了非常重要的作用。另一方面,总编每年都亲自带头"洗楼",即与一线记者一起挨家挨户上门征订,同时,采编人员也要上街卖报,以体验"商品的使用价值如何转换为价值"。[①] 这样,报纸发行就不仅仅是发行部门的工作,而是变成了全报社的中心工作。过去那种重采编、轻发行的观念得到了根本性的改变,而"发行关乎报社生死"的思想则深入人心。

广州日报报业集团成立后,其报业发行网络得到进一步加强。除了向上万名报贩批发以及通过遍布市内主要商业区的自动售报点销售之外,广州日报报业集团的发行网络建设主要表现在以下三方面。首先,原来松散型的投递队伍被改组成统一管理的报刊发行公司,并作为集团的二级机构纳入统一管理。这样就使集团的指令有效地落实到每个投递员身上,促进了报纸发行服务质量

---

① 参见浦任:《〈广州日报〉报业集团——'洗'出来的现代报业》,载《瞭望新闻周刊》,2001年第22期。

的迅速提高。其次，原来临时性的报纸收订点被固定的连锁店网络取代，为了统一管理，还新成立了广州日报连锁店总公司。集团仅成立两年，就有了200家连锁店，已超过了广州市邮局的营业点，从而保证了读者订报读报的方便。第三，派出专职的发行小分队常驻珠三角地区，天天上门收订，日日监督当地报纸零售点的服务，使这一关键地区的发行量得到切实保证。①

此外，《广州日报》还采取一系列促销措施，实行了"先看报纸月底收费，送报上楼不另收费，月月抽奖旅游免费，兼赠报箱同样免费，八点送到超值消费"等发行策略。应该说，这些举措对于提高报纸的吸引力、保证发行量的迅速提升，都起到了非常重要的作用。②

最后有一点需要特别指出的是，由于发行工作涉及到内容生产、技术支持、人才战略，结构优化、后勤保障等诸多方面的因素，因此，只靠发行部门单打独斗是不行的，发行工作需要集团各部门协同作战，资源共享。广州日报报业集团在发行方面的成功显然也说明了这一点。以"早茶"战略的推行为例，如果没有采编部门的工作效率和印刷部门的技术配合，那么报纸是无论如何也不可能在清晨就送到读者手中的。

总之，经过集团上下的艰苦努力，《广州日报》的发行量连年高速增长，最后日均发行量稳定在165份左右，这在党报中仅次于《人民日报》。但与《人民日报》不同的是，《广州日报》的自费订户超过80%，它的发行走的是市场化的路子，而不是行政命令，在某种程度上说明它是人们更爱读的报纸。因而，广州日报报业集团

① 参见黎元江：《优势能互补 集团好冲浪——广州日报报业集团试点工作两年回顾》，载《党建》，1998年第7期。
② 参见朱春阳：《〈广州日报〉两个10年——一份机关报营销理念的演变》，载《中国传媒科技》2003年第10期。

的发行经验,对于中国报业的发展具有更重要的推广意义。

三、广告业务

在广州日报报业集团的资本原始积累阶段,广告收入要占到其总收入的 95％左右,是其名副其实的第一经济支柱。从 1993 年开始,《广州日报》每年的广告营业额均保持 10％的高速增长,已连续 12 年在全国报业广告收入中排名第一,是广告收入仅次于中央电视台的中国传媒。可以说,巨额的广告收入已成为《广州日报》市场化运作成功的标志。

《广州日报》在广告方面能获得如此大的成就,当然有其客观的优越条件。西方报业有一条铁律是:"报纸的重点不仅在读者,更在于能提供广告市场的读者。""报纸需要读者,更需要富有的读者。"而《广州日报》主要发行地区正好是在中国改革开放最早、经济最发达的广州及珠江三角洲一带,广告资源极为丰富,这使其经营广告具有了得天独厚的优势。不过,从经济总量上看,上海、北京都要高于广州,而且在广州还存在三大报业集团瓜分广告市场的激烈竞争态势。在这种情况下,《广州日报》在广告收入排行榜上仍能压倒京沪众多强势媒体,独占鳌头,表明其广告业务的经营确有过人之处。这可以从下几个方得到有力的印证。

首先,通过扩版和自办发行,解决了广告版面紧张问题,突破了邮局发行的瓶颈,掌握了广告发布的主动权。过去由于版面太少,不但影响了报纸内容的丰富性,也与广告资源的扩张形成了尖锐矛盾。同时,通过邮局发行,必须要提前很长时间通知做计划,这样就不能根据市场变化随时增减版面,常常贻误商机。在扩版和自办发行之后,上述问题都迎刃而解。在其他媒体的广告消费者苦苦排队等候刊发广告的时候,《广州日报》已经可以做到"来者不拒,多多益善,随时安排,全部满足"了。①

其次,把主要广告业务交给专业的广告公司代理,本报的广告处不直接承揽广告,而是提供一流的服务,力图在广告公司和广告客户之间建立起良好的互信关系,最终实现报纸与广告市场的"共振"。我们知道,在中国报业经济发展初期,从总编到普通记者编辑全员拉广告的现象非常普遍,由此产生了以有偿新闻与广告客户作交易等弊病,严重损害了报业的信誉。正是基于这种情况,《广州日报》实施了广告代理制,这样就使自己从具体的经营业务中解脱出来,把工作重心转向了为广告公司和广告客户提供优质服务方面。为此,《广州日报》从1996年开始组建客户部,派出业务员四面出击,向广告公司和广告客户推介《广州日报》,他们所提供的精确信息往往涉及报纸最新的版面调整、人事变动、重大决策、发行进展等,受到广告公司和广告客户的欢迎,对报纸广告市场的培育起到了重要作用。②

近年来,《广州日报》每年还要组织广告公司和广告客户参与"珠三角报业文化体验之旅"活动。通过这项活动,使广告公司和广告客户能够在充分了解市场信息的基础上,决定广告投放的情况。此举也在业界引起强烈反响,为《广州日报》广告业务的拓展做出了重要贡献。

第三,通过连锁店直接向社区内的小广告分类客户提供全套的代理服务,这类广告手续非常简便,在店内即可办妥,同时传真广告处还可上门为广告客户服务。一般来说,分类广告与工商广告相比收费要低一半以上,但其提供的大量消费信息非常实用,深

① 参见朱春阳:《〈广州日报〉两个10年——一份机关报营销理念的演变》,载《中国传媒科技》,2003年第10期。

② 参见浦任:《〈广州日报〉报业集团——'洗'出来的现代报业》,载《瞭望新闻周刊》,2001年第22期。

受读者关注,因而也是报纸内容的重要组成部分。另一方面,本着薄利多销的原则,分类广告积少成多,也能创造可观的经济效益。像连锁店每月都能为《广州日报》揽回二三百万元的分类广告,这就比大多数省会城市机关报全部的广告额还要多。[①]

除此之外,《广州日报》在广告版面的比例安排、广告淡旺季的应对措施、广告业务的海外拓展等方面,也都体现了其广告策略的高明。广告版面的安排实际上涉及到如何处理新闻内容与广告的关系问题,理想的状态应该既要满足客户要求,又要考虑读者的情绪。为此,《广州日报》把广告版面的比例掌握在 1/4 到 1/3 之间,有时多些,有时少些,全年不超过 1/3。同时,在广告版面编排上,还注意把一般性的工商广告与服务性强、读者爱看的分类广告适当调配好,以避免因广告过多而使读者产生沉闷感。[②]

《广州日报》也会根据广告淡旺季的差异,调整广告策略。比如在广交会期间,就会大做专刊、画册,充分吸纳广告客户投放资金。而在市场淡季,则多做分类广告和低价位广告。对于承揽海外客户,《广州日报》同样是不遗余力。它不但是最早刊登海外广告的国内报纸之一,而且早在 1994 年就在日本设立了商务代办处,多年来,来自日本的广告一直在增加。[③]

总之,《广州日报》在广告业务上所取得的突出业绩,为其事业发展奠定了雄厚的物质基础。如果没有巨额广告收入做后盾,《广州日报》所采用的依靠低价销售扩大发行抢占市场的战略就不可能成功。应该说,《广州日报》市场化的广告运作经验,对中国报业经济的发展具有非常重要的示范意义。

---

①　参见陈雨、谷虹:《〈广州日报〉分类广告的市场新攻略》,载《传媒观察》,2004年第 10 期。

②　参见何向琴:《在激烈的发行竞争中稳步前进——一九九四年广州日报扩大发行的思考》,载《中国记者》,1994 年第 5 期。

③　参见曹鹏:《中国报业集团发展研究》,第 130 页,新华出版社,1999 年版。

四、技术支持

报业是一个具有高科技含量的文化产业,在激烈的市场竞争中,谁拥有了先进的技术,谁就可能占得先机,使自己立于不败之地。应该说,广州日报报业集团对此是有着非常深刻的认识的,所以在其发展过程中制定和实施了一系列以市场为导向的技术战略,并且取得了丰厚的回报。

以报业的核心技术印刷为例。早在1995年底,《广州日报》就开始筹建印务中心,正式开工是在1996年12月,最后在1998年11月建成并投入使用。由于《广州日报》使用的是国内原料,因此,集团还专门把广州造纸厂的一卷纸和太原油墨厂的一罐油墨送到国外,在将要进口的设备上进行试验,试验成功后才最终决定引进。2003年3月,在原来4条生产线的基础上,又增加了两条生产线,前后总投资高达13亿人民币。这个印务中心建成后,成为国内速度最快、印刷能力最强、印刷设备世界一流的印务中心,也是亚洲最大的印务中心,其总印力达每小时470万对开张。①不仅如此,其印刷质量也有可靠的保证。《广州日报》曾获"2003年全国报纸印刷质量评比优质级报纸"称号,2004年,又获得"亚洲传媒大奖"的"双幅宽类——最佳印刷奖"金奖。印刷质量由此可见一斑。

起初,报界许多人对广州日报报业集团耗费巨资购进如此先进的印刷设备感到很不理解,认为这会造成印刷资源的闲置和浪费,有好大喜功之嫌。殊不知,引进这套先进的技术装备,正是广州日报报业集团走向发展壮大极为关键的一步,显示了其决策者超前的经营理念。在1998年印务中心投产试机后,就可在2.5小

---

① 参见梁泉:《技术战略是提升报业核心竞争力的法宝》,载《中国传媒科技》,2005年第1期。

时内一次印刷每份 20 版双面彩色报纸 100 万份,每小时印刷量达到 300 万张,使《广州日报》能够做到在每天凌晨 5:30 印完最后一份报纸,7:30 送完最后一份报纸,为其在激烈的发行竞争中取得优势提供了强大的技术保证。2000 年,在广东乃至全国的世纪新闻大战中,广州日报报业集团先进的印刷技术又成了克敌制胜的法宝。当时《广州日报》以 200 版的超常版面赢得了这场竞争。虽然这一策划提前一年就已对外公布,但其他报业媒体却苦于印刷能力限制而只能望洋兴叹。对此,同城竞争对手《羊城晚报》的一位策划者曾这样总结到:"自从广州日报报业集团建立起大型现代印务中心以后,该报进一步扩版增张,同时增加双面彩色版面,并屡次挑起重大报道战役的版数战,一时占据市场的绝对主动权。根本无法在正面战场和它竞争,在气势上先落后一分。"而对此广州日报报业集团的前任主要负责人则说:"现在不懂得印刷机就没有资格当社长、总编,印刷就是手中的笔。"①

为了保持报纸印刷技术领先的优势,广州日报报业集团在 2004 年 8 月再次做出重大技术投资决策,决定投资 2 到 3 亿人民币,进一步加强印刷能力。此举在稳定和保证《广州日报》发行量的基础上,为发展"厚报"和"全彩色",更快地"出早报,出好报"做好了技术准备。

除了先进的报纸印刷技术,广州日报报业集团在其他一些重要技术运用方面也毫不逊色。比如,在商业印刷技术方面,建成了具有世界先进水平的商务印刷中心;在发行技术方面,建成了国内第一个集 CALLCENTER 和办公自动化于一体的发行技术平台;在印前技术方面,建成了基于 INTERNET 全数字化一体化的跨媒体新闻信息综合业务管理平台;在管理技术方面,实施了以现代

---

① 参见唐小兵、黄蓉芳、陈新华:《叩响市场之门 引领报业风骚——广州报业集团成立五周年回顾之二》,载《当代传播》,2002 年第 1 期。

财务为核心的报业集团 ERP 管理工程；在新兴的互联网和移动媒体技术运用方面，同样也走在了全国的前列。[①]

可以说，如果没有上述有力的技术支持，就没有今天强大的广州日报报业集团。

五、内部管理

为适应市场化的要求，广州日报报业集团在机构管理、财务管理、人员管理等各个层面进行了多方位探索，逐渐形成了一整套在市场经济条件下行之有效的管理模式。

在机构管理方面，首先改造的是领导体制。为了改变过去报社领导只管办报不管经营的局面，《广州日报》从 1995 年 12 月 1 日开始，实行社委会领导下的社长负责制，社委会下设编辑委员会和经营管理委员会。过去只有一名编委抓经营，与抓采编的编委之比是 1:8，显得力不从心。改革之后，抓经营的编委增加到三个半——所谓半个是指一把手分出精力抓经营决策。在中层机构配置方面，以前经营管理只有经理部和发行处两个处级单位，现在增加到计财处、经营处、管理处、发行处、广告处、技术处、印务中心、新闻服务中心、房地产公司、广告公司、连锁店公司、发行公司等 6 个处级单位和 6 个相当于处级规格的直属公司。这样，在经营管理工作上，就有了强大的组织保证。[②]

报业集团严格按照责权利相结合的原则，对子报子刊和附属公司等二级机构实施管理。在组织人事上，二级机构的法人代表由集团董事会成员（即广州日报社委会成员）担任，班子成员和中层负责人由集团考察任免，一般员工的招聘辞退、奖罚任免由二级

---

① 参见梁泉：《技术战略是提升报业核心竞争力的法宝》，载《中国传媒科技》，2005 年第 1 期。

② 参见曹鹏：《中国报业集团发展研究》，第 119 页，新华出版社，1999 年版。

文化产业经营管理案例

机构自行决定,上报集团人事部门备案。集团对二级机构的主要负责人实行任期目标责任制,每年根据该机构与集团商定的发展目标考核主要负责人的成绩,能者上,庸者下。[①]

采编系统也进行了人员管理改革。鉴于传统的"初级—中级—副高—高级"四个职称的台阶之间,年头太久,缺乏节奏感,且流于论资排辈的形式,报社制定并出台了一整套被称之为"十二级台阶"的约束激励措施,使采编人员的工作业绩既有量的考核,又有质的规定,每人月、季、年的业绩和收入一清二楚,每人都有晋升的机会,充分调动了采编人员的积极性。[②] 通过这一改革,大大提高了工作效率。在 1987 年前,报社采编人员 200 人编对开四版,还常常闹稿荒。改革后,《广州日报》虽从 8 个版扩到每天 20 个版甚至 40 个版,发稿量增加到过去的 5 倍,系列报刊从两种增加到9 种,但采编人员非但没有增加,而且还略有降低,有的部门居然还表示可调出多余的人员。由此可见改革效果之显著。在财务管理方面,由集团制定统一的财务监督制度,要求二级机构每月汇报资产经营情况,超过一定额度的开支项目需经集团统一审批。集团各下属单位财务部门的会计出纳均由集团统一派出,受集团财务部门和各单位双重领导,以确保资金不出现跑冒滴漏。集团与下属各单位之间、各单位相互之间的资金调度,按内部银行制度结算,严格分清各自的经营责任。在此前提下,各单位又有充分的财务自主权。[③]

总之,通过改革,广州日报报业集团的管理方式逐步由粗放式向集约式转变,这对于集团资产的增值保值、工作人员积极性的提

① 参见黎元江:《优势能互补 集团好冲浪——广州日报报业集团试点工作两年回顾》,载《党建》,1998 年第 7 期。

② 参见浦任:《〈广州日报〉报业集团——'洗'出来的现代报业》,载《瞭望新闻周刊》,2001 年第 22 期。

③ 参见曹鹏:《中国报业集团发展研究》,第 131 页,新华出版社,1999 年版。

高都起到了重要作用。

六、品牌形象

在市场经济条件下,品牌形象作为企业的无形资产蕴含着巨大的市场价值。因此,广州日报报业集团非常重视品牌形象建设,并为此采取了一系列令人瞩目的重大举措。这些措施收到了明显的成效,从而有力保证了广州日报报业集团的进一步发展。

1994年,《广州日报》派出一支精干的采访队伍,对正在建设中的京九铁路进行了一次历时三个月、横贯九省市、全程约3000公里的全线现场报道。报社共为这次大型报道拨出了25万元专项资金,采访队伍配备了手提电脑、电传机等多种先进的电子采访工具,深入人烟稀少的铁路建设工地,最终发回了60多篇内容丰富翔实的重头报道,在国内外产生了很大影响,其中不少报道内容还被一些境外报纸转载。显然,这次活动对于树立《广州日报》的品牌形象起到了重要作用。此后,《广州日报》几乎每年都要有一次大型新闻策划活动。1995年,投入50万元,派出30名记者分成8个小组,进行了"中国边贸大扫描"。1996年,为纪念红军长征60周年,组织了"重走红军长征路"活动。1997年,以97版的超常版面,"见证香港回归"。这次活动使广州出现了全城争购《广州日报》7月1日特刊的奇观,所有的报摊前都排起长队,一直到深夜才散。一些报贩趁机提价,一份原价1元5角的报纸最后竟炒到上百元。一星期后,应读者要求重印的97版特刊,很快也销售一空,这种情况可以说是创造了中国新闻史上的一个奇迹。1998年,报社投入力量重点报道了"长江抗洪救灾"。1999年和2000年,以一年的时间运作"大型跨国采访迎新千年"活动,并出了200版的纪念特刊。[1] 为了编辑出版这次特刊,《广州日报》组

① 参见向隅:《广州日报:擎起资本大旗》,载《金融经济》,2001年第7期。

织了强有力的专门班子,翻阅了 13000 本书、52 亿字,查阅资料多达 178 种 1000 多本,中外各种综合性图典近 100 种,编辑过程中涉及二十四史、《永乐大典》、《四库全书》、《古今图书集成》、《大清会典》等。特刊将 5000 年的历史内容浓缩在一起。给读者提供了增长知识、开阔视野的多层次美的享受。这次的特刊与 1997 年的特刊一样,一上市就引发了抢购热潮,价格也被抬高到百元以上。[①]

　　显然,上述活动无一例外都扩大了《广州日报》在国内外的影响力,特别是 1997 年和 2000 年出的两次扩版特刊,在读者和同行中都引起了轰动效应,极好地塑造了《广州日报》作为中国强势媒体的品牌形象。

　　广州日报报业集团不仅通过上述重大新闻战役扩大影响力,而且还采取多种形式宣传自己。例如,从 2002 年 1 月 1 日到 2002 年 12 月 31 日,广州日报报业集团将广州至北京的 T15/16 次、T29/30 次四组列车的冠名买断,推出了第一个用报刊命名的列车。在车体外正式冠名的"广州日报号"T15/16 次专列上,列车员迎宾绶带上写着"追求最出色的新闻,欢迎乘坐广州日报号",车厢内的座位套、硬座窗间牌、茶几布、餐车的台布、软卧的窗间牌、卧铺换票牌等上面全都冠以"广州日报"标志。列车的广播中还不断详细介绍广州日报报业集团的办报情况。与此同时,T29/30 次列车则分别被冠名为"信息时报"号和"看世界"号,这是广州日报报业集团旗下的另外两份报刊。通过这样的冠名,使日夜穿梭在南北交通大动脉京广线上的列车,成为了广州日报报业集团流动的广告标牌。对此,广州市新闻出版和广播电视局局长范旭是这样评价的:"'广州日报'号的开通对广州日报报业集团的发展

---

　　① 参见唐小兵、黄蓉芳、陈新华:《中国第一报业航母崛起南方——广州日报报业集团成立五周年回顾之一》,载《当代传播》,2001 年第 6 期。

和声望是极大的促进,这是一个绝妙的创意。广州是中国的南大门,北京是中国的首都,'广州日报'号每天把祖国南方的信息源源不断地送到全国千百万读者手里。此次行动不单单产生广告宣传效应,对扩大党报的影响也具有深远的意义。"①

广州日报报业集团还努力把集团的发展与公共文化设施建设有机地融合起来,以此塑造自己在公众中良好的品牌形象。比如,其图书馆是对外开放的;在现代化的印务中心附设了印刷博物馆,为有兴趣的公众提供了参观学习机会;更为典型的则是广州市的标志性建筑——广州报业文化广场的建设。这个文化广场建筑面积 20 万平方米,除 20％由广州日报报业集团自用外,其余分别用作广州市图书馆、广州市群众艺术中心、国际会议展览中心、露天文化广场等,为公众的文化生活提供了场所。

总之,通过品牌形象建设,广州日报报业集团扩大了社会影响,增强了内部的文化凝聚力。当然,它在市场上也得到了巨大的回报,无形的财富最终转化成了实际的利益。

七、产业结构

广州日报报业集团给自己的定位是:"以具有广泛影响力的社会主义报纸为核心,以报业及带有报业外延性质的实业为主体,兼容其他非报业经营实体的报业联合体。"在此基础上,确立了"一业为主,综合经营,扬长避短,多元发展"的经营方针,形成了以报业为本、以报业相关产业为辅的多元化产业结构。

开始的时候,《广州日报》管理层对于其产业结构和发展战略并没有一个清晰的思路,以为什么赚钱就抓什么,别人上什么项目也争着上,结果走了弯路,吃了亏,付了学费。后来,他们总结经

① 参见赵曙光等:《中国著名媒体经典案例剖析》,第 245 页,新华出版社,2002年版。

验,决定"不熟不做",最终确立了依托报业的固有功能、向外延伸、发展多种经营的发展战略,使产业结构逐渐趋向合理。

以报业结构为例。首先是要加强主报《广州日报》的中心地位,而其他许多子报则由原《广州日报》的一些部门裂变而来,如体育部兼办《足球报》,交通旅游部兼办《交通旅游报》,退居二线的老记者、老编辑主办《广州文摘报》、《现代育儿报》、《老人报》等。另外,像大洋网站也是在主报《广州日报》的基础上发展起来的。

至于其他相关产业,也都是在报业原有功能的基础上发展起来的。例如,发行处同时兼营刊发行公司和连锁店公司;广告处组建了大洋广告公司;基建办公室向外拓展成立了大洋房地产开发公司和同乐拆迁安置服务公司;招待所办成可以接待国内外宾客的新闻服务中心;供应科兼营新闻纸张供应;印报厂抽调力量组建彩色印务公司等。① 这其中像房地产、连锁店等产业经营所获得的成功尤其令人称道。作为国内第一家以报纸、书刊文化用品为主的大型连锁商业机构,广州日报报业集团的连锁店是完全市场化运作的产物,公司只有 4 位负责人是报社派去的,其余均从社会上招聘。公司注册(启动)资金是 300 万,1996 年初还亏损严重,到年底就实现了收支平衡,1997 年经营收入超过亿元。连锁店的经营范围非常广泛,包括:《广州日报》的收订零售;图书零售;文化用品、音像制品和百货生活用品销售;接收代办《广州日报》分类广告;代印名片,开展店面 POP 冠名宣传推广以及新产品展示;代办民航、铁路订票业务,同时代办宾馆酒店客房、代办旅游服务、代售电话磁卡等。通过提供上述多样化的服务,并借助集团强大的后援,广州日报连锁店的业务发展非常顺利。到 1997 年,一般新店经过两三个月就可以做到收支平衡,绝大多数连锁店很快就

---

① 吴文虎、林如鹏:《广州日报获准组建我国首家报团 黎元江接受采访阐述有关问题》,载《新闻记者》,1992 年第 2 期。

能盈利。

房地产的经营是广州日报报业集团产业结构扩张的另一个得意之作。上世纪90年代,因为广州进行环境治理,许多企业要向郊区搬迁,于是,《广州日报》利用企业资金匮乏而自身现金储备充足的有利条件,与搬迁企业达成协议,以资金换市区地皮。此举使广州日报报业集团成为广州市最大的房地产商之一。当然这里具体的市场操作也都是由集团属下的房地产公司来实施的。[①]

从上面的例子不难看出,在广州日报报业集团多元化的产业结构中,许多与报业相关的产业虽然不是主业,但作为集团新的经济增长点,这些产业创造的经济效益往往不亚于作为主业的报业,因而越来越成为集团重要的经济支柱。

实践证明,广州日报报业集团这种依托报纸主业、多元经营的产业结构使其能够有效利用已有的资源和经验,最大限度降低了市场风险,壮大了集团实力,从而获得了快速而又稳步的发展。

八、人才建设

作为智力密集型文化产业,报业在采编和经营管理等方面都需要大量高素质的人才,广州日报报业集团之所以能够在激烈的市场竞争中快速成长并保持发展的后劲,与其成功的人才战略的实施是分不开的。

从1995年开始,《广州日报》就开始从北京、上海的著名高校招聘人才加盟,一批应届的博士、硕士和本科毕业生被充实到了报社的各个部门,短短几年,《广州日报》就成为国内报界拥有博士最多及机械、电脑专业高层次人才最多的报纸。这些毕业生除了来自新闻、中文等专业外,还来自机械、自动化、印刷、电脑、建筑、经

---

① 参见曹鹏:《中国报业集团发展研究》,第120~122页,第133页,新华出版社,1999年版。

济、法律、会计、金融、外语等专业，他们当中很多人都成为了业务骨干，为《广州日报》的发展做出了重要贡献。1998年9月，广州日报报业集团还成为中国非工业企业的企业博士后工作站，率先引进了电脑自动化和工业企业管理博士后两名。

除了引进人才外，广州日报报业集团也非常注意对现有人才的培养。从1998年开始，集团实施了每年派出6到8名人才到国外攻读学位或做访问学者的培训规划，并与美国密苏里新闻学院签订协议，每年都派出若干名员工赴美攻读硕士学位，美国密苏里新闻学院也定期派教授到广州讲学，为广州日报报业集团培训采编和经营管理人才。在对经营管理带头人才培养的同时，集团也非常重视对一线生产骨干的培训。比如，在发行方面，每年选派发行站站长以上的骨干到日本朝日新闻社跟班学习；在印刷方面，定期选派机长和生产骨干到德国、瑞士接受培训；在广告部成立客户部以后，也多次派出人员到日本等国家学习。[①]

在人才队伍扩展过程中，广州日报报业集团采取的是一种编内优化素质结构、编外壮大阵容数量的模式。比如《足球》报70多人只有10来位是占编制的，其余都是招聘的，《广州文摘报》、《老人报》、《现代育儿报》则主要由报社退休的编辑记者主办，实际上也不占报社正式编制。显然，这种灵活的用人机制更适合报业市场化的要求，对于报社和员工来说都更为主动和自由。

在人才管理和使用方面，广州日报报业集团一方面不拘一格，放手使用人才，让优秀人才脱颖而出，另一方面，改革分配制度，打破"终身制"、"铁饭碗"，实行优胜劣汰，竞争上岗，充分调动了员工的工作积极性，为人才成长提供了一个良好的环境。

总之，正是通过扎扎实实的人才建设，广州日报报业集团抢占

---

① 参见何向芹：《人才战略：报业经营与发展的制高点》，载《新闻战线》，2000年第8期。

了中国报业经营和发展的制高点,并为其未来长远的发展奠定了坚实的基础。

第四节　与世界报业发展的对比

与世界经济发展的不平衡一样,世界各国的报业发展情况也存在很大差异。一般来说,西方发达国家报业市场化程度更高,规模更大,但从其发展趋势来说,由于受到了电视和电脑、网络等新兴媒体的冲击,报业的黄金时代已经过去了。据全球报纸协会提供的数字,1995～2003年,报纸发行量在美国下降了5％,在欧洲和日本分别下降了3％和2％。在20世纪60年代,每5个美国人中就有4个人阅读报纸,而现在只有一半人这样做。按此趋势发展下去,有人预言,报纸将在2030年或2040年在地平线上消失。[①] 在发展中国家,由于报业经济还处于起步阶段,因而还有着较大的发展空间。在世界两个最大发展中国家中国和印度,报业的发展尤为迅猛。印度报业从1995年开始经过连续5年的高速增长,到1999年,其报纸的发行量已达6000万份,仅次于日本,居世界第2位。中国的报业更是在近20年的时间里一直处于突飞猛进的发展态势,其广告收入平均增速高达30％以上,以至于有人把中国报业比喻为计划经济的"最后一块蛋糕"、"最后一个暴利行业",甚至有人形容为"印报纸就像印钞票"。在经济最不发达的非洲,随着上世纪90年代一些国家开始实行的民主化进程,也促进了私人开办的独立报业的发展,从而成为世界报业经济的一个新的增长点。

世界各国出现的报业集团都是报业经济发展到较高阶段的产

① 参见崔保国:《2006年中国报业的反思与展望》,载崔保国主编《2006年:中国传媒产业发展报告》,第83页,社会科学文献出版社2006年版。

物,具有集约经营和规模效益等共性。另一方面,由于受到经济发展水平、政治制度、文化传统等国情因素的制约,不同国家和地区的报业集团又会形成自己独有的特色。对此,我们不妨对中国和西方发达国家的报业集团做一个简单比较,看看其主要差异表现在哪些方面。①

首先,是所有制不同。西方的报业集团是产权私有,无上级,无级别,无地域限制,无公费订阅,完全是市场自然发展的产物。而中国报业集团无一例外都是国有资产,有强烈的政治色彩和政党背景,有级别和地域限制,有一定的公费订阅,其形成往往要借助行政力量的推动。因此,西方的报业集团与一般的企业集团没有什么差别,追逐经济利益是其天职。而中国的报业集团则承担着宣传任务,必须兼顾社会效益和经济效益,并把社会效益放在首位。像广州日报报业集团一直坚持做严肃的主流新闻,追求高格调、权威性,不剑走偏锋,不打"擦边球"的办报方针就体现了这一点。《广州日报》的娱乐版曾有一次用了整版篇幅介绍"裸体影片",通栏标题是"剖析裸体影片",文章内容虽不错,但与《广州日报》一贯的格调相悖,于是,其负责人果断下令将已经印好的160万份报纸扔进废纸堆,仅此一项就损失了几十万元。这个例子很好地说明了中国报业集团的经营与一般企业的经营的本质区别。

所有制的不同还导致中国与西方的报业集团在处理资产所有者和经营管理者关系时也存在差异。在西方,报业的产权关系非常明晰,再加上有成熟的职业经理人制度,因此,资产所有者与经营者的关系可以完全依靠市场解决。而在中国,报业集团属于国有资产,其主要负责人是由党委或行政部门任命的,因而并不是一种市场行为。与此同时,长期以来,作为报业产权所有者的国家对其经营者的监管也一直是一个难题,因经营者的腐败而导致国有

---

① 参见曹鹏:《中国报业集团发展研究》,第90~91页,新华出版社,1999年版。

资产流失的情况并不少见。比如,像广州日报报业集团的内部管理水平实际上已达到了相当高的程度,但对其最高负责人的监督却仍然难以尽如人意,最终还是出现了集团主要负责人因腐败而落马的令人遗憾的情况,给集团的发展带来了重大损失。这说明中国的报业集团在管理机制方面还有不少问题需要解决。

其次,从发展空间来说,西方的报业集团可以根据市场需要自由创办和关闭报刊,并可以跨国、跨地域、跨行业经营。中国报业集团的发展空间则受到一定约束,创办新的报刊必须要经过严格审批,报纸在跨国、跨地域、跨行业发展方面也受一些限制。

在西方,因某种原因创办新的报纸或停掉某些报刊是很正常的事,但这在中国却完全不可能做到。这样,中国报纸的刊号就成了一种非常稀缺的资源,实际上相当于一种特许资格。因此,即使是经营不善甚至亏损的报纸也不会轻易放弃已有的刊号,根本不存在自愿停刊的事情。中国报业集团在扩张过程中因为无法自由创办新的报刊,通常采取的办法都是兼并收编实力弱小、经营状况不佳的报刊。像广州日报报业集团就是如此。

与西方报业集团可以跨地域自由发展相比,中国报业集团近两年在这方面虽然也有了一些探索,但还仅仅处于尝试阶段,并非普遍现象。比如2003年11月11日,南方日报报业集团和光明日报报业集团联合主办的《新京报》正式创刊,开中国跨地域办报的先河,而且开创了中央级媒体与地方媒体联合创立新报纸的先例。广州日报报业集团和上海文广新闻集团、北京青年报社于2004年11月15日联合推出的《第一财经日报》也是跨地域经营的报纸。但是,到目前为止,这样跨地域创办的报纸在中国还寥寥无几。

跨地域办报的另外一种表现形式是报纸地方版的出现,这种情况在中国更为多见。像广州三大报业集团,就都在广告资源丰富的珠三角地区办了不少地方版。同样是出于增加广告收入的考虑,许多中央级大报也非常热衷于办地方版。但是由于存在体制性障碍,这种地方版形式的跨地域办报经常受到具有地方保护主义色彩的行政干预,面临很多阻力。这其中主要原因在于,一方面,报业跨地域扩张会与当地报纸发生利益冲突,当地报纸往往求助地方政府打压外来报纸;另一方面,跨地域报纸所刊登的地方新闻不受地方政府控制,这非常容易引起地方领导的警惕和反感。《广州日报》某地方站的一名记者就说:"最大的困难在于当地政府的不合作态度,他们会不通知采访事宜,有一些甚至直斥我们是非法出版物,恶劣的新闻环境导致采访困难。"广州日报报业集团旗下《信息时报》的一名记者也说:"在一次采访中,当地政府新闻办的领导斥责我们是非法出版物,拒绝透露情况,他说,《信息时报》在广州当然不是,但来到这里就一定是(非法的)。"[①]所以,像《河北日报》要到唐山去办一张《冀东都市报》,就因遭到唐山和秦皇岛两市领导的抵制而难以实施。这种因行政壁垒而形成条块分割和区域性垄断的报业格局,在西方成熟的市场运作体系中是不存在的。

　　西方一些著名的报业集团不仅跨地域经营,而且跨国经营。比如,默多克为了扩大新闻集团在全球的市场份额,甚至可以从澳大利亚移民到美国。相比之下,中国报业虽然可以向海外发行,比如《广州日报》就销往日本、美国、英国、加拿大等世界各地,但迄今为止还没有出现真正意义上的跨国报业集团。同时,原则上中国报业也不能引进外国报纸或与外国合作办报。

　　在跨行业经营方面,西方的报业政策非常自由灵活,既可以由报业经营兼及其他行业,也可以以其他行业为主,同时经营报业。而中国报业经营却有着一定的限制,一般来说,只允许报业向其他行业进军,不允许其他行业染指报业。虽然自 2003 年以来,在这

---

① 参见董天策、刘俊、谢影月:《广州报业的区域性异地扩张》,载《新闻界》,2004年第 2 期。

方面政策有所松动,也有其他行业的资金以不同形式投入报业,但由于缺乏政策保护,成功案例极少。

第三,在资本运营、内部管理体制和市场退出机制等方面,中外报业集团也有着重要不同。西方的报业集团大都是股份制公司,可以直接上市发行股票。一般来说,中国的报业集团是事业单位,不能直接上市,但可以通过下属的公司运作上市,比如,《成都商报》在1999年通过其控股的成都博瑞投资有限公司,用5000万元收购了上市公司"四川电器"原大股东的大部分股份,采用了资本运营中借壳上市的策略,实现了报刊资本经营的突破。2001年,中国证监会正式将媒体与文化行业列为上市公司当中的13个基本类别之一,为中国报业集团在证券市场的资本运营提供了政策依据。此后,许多报业集团和公司开始以各种形式尝试上市,其中以《北京青年报》为主报的北青传媒有限公司成功地在海外上市尤为引人注目,北青传媒也因此被称为"中国报业海外第一股"。但更多的操作没有取得多大进展。像广州日报报业集团在2001年就开始策划上市,但一直未获成功。可以说,与西方报业集团相比,中国报业集团的资本运营还处于非常初级的起步阶段。

在内部管理体制方面,西方报业集团经理部门的地位和权利要高于编辑部门,总编辑是董事长的雇员,极少有总编辑担任法人。一般来说,中国报业集团编辑部门的地位要高于经营部门,主报的总编辑往往是报社的最高领导,同时兼任报业集团法人。近年来,为了适应报业市场化的需要,中国的许多报业集团在内部管理体制方面也进行了一些改革。比如,广州日报报业集团就实行了社委会领导下的社长负责制,在社委会下面设置编辑委员会和经营管理委员会,以此平衡编辑和经营的地位和权力。这样做当然在一定程度上加强了经营管理的力量,但实际上并没有从根本上改变总编辑对于报社乃至集团的领导权。这是由中国报业集团在属性方面的事业和企业的双重定位所决定的,与西方报业集团纯粹的企业属性有所不同。

同样是因为企业属性,西方报业集团首先要求的是赢利,不会容忍哪家报纸亏损,即使是声望再高、历史再悠久的报纸,只要不赚钱也会停刊。而在中国,报业集团的主报往往还承担着重大的宣传使命,是不会因经济原因退出市场的。事实上,中国报业集团的其他子报子刊和企业主要的义务就是为主报保驾护航。

最后,从规模和品牌的影响力方面来看,中国的报业集团还远远难以和西方著名的报业集团相抗衡。中国实力最强的广州日报报业集团,有十几份子报子刊,每年广告收入超过 10 亿人民币,总资产超过 60 亿人民币。但这与西方发达国家的报业集团相比,差距仍然十分明显。以美国最大的报业集团甘尼特公司为例,该集团目前在美国 43 个州拥有 99 份日报,约 300 家周报或半周报。2000 年,甘尼特公司的总资产为 129.8 亿美元,经营性总收入为 62.22 亿美元,其中报纸的经营收入为 53.34 亿美元,占集团总收入的 86%。在报纸的经营收入中,广告收入为 39.73 亿美元,占报纸经营收入的 75%。仅一份《今日美国》,其平均日发行量就有 220 多万份,实际阅读该报的人数高达 550 万。实际上,与西方发达国家相比,中国报纸的种类和发行量并不逊色,其主要差距在于品牌的影响力。中国没有像《纽约时报》、《华尔街日报》、《时代周刊》那样的能在很大程度上左右国际政治、经济舆论的重量级报刊,也没有像美国的《读者》那样在世界各地广为发行的刊物,国内权威的报纸在国外发行量极少,也没有多大知名度,因而很难谈得上有什么国际影响力。《广州日报》是在海外发行方面做得比较好的,但与西方著名的报纸相比,还不能相提并论。①

---

① 参见祁述裕主编:《中国文化产业国际竞争力报告》,第 237 页、第 242 页,社会科学文献出版社,2004 年版。

思考题

1.简略论述新中国成立以来中国报业发展的历程和经验教训。

2.广州日报报业集团成功经验是什么?

3.影响中国报业走向国际市场的主要制约因素有哪些?

相关案例:

报业靠什么生存——《北京娱乐信报》透视①

作为中国报业的中心,北京现有报纸300家左右,占全国报纸总数的1/3,报业市场竞争极为激烈。而在资金、人才和资源方面都不占任何优势的《北京娱乐信报》却能够战胜众多强手,脱颖而出,只用了短短几年,就成为北京报业市场5强之一,可以说是创造了一个不可复制的奇迹,颇值得探究。图4-1为包括"信报"在内的北京报业市场上几种主要都市类报纸。

图4-1 包括"信报"在内的北京报业市场上几种主要都市类报纸

---

① 参见周鸿铎主编:《媒介产业案例分析》,第59~75页,中国纺织出版社,2005年版。

《北京娱乐信报》原本是由北京市文联主管,北京市文联、北京广电集团共同主办,昆朋网城、北京人民广播电台、北京电视台协办的综合性日报。4开48版双彩印刷。2005年后,改由北京日报报业集团主管和主办。其前身是隶属于北京市文联的《戏剧电影报》。作为一份专业性报纸,《戏剧电影报》一年的广告收入为100万元左右,仅能维持报社运营。2000年10月9日,《戏剧电影报》正式更名为《北京娱乐信报》,2001年4月9日由周三刊改为周五刊,2004年4月9日,随着周六日的"乐周刊"和"文化星期天"的相继出版,贯通七日,成为一张真正的日报。

从名称上看,《北京娱乐信报》似乎是一家娱乐报纸,而实际上其性质定位就是都市报。之所以冠以"娱乐"的名称,是因为当时的报业主管部门认为北京的都市报市场已经饱和,因而不再批准综合性日报的创刊,而且规定《北京娱乐信报》的娱乐新闻不得低于40%。所以"信报"开始时只能主打娱乐新闻,并提出"娱闻要目,冲击有术"的办报方针。但是,"信报"没有在"娱乐"这条路上走得太远。2001年,"9·11"事件是它从"娱闻要目"转变为"要闻醒目"的一个标志。当时,"信报"推出了"9·11"专刊,并成为当天最早面市的报纸,结果其全市零售量超过35万,从而一举确立了其综合性都市报的地位。此后,报纸内容坚持四个基本点:即市政新闻是支点,娱乐新闻是亮点,社会新闻是卖点,经济新闻是看点,集新闻性、实用性和可读性于一体,成为一张"以娱乐为特色的综合新闻纸"。

从读者定位方面来看,"信报"的读者一般生活富裕,有活力,受教育程度较高,消费欲望和购买力也都比较强,是市场中的主流消费群体。而这部分人,也正是广告公司的目标诉求对象。这无疑增强了"信报"对于广告客户的吸引力。

明确了报纸定位,只是明确了发展的目标和方向,这并不能解决办报过程中的实际困难。而在"信报"起步阶段,其最大的困扰就是资金的匮乏。原来报社只有100万固定资产,远远不能满足需要。后来"信报"决定与昆朋网城合作以解决资金问题。最终的结果是昆朋网城投资300万，老舍基金会投入90万，"信报"自筹资金300万。但是这些资金都不能及时到位，而且即使全部到位，资金缺口仍有3000万元。因此，"信报"创刊初期实际上每月的资金还不到100万，连报纸的运行成本都不够，大部分资金都用在纸张和印刷上。为了解决资金短缺问题，"信报"先后和两家造纸厂达成"先用纸，后付款"的协议，再加上印刷厂的支持，"信报"初期发展所用资金才有了一定保证。

2001年5月，拥有充足资金和强大背景的《京华时报》创刊，对"信报"形成巨大冲击，其销量直线下降，发行队伍和广告客户流失严重。在这种危急关头，"信报"采取了"双百双千"的策略。第一是百报千人闯市场，组织千人大军，每人每天要卖100份报纸。以这样的攻势，收复失地。第二是百报千点扫楼盘。就是要在北京建立100个以上的发行站，用发行的钱养发行队伍，以此稳住阵脚，缓解危机。但这些措施都不过是权宜之计，并非长久之策。要想彻底解决问题，必须获得强大的资金支持。2002年9月18日，北京广电集团2500万元的投资如同及时雨，帮助"信报"走出了危机，并开始新的发展。北京广电集团也因此有了"信报"一半的股份，成为其最大的股东。2002年，"信报"还拿到了华夏银行3000万元贷款的授信额度，在资金方面的紧张情况得到进一步缓解。

在"信报"创建之初，除了资金的短缺，在人才方面也遇到了很大困难。"信报"创刊时，其员工都是从社会上公开招聘的，其中90%没有做过报纸。而且因为资金不足，只能对员工采用"三不"政策，即不搞高薪聘人，不对员工许诺，不搞福利主义。在这种条件下，"信报"的人才策略仍卓有成效，其经验主要有如下三个方面：第一，强调团队力量，不是大腕办报，办给精英看，而是团队办报，办给大众看。第二，决不拖欠员工工资。第三，正确看待人才流动，员工来去自由。最终，"信报"依靠自己独特的"人才观"获得了成功。

对于报纸的生存来说，广告收入至关重要。在这方面，"信报"制定了"诚信双赢"的广告策略，也收到了良好效果。其主要表现是：第一，为体现报纸的信誉度，报纸版面要最大限度满足广告客户的需要。第二，广告政策要稳定，不能随意变动。第三，承诺广告商的"返点"、"返钱"必须兑现。结果，从2000年到2004年9月，"信报"的广告收入为3.4亿元，到账的约有90%。根据慧聪数据公司的统计，2004年1～9月，"信报"广告刊出额位居《北京青年报》和《北京晚报》之后，排名第三。

传统的报社经营包括三个部分：采编、广告和发行。"信报"在此基础上提出了"四轮驱动"的经营理念。就是在原来三个因素之外又加上了社会活动，把它作为第四轮。通过一系列的社会活动，"信报"树立起了良好的品牌形象，扩大了社会影响，对其发展壮大起到了重要的促进作用。

最后，"信报"之所以能成功，还不能不提到其创办者崔恩卿。"信报"充分体现了崔恩卿的办报理念，打上了鲜明的"崔氏印记"。2004年10月18日，"信报"发生人事变动，崔恩卿离开社长位置，结果引起强烈震荡。本来，"信报"1～9月的广告收入已达1.5亿元，按原计划，2004年广告收入为2亿元。但崔恩卿离职后，10月份广告收入只完成计划的60%，11月和12月份都只完成计划的30%，3个月出现近3000万元的亏损。另外，北京华亿集团计划投资8000万来换取"信报"32%的股份，本来已经在合作协议上签了字，但随着崔恩卿的离任，这8000万的投资也迟迟难以到位。

显然，在"信报"发展的关键时刻，来自行政干预的人事变动使其陷入严重危机。随着"信报"变为北京日报报业集团主管和主办，新一轮资产重组开始启动，这也引起人们对"信报"未来发展的关注。

发行量的背后——《半岛都市报》解析

《半岛都市报》创刊于 1999 年 8 月 9 日,是由大众日报报业集团主管和主办的综合性都市类报纸。主要发行地是以青岛为城市核心的山东半岛地区。

在《半岛都市报》创刊之前,青岛的报业是一个比较单一的地区性市场,除市委机关报《青岛日报》外,大众化的报纸为数不多,其中隶属于《青岛日报》的《青岛晚报》(创刊于 1992 年)和《青岛生活导报》(前身是创办于 1986 年的《公共关系导报》,1996 年更名为《青岛生活导报》,2002 年更名为《青岛早报》)这两家都市类报纸最具影响力,占据了大部分市场份额。

《半岛都市报》进入青岛之后,很快就打开局面,与上述两家报纸形成三分天下的态势,并且逐渐在激烈的竞争中占据了上风。2002 年 10 月,据北京慧聪国际咨询有限公司媒体研究中心调查表明:双面彩印的《半岛都市报》版次之多创下山东省报界之最。在青岛读者市场、零售市场、广告市场表现非常突出,读者首选率、阅读率、读者占有率均占第一位。另据《半岛都市报》自己公布的数据显示,2003 年其日发行量已达到 86 万份,稳居青岛第一。广告收入则创下 3 亿元新高,比 2002 年整整增加了一倍,成为山东半岛地区各类媒体中广告收入最多的媒体。2004 年 6 月,在国家新闻出版总署发布的"国内都市生活类报纸竞争力监测报告"中,《半岛都市报》位居最具竞争力 20 强之列。2005 年 6 月 1 日,在韩国汉城召开的第 58 届世界报业大会公布了"2005 年世界日报发行量前 100 名排行榜",《半岛都市报》排在第 58 名。据慧聪公司提供的数据显示,《半岛都市报》目前已占据青岛 70% 以上的市场份额,其一枝独秀的局面已经形成。

《半岛都市报》创办时的启动资金只有 60 万元,与其主要竞争对手相比,没有任何历史和地域优势,最终却能取得如此佳绩,确实值得探究。这里不妨对其竞争策略做一下简要分析。

首先是厚报低价策略。《半岛都市报》平均版数为 70～80 个版,最多可达 100 多个版;而且全部采用双面彩印,而其零售价起初只有 0.4 元,2006 年才涨为 0.5 元,报社实际收取的零售价是 0.35 元,这样超低的价格显然远远不抵其成本。据说,一份 100 版的《半岛都市报》成本是 2 元钱,这样,按照现在的发行量,一天的亏损就达 132 万元,因此必须靠大量的广告来维持。这样,在报纸众多的版面中,广告就占了相当大的比例,甚至已经到了喧宾夺主的地步。其次,在广告经营方面,《半岛都市报》为了在竞争中占得先机,采用了低价位策略。其广告版面一整版平均为 3 万元左右,最高可到 5～6 万元。结果,超厚的报纸和低廉的广告价格将报纸的利润率降得很低。第三,赠送促销策略。《半岛都市报》曾推出集报花中大奖活动,送出多套房子和几十辆汽车,另外,在节日期间还经常推出“订报送大礼”活动。① 通过这些竞争策略的实施,《半岛都市报》最终取得了成功,在发行量和广告额方面都遥遥领先于其他同类报纸。

应该说,《半岛都市报》进入青岛报业市场,促进了竞争,引发了“鲶鱼效应”,其积极意义不容抹杀。但是,另一方面,《半岛都市报》创刊后,青岛报业市场的竞争也有向恶性化方向发展的趋势。竞争对手间互相攻击不断,广告价位降至低谷,甚至出现报纸恶意打压广告主以获取广告等现象。这也说明,《半岛都市报》的成功与青岛报业市场不够成熟规范有着一定关系。

目前的《半岛都市报》虽然拥有很高的发行量,但还难以称得上是一家主流大报。其主要原因在于其内容质量不过关,品味、风格偏于低俗,文化含量不足,再加上广告过多过滥,这些都严重影

---

① 参见马慧芬:《透视青岛报业市场》,载《媒介方法》,2006 年第 2 期。

响了其品牌形象。2005年9月,《半岛都市报》的领导班子做了重大调整,新上任的总编廖鲁川也认识到了这一点。他认为《半岛都市报》未来的发展方向是做主流新闻,但是过去这份报纸的生存一直是靠市场上的打拼精神,一股闯劲,并没有意识到文化创新的重要性,所以,报纸面临的主要问题就是缺乏文化内核和原创性,这必然影响其作为强势媒体的影响力。

在未来的五年计划中,《半岛都市报》的目标是发行量超过百万,利润过亿。而在内容方面则重点加强原创新闻的容量,努力树立报纸的公信力。或许,对《半岛都市报》来说,后者的难度更大。

值得指出的是,《半岛都市报》除了报纸这一主业外,在多元化经营方面也有所发展。其拥有的媒体和相关企业包括《半岛新生活》杂志、半岛网、有1300多名发行投递人员的半岛都市报业发行有限公司、年接待能力达3万人的半岛国际旅行社、资产总值达3亿元的山东省规模最大的印刷厂、半岛都市大酒店、矿泉水厂、茶叶公司等,已形成一个颇具规模的多元化产业结构。

第五章

横店影视文化产业

第一节　横店简况

浙江横店在国内外具有很高的知名度,已经成为中国影视文化产业的代名词。

横店是位于浙江中部东阳市境内的一个小镇,距义乌 36 公里,距浙江省会杭州 180 公里,人口 6.8 万人。过去以农业为主,经济落后,资源贫乏。从 1975 年起,横店从创办缫丝厂起步,逐步成长壮大为中国的特大型民营企业,2001 年名列"全国民营企业十强"的第 3 位,2002 年和 2003 年跻身"中国企业 500 强"。2003 年底总资产 129.9 亿元,销售额 120.2 亿元,出口交货额 26.4 亿元,利税 11.49 亿元①,横店集团已形成六大主导产业,即磁性材料、机电产品、医药化工、轻纺针织、建筑材料、影视等产业。集团拥有子公司 60 多家,上市公司 2 家,全部由农业转为非农业,实现了城市化。为国家文化产业示范基地。

---

①　吴又强:《横店集团:用文化产业铸就辉煌》,载《中国文化报》2004 年 5 月 14日。

从 1995 年《鸦片战争》外景基地建设开始,面对今后产业结构的调整,横店集团看到了发展文化产业的广阔前景,制定了二次创业的发展战略,即在确保原有工业产业发展的同时,把影视文化产业作为发展的另一重点,明确提出"开发文化力、促进生产力"的口号,并把企业对文化事业的投入,提升到了发展文化产业的高度来认识,从而使横店集团对影视的参与从文化事业上升为文化产业。而且,在明晰了做大做强文化产业的思路之后,为了进一步奠定文化产业发展的坚实基础,形成规模化、专业化和多元化的整体发展格局,横店集团先后投资兴建了影视基地、旅游基地、博览基地、文化艺术基地、民俗文化基地、教育基地等五个文化产业基地,并将影视基地和旅游基地作为建设的重点,大力发展以影视为中心的文化产业。

另一方面,横店集团依托影视产业大力发展影视旅游业,着力打造影视主题公园。横店集团意识到,随着影视产业规模的日益壮大,单一的影视基地旅游已跟不上时代发展的需要,只有不断开发新的旅游产品才能吸引更多的游客,因此,他们把打造影视主题公园作为今后的发展新战略。为此,横店集团以"集中国影视旅游文化之精义,打造国际化观光与休闲的梦幻之城、快乐之都"作为品牌理念,摆脱单一经营影视基地旅游的局限,力图全方位发展旅游经济。从 2002 年开始,横店影视城逐步完成了对影视旅游资源的整合,对景区、宾馆进行了重新改造,完善了各类配套服务设施,并对影视拍摄实行统一接待及提供配套服务。

另外,横店影视城还在各景区开发设计与之相配套的演艺节目,通过演艺节目、体验式参与活动,将影视资源转化成独具影视特色的旅游项目。例如,广州街结合《鸦片战争》的拍摄,在宣传禁毒教育的同时,融入高科技制作技术,推出大型观赏节目《怒海争锋》,受到了游客的喜爱。江南水乡则以声光电特技表演《暴雨山洪》,是国内首个灾难式体验性旅游参与节目,给游客带来巨大的震撼力和冲击力。2002年,横店游客突破120万人次,旅游总收入为12780万元。① 之后,旅游效益越来越好,给横店集团创造了巨大的收益。2004年仅"五一"黄金周期间,横店影视城各景区、宾馆共接待游客24.42万人次,营业收入1050万元,创下历史同期最佳经营业绩,全年接待游客达250万人次,实现营业收入2亿元。② 2005年则在2004年的基础上进一步创造佳绩,无论是接待游客的人数,还是营业收入和实现利润,与2004年相比都有较大的增长。正如研究者所指出的:"以'影视为表,旅游为里,文化为魂'为企业发展战略的横店影视城,在刚刚谢幕的2005年里共接待国内外游客300万人次,接待国内外电影、电视剧摄制组76个。营业收入和实现利润分别比上年增长21%,32%。以'中国好莱坞'扬名天下的横店影视城,走过了10年的艰苦创业风雨路程后,逐步实现了从单一经营影视基地旅游向打造国内一流影视旅游主题公园的战略性转变。"③从这几年旅游收入的巨大增长中可以看出,影视主题公园旅游对横店集团整体实力增强形成了巨大的带动作用。如今,横店集团继续打造影视主题公园旅游,大力推进休闲产业的发展,延伸了影视产业链,促进了当地经济的快速发展。

除了影视基地和旅游基地之外,横店集团还着力打造博览基地、文化艺术基地、民俗文化基地和教育基地。博览基地是横店集团利用地处"木雕之乡"、"建筑之乡"和"教育之乡"的优势,从保护具有东阳特色的建筑、木雕、竹编等传统精湛工艺与弘扬民族特色文化入手,寻访人才,广集精品,搬迁历代民居,以征集收购等方法建立的。目前,横店已先后建起了横店集团展览馆、东阳木雕博览

① 吴又强:《发展文化产业 推进农村城市化——横店集团培育文化产业求解》,见王永章主编《中国文化产业典型案例选编》,北京出版社,2003年版。
② 李磊:《横店影视城:打造东方好莱坞》,载《远东经济画报》2006年第3期。
③ 曾毓琳:《横店影视城迈向新高度》,载《乡镇企业导报》2006年2期。

馆、中国竹编博物馆、邵飘萍纪念馆、严济慈陈列馆、金佛庄故居、陈长芬艺术馆、阿万提艺术馆、杜荣尧艺术馆、杜世禄艺术馆、徐氏书画精品收藏馆、黄昌林艺术馆和全国禁毒教育馆等15个文化艺术展馆。另外,反映我国7000年农业发展史的农耕文化馆也在拟建中。同时,横店集团还建有明清民居博览城。明清民居博览城收集、拆迁、移建了50多幢散落在浙、皖、赣、闽等地农村的古民居、古建筑,形成了展示各地古民居建筑风格和建筑艺术的古民居群落,形象地再现了中国的历史文化和民族精神,从而成为集中古旧民居精华和古典建筑艺术为一体的实景画廊和展示广场。

文化艺术基地则是横店集团为丰富人们文化生活、建设精神文明而创办的。为了提高当地精神文化生活质量,横店集团组建了演出放映公司,每年免费为社区演出戏曲300场,免费为群众放映电影4000场,丰富了横店居民和外来务工人员的业余生活。同时,横店艺术团和职工业余演出队不仅每天在影视基地演出,还经常深入厂矿、企业、社区、学校和偏僻山村演出,并多次在浙江省及国家大型活动中与著名艺术家同台演出。另外,横店集团还组建了篮球队、时装表演队、航空俱乐部、青少年航空活动中心等组织和影剧院、国际标准露天游泳池、室内游泳池、体育馆、溜冰场、演艺广场、足浴中心、保龄球馆、健身中心、儿童游乐园、舞厅、人工湖、"快乐夜横店"等文化活动场地,以及文化村、度假村、小康广场、康乐广场、江滨公园、明清宫苑等健身休闲场所。

另外,横店集团还注重建设教育基地,现在已拥有集团幼儿园、横店工业技术学校、横店高中、浙江航空运动学校、浙江横店科技专修学院(原横店大学)和博士后科研工作站,形成了从幼教到高教乃至博士后的完整教育体系。

现在,横店集团正以建设浙江横店影视产业实验区为契机,打造以影视和旅游产业为核心的产业链,努力将横店建设成为全国乃至全球规模最大、水平最高的专业性影视产业集聚地和对全国

文化产业经营管理案例

以至全世界都有巨大影响的国家级影视产业基地。

附:横店集团发展大事列表①

1975 年

横店集团创始人徐文荣创办横店丝厂。

1978 年

抓住市场短缺的机会,以丝厂为"母厂",先后办起了针织厂、内衣厂、印染厂、化纤纺织厂等工厂。

1980 年

分析市场,抢占先机,突破传统轻纺产业,发展高科技磁性材料,为此后电子元器件制造业发展打下了基础。

1989 年

进入医药化工产业,主要生产医药中间体、原料药等产品,为日后的规模化生产以及向成品药发展打下了扎实的基础。

成立浙江省首家民营企业集团——"浙江横店企业集团公司"。提出"高科技、外向型、多元化、集团化"战略。

1993 年

经国务院经贸办审批,将"浙江横店企业集团公司"更名为"横店集团公司";并以横店集团公司为核心组建"横店集团"。

1995 年

创建文化村、娱乐村、度假村等文化娱乐设施,为发展文化旅游产业奠定基础。

1996 年

以建造影视拍摄基地为契机,迅速带动并形成以影视为龙头的影

---

① 资料来自横店集团官方网站 http://www.hengdian.com/site/company_history.asp

视文化产业。

1999 年

成立"横店集团控股有限公司",并对"横店集团公司"以及下属子公司进行公司制改造。

进入现代高科技精准农业,发展草、畜、乳一体化产业。

2001 年

成立横店社团经济企业联合会,实行投资者与经营者的分离。

提出"三次创业"的战略目标:打造国际化的横店。

全国工商联对"全国民营企业 10 强"的排序中,横店集团位居第 3位。

2002 年

中国企业联合会和企业家协会对"中国企业 500 强"的排序中,横店集团名列第 131 位。

2003 年

被国家广电总局批准为中国唯一的国家级影视产业发展基地——浙江横店影视产业实验区。

2004 年

中国首个影视拍摄基地协作体——浙江省影视拍摄基地联合会宣告成立。

中国电影集团公司,横店集团和华纳兄弟影业公司共同组建中国首家中外合资的电影制作公司。

2005 年

第三届浙江作家节在横店举行。

与北京电影学院联手培养影视管理人才,开办横店北影影视管理专修班。

"横店城市化与新农村建设研讨会"在横店举行。

第二节　影视产业

横店集团从 1995 年开始筹划创建横店影视城,目前已按 1∶1 的实景比例建成了 13 个实景基地,而且唐城、华夏文化园等多个实景基地、主题公园和由美国 ITEC 公司设计所设计的电影梦幻乐园也正在建设中。"截至 2005 年,横店集团累计投入 26 亿元资金,建成广州街、香港街、秦王宫、清明上河图、江南水乡等 13 个影视拍摄基地和两座超大型的现代化摄影棚。9 年的努力,横店影视城实景规模已跃居亚洲第一,拥有国内最大、现代化水平最高的摄影棚,吸引了谢晋、陈凯歌、张艺谋、王家卫、唐季礼、吴子牛、徐克等著名导演来横店拍戏。李连杰、巩俐、张曼玉、梁朝伟、章子怡、金喜善等明星也都曾现身横店影视城。9 年来,横店影视城共接待了 275 个电影、电视剧摄制组,国内 1/3 强的古装电视剧在这里拍摄,最多时一天有 18 个剧组同时拍摄。"[①]

1995 年,为了支持谢晋导演拍摄爱国主义教育影片《鸦片战争》,横店集团投资建设了"广州街"拍摄基地。影片的拍摄给横店带来了三大好处:第一,影片拍摄需要大量群众演员,为横店创造了许多就业机会;第二,媒体报道为横店带来了巨大的广告效应;第三,大量游客的涌入拉动了横店的社会消费。在看到这三大好处之后,横店集团认识到了发展影视产业的前景,在确保原有工业和高科技产业发展的同时,从此将影视产业也作为发展的一个重点,走上了大力发展影视产业的道路。

自把影视产业确定为重点发展战略以来,横店集团雄厚的经济基础为横店影视产业的发展提供了强有力的经济支撑。经过十年的发展,横店集团在开发影视产业基地方面已累计投入资金约

[①]　李磊:《横店影视城:打造东方好莱坞》,载《远东经济画报》2006 年第 3 期。

30亿元,探索出了一条企业自主投资建设、以市场为导向的影视产业运作体系。

目前,横店集团已经形成了以影视产业为核心,带动相关产业,延伸影视产业链的格局。横店集团为了发展影视产业,采取了打造品牌,培育人才,提供配套设施及服务等多项措施,有效地促进了影视产业的迅速发展。

首先,为了优化影视产业结构,横店集团实行品牌策略,精心打造了"横店影视城"、"横店影业"、"横店传媒"三大品牌。

品牌是一个企业的核心竞争力,是企业发展壮大的关键所在。一个企业是否能高速、健康、持续发展,关键看它是否有独特的品牌。品牌理念融合了企业文化和全体员工的价值取向,代表着产品的市场形象,表达了对未来的憧憬和对事业的信念,凝聚了企业全体员工的共同追求。对横店集团来说,"横店影视城"、"横店影业"、"横店传媒"就是它要倾力打造的三大品牌。

《鸦片战争》外景拍摄基地是横店集团最早开始动工建设的横店影视城的一部分,此后按1∶1的实景比例,横店先后建起了北京街、广州街、香港街、清明上河图、秦王宫、江南水乡、横店老街、明清街、明清宫苑、明清古民居博览城、古战场基地、枪战片基地、武打片基地和室内拍摄基地。其中,室内拍摄基地总占地面积8000多平方米,两大摄影棚分别为面积1944平方米、高23米和面积1080平方米、高21米。而且两棚设计独具特色,外墙厚达1米,棚内混响时间及隔音处理具有同期录音效果,可以让两部影视剧同时拍摄。棚旁附设有办公用房和3000多平方米的道具车间,配备专业技术人员,不但可以满足摄制需要,而且可以为道具制作、戏服制作、场景搭建以及灯光、音响、烟火等提供技术服务,是目前国内规模最大、功能最全的室内拍摄基地。

另外,横店集团对影视城的内涵不断进行扩展,完善其功能,拓展影视产业的范围。目前,红军长征博览城、老上海、唐城、中南苑、华夏文化园等多个实景基地、主题公园和由美国 ITEC 公司设计所设计的电影梦幻乐园正在建设中。据《乡镇企业导报》报道：横店集团不满足于已成为全球实景基地之最的殊荣，为进一步做大做强，仍在大力投资实景基地建设。在建实景基地工程中已局部开放或即将竣工的景区有：华夏文化园，荟萃中华民族优秀历史文化中 56 个民族的特色文化精华，以池形演艺广场、巨型石雕、三教塔、塔林、碑林等大型建筑，形象展示中国古老文明的历史辉煌。红军长征主题公园，以"红色旅游"为主题，选取红军战略转移、离开苏区、血染湘江、遵义会议、吴起镇会师等重大事件，置景 40 多处，实地全程路线 10 公里。九龙文化博览园，以东、南、西、北方位和金、木、水、火、土五行塑龙九条，构成该园的景点框架；以神态各异的九条巨龙为表，以中华民族的龙文化为里，融合历史、地理等文化；景区面积 240 亩。花木山庄游乐园，集百竹园、百果园、百草药园、无公害生态养殖示范区、花卉盆景观赏区、种植区于一地，占地 1520 亩。八面火山奇观城，由火山喷口的天池、野生动物放养区和休闲渔村等景观构成。青年联谊活动中心，建有伊甸园、情人部落区、森林别墅、婚俗村、西部风情、迷你高尔夫等六大娱乐休闲区。已经启动的景区建设项目还有聊斋故事园、中华历代皇帝大观园、中华历代美人观赏园、中华影视名人荟萃园、中华历代名人荟萃苑、30 年代上海滩等。已完成规划设计的景区则有唐宫、苏州园林等。此外，还启动了新的摄影棚建设。①

经过十年的发展和积累，横店影视城已经成为国内最大的影片生产基地和亚洲规模最大的拍摄基地，被称为"东方的好莱坞"。1996 年以来，在横店拍摄的电影、电视的剧组逐年增加，日均达到 6 个以上。迄今为止，来过横店拍片的剧组多达 200 多个，影视剧超过 4000 部(集)，其中包括了《鸦片战争》、《荆轲刺秦王》、《英

---

① 葛一兵：《横店影视拍摄基地蓬勃发展》，载《乡镇企业导报》2005 年 5 期。

雄》、《雷霆战警》、《绝代双娇》、《金枝玉孽》、《无极》、《满城尽带黄金甲》，以及美国好莱坞导演约翰·麦克提南所执导的好莱坞三部大片等。另外，为加快由单纯提供拍摄场地向编、导、演、摄、制、销（售）、发（行）的现代影视产业转换，横店集团正努力打造横店影业和横店传媒两大品牌。

横店影业是横店集团在影视城的基础上，为延伸影视产业链而开发的产业。横店影业从与北京电影制片厂合拍《人间四月天》等电视剧起步，先后拍摄过多部影视剧，如与长沙电视台合作拍摄了《倚天钦差》。而且，横店集团影视娱乐有限公司已获得了电影拍摄许可证，已具备独立拍片的能力和资质，其自制的《相约在横店》专题系列片已在 60 多家电视台连播。同时，横店的影视后期制作也渐成气候。例如，横店集团已跟香港东方冲印有限公司共同设立了东方影视制作有限公司，将投资建设最先进的影视胶片洗印中心和影视制作中心，拓展中国乃至世界的电影胶片洗印市场。另外电影院线是电影发行、放映的重要载体和销售终端，为了进行配套院线的开发，横店集团还收购了杭州电影有限公司 39%的股权和广东珠江院线 40%的股权，同时参股南京亚细亚院线等多家院线，并正与多家院线公司商谈合作事宜。

横店传媒则重视开发影视后续产品，它介入文化传媒领域后，业务范围不断拓展。现已形成《新家居周刊》、《风景名胜》、《母婴世界》、《养生》这种一报三刊的出版发行格局，同时横店集团成立的动漫公司和音像发行部也发展迅速，发行过多部大片。

其次，为了培育影视专业人才，克服影视产业发展中所面临的人才瓶颈问题，横店集团大力发展影视教育，通过多种渠道开办与影视相关的专业。

人才是任何事业持续发展所必须依赖的资源，尤其是在知识经济时代，人力资源竞争力是企业唯一的持久竞争优势。只有不断凝聚人才优势，一个企业才能持久发展。横店集团正是认识到了这一点,才在目前影视专业人才比较稀缺的情况下,通过多种渠道大力发展影视教育,培训影视专业人才。例如,横店集团自己创办的浙江科技专修学院(原横店大学),为适应当地影视产业的需要,重点开设了影视表演等相关专业。另外,横店集团还与浙江传媒学院联办影视表演及播音主持(综艺主持)大专班,同时在横店影视产业实验区内共建浙江传媒学院横店校区;与广东亚视演艺学院合作开办影视表演培训班;与北京电影学院联手培养影视管理人才,开办横店北影影视管理专修班。

通过多种措施培育影视人才,横店集团为发展影视产业集聚了人才优势,为横店的影视产业输送了大量应用型专业技术人员,从而为横店集团影视产业未来长远的发展打下坚实的人才基础。

最后,为了适应影视产业的需要,横店集团还大力发展与影视拍摄配套的影视置景、道具制作、戏服制作,群众演员提供等行业。例如,道具戏服制作方面,目前影视城已备有各类道具万余套(件),除由制景装修公司制作以及剧组用过之后留下一部分道具之外,许多道具是从农户家中购得的,如风车、石磨等,将农家用具变为现成的道具。横店影视城还对道具进行分门别类的造册登记,明码标价,并在各景区配备道具出租员,为前来拍摄的剧组提供出租业务。横店村民还将平时用的农具如锄头、扁担、斗笠等出租给剧组,获得了额外收入。一直看好影视戏服产业的私营企业舒泊尔影视戏装有限公司,经过数年的努力已能承接各类戏剧服装以及盔帽、靴鞋、舞台幕布等制作,已为《杨门女将》、《大王旗》、《风流才子纪晓岚》等许多剧组制作过戏服。群众演员方面,横店影视城借鉴美国好莱坞运作方式,组织了横店影视城演员公会。该会不仅承担着每天主动向剧组推荐群众演员的任务,还代为向剧组结算群众演员的费用,从而为影视剧的拍摄提供了极大方便。据不完全统计,参加过拍摄的群众演员至今已达3万多人次,收入超过150万元。

总之,横店集团积极实行品牌策略,发展影视配套行业,促进了影视产业迅速发展。而影视产业的发展,反过来又促进了相关配套产业的发展,为当地创造了大量的就业岗位,促进了当地经济发展。据有关调查:"影视拍摄文化产业创造出新的就业机会,带动了社区群众演员、服装、道具制作等新行业的兴盛。影视城各拍摄基地邻近村庄都演变为演员村。杨店、横山、良渡、岩前、雅堂等8个村大部分村民都在从事'群众演员'这一新兴职业,外地长驻的'横漂一族'演员收入逾100万元,各景区仅停车场收费即达25.6万元。由文化产业所带动的社会就业年均已达11073人,成功实现了农村富余劳动力的转移,就业人员收入为15906.45万元。"①由此可见,横店集团大力发展与影视相关的行业,极大地促进了影视产业的发展,实现了良性循环。

综上所述,影视产业是横店集团文化产业的核心,由此派生出了影视旅游等多个产业,极大地带动了当地经济的发展。因此,横店集团始终将影视产业作为其文化产业发展的重中之重,积极打造影视品牌,努力培养影视人才,大力发展影视配套行业,使横店的影视产业走上了快速发展的道路。

第三节　打造影视产业链——影视产业实验区蓝图

2003 年 12 月,国家广电总局以广发办字(2003)1271 号文批准建立国家级浙江横店影视产业实验区,这是国家广电总局批准建立的第一个国家级影视产业实验区。2004 年 3 月 16 日,浙江省政府发出《关于浙江横店影视产业实验区享受有关政策的批复》,给予实验区相应的政策支持。2004 年 4 月 2 日,在杭州召开

---

① 吴又强:《发展文化产业 推进农村城市化——横店集团培育文化产业求解》,见王永章主编《中国文化产业典型案例选编》,北京出版社,2003 年版。

了浙江横店影视产业实验区的成立授牌仪式暨新闻发布会,标志着实验区建设的全面启动。从此,横店影视产业迈向更高的起点,迎来更大的发展。

在当今一些发达国家,文化产业已经成为增长最快的产业。根据其发展经验,以影视拍摄基地来带动派生产品,同时进行市场开发和相关行业的联动发展是不难形成规模效益的。例如,迪斯尼就是一个集影视、音像、旅游、娱乐和零售等于一体的超大型文化产业集团。目前,文化产业集团相继涌现并占据大部分市场份额,已成为当前文化产业发展特征和未来文化产业发展的趋势。横店影视产业敏锐地看到了这一趋势,积极拓宽旅游、娱乐等多个领域,拉长影视产业链,通过多项措施力争把自己打造成文化产业的"航空母舰"。

现有的横店影视城功能相对比较单一,仅作为影视拍摄基地,无法形成多元化的影视产业发展,因此,如何进一步把影视产业做大做强并与国际影视产业发展趋势接轨,是横店集团不得不思考的问题。为此,横店集团邀请美国著名的 XWHO 设计公司对横店影视产业实验区进行总体设计,新的影视产业实验区将是一个集影视创作、投融资、拍摄、后期制作、审片发行、产品开发、影视展览与交易、人才培养、影视旅游、配套服务等为一体的动态的、可持续发展的影视产业链,将成为真正的"东方好莱坞"。

实验区定位于一个面向国际的现代化影视产业交流平台;拥有专业的影视产业设施、完善的影视行业服务以及完整的具有可拓展性的相关影视产业链。[①] 实验区落户横店的主要目的就是充分利用横店影视基地的基础和资源,加快产业集聚;充分利用实验区的专业化、集约化、规模化优势,扩大经营规模,激活生产要素,

---

① 吴又强:《横店集团:用文化产业铸就辉煌》,载《中国文化报》2004 年 5 月 14日第 2 版。

拉长产业链;充分利用实验区这一载体,吸收海内外资金和力量;通过体制创新,为实验区带来巨大的机制优势,放大其对发展影视产业的推动力。

为何要打造完整配套的影视产业链?其重要性是横店在现实发展中深刻意识到的。当年张艺谋拍摄《英雄》这部影片,影片共投资 2000 多万美元,该片在横店拍摄的时间最长,但落在横店的资金却只有 400 万元,800 万元被用在了澳洲的后期影视制作,因为横店还没有相应的国际标准的制作设备和能力,只有美国、澳大利亚、加拿大等少数西方国家具有这个高科技制作水平。这件事对横店人的刺激很大,他们下决心要建成具有国际一流水平的影视生产基地,形成专业化、集约化、规模化生产,而不仅仅是一个外景拍摄基地。影视实验区的成立,正是基于这样的考虑。

实验区成立后,充分借鉴浙江发展专业特色市场和建设经济开发区的成功经验,把影视产业纳入城市化发展总体规划。实验区以举办第 8 届中国国际儿童电影节暨中国电影"童牛奖"颁奖仪式、全国电影工作会议等为契机,积极优化基础设施、公共服务体系、政策支持等环境要素,吸引了一大批具有品牌优势和影响力的国际和国内影视制作机构。例如,在实验区授牌的同一天,香港东方娱乐有限公司就与横店集团组建了东方影视后期影视制作公司来打造高科技后期制作中心。而且,2004 年 10 月 14 日,美国时代华纳公司、中国电影集团与横店集团共同组建了中影华纳横店影视公司,进一步提高了横店的影视制作能力和影响力。同时,更多的国内外影视制作机构正在与实验区洽谈合作事宜。横店集团董事长兼总裁徐永安说:"横店影视产业实验区设立以后,我们对自己在影视产业的发展战略上做了新的定位。希望依托实验区的发展,把横店的影视娱乐产业打造成一个具有强大影视内容制作能力和规模化经营渠道网络的影视娱乐集团。"[1]

目前,在社会各界的支持下,实验区的投资开发工作进展顺利,规划中的 11 个重点项目正在建设,它们分别是:影视产业政策与信息研究中心;影视艺术与科技学院;实景拍摄基地;电影、电视及动漫投资中心;电影、电视及动漫制作中心;高科技后期制作中心;电影梦幻乐园;院线、台线构建;音像、电游、玩具等后期衍生产品开发;影视博览与交易中心;横店中国星光大道和影视明星村。

同时,随着影视产业实验区设备租赁、后期制作等机构的加盟,为了拉长影视产业链,横店集团采取了以下的具体措施。

首先,进一步完善影视基地建设。除了现拥有的基地和摄影棚外,横店集团正在兴建的有红军长征博览城、老上海、唐宫、中南苑等大型工程。另外,由美国 ITEC 公司设计所设计的电影梦幻乐园和 50 个总占地 1000 亩、适合现代影视拍摄的高科技摄影棚群也正在建设中。正如业内人士指出的:"横店影视城充分利用实验区的专业化、集约化、规模化优势,扩大经营规模,激活生产要素,拉长产业链。横店影视城先后启动了多个大型拍摄基地的建设,并斥资兴建了一批摄影棚,摄影棚从以前的 1 个增加到 10 多个,总面积超过 3 万平方米,其中最大的一个面积达到 7000 多平方米,除了海洋和沙漠,什么样的场景都可以在横店找到;无论是历史、战争、革命还是现代生活题材,均可以在横店拍摄。"[2]海外影视界的人士评价说,一旦建成,这里将成为超过好莱坞的、世界上规模最大的高科技拍摄基地。届时,会有不少的好莱坞大片不请自来。此外,作为配套,适合公务机飞行的飞机场、高尔夫球场和赛车场也将会随着影视产业要素的齐全和实验区在海内外影视

①　徐永安:《打造横店影视产业链的成功尝试》,载《中国广播电视学刊》2005 年第 3 期。

②　李磊:《横店影视城:打造东方好莱坞》,载《远东经济画报》2006 年第 3 期。

界影响力的提升而被提上议事日程。总之，成立影视产业实验区以后，横店集团首先积极扩大现有影视基地的规模，完善影视基地的建设，从而为横店影视产业的发展打下良好的基础。

其次，横店集团极为重视影视剧本创作和影视制作。影视剧本是影视剧的基础，没有好的影视剧本，就难以拍出好的影视剧。因此，影视产业要想兴旺发达，必须加大对剧本创作的资助和扶持。同时，影视剧本要靠影视制作赋予生命。有了好的影视剧本，没有好的影视制作，好的影视剧本也无法表现出打动人心的效果。只有有了好的制作，一部好的剧本才能转化为好的影视作品，所以影视产业要发展，同时还必须要大力扶持影视制作。横店集团正是看到了这一点，大力加强对影视剧本创作和影视制作的扶持。例如，横店集团设立了"振兴中国电影基金"，首期出资5000万元，主要用于支持优秀剧本的创作、优秀影片的制作与放映。同时，横店集团还与中国电影家协会等共同发起成立了中国影视文学创作中心，尝试为投资者提供好的剧本。另外，横店集团还与中国电影集团、美国时代华纳公司成立了中国首家中外合资的中影华纳横店影视有限公司，提高了横店影视剧的制作能力。这些措施，有效地激励了影视剧本创作和影视制作。

再次，横店集团努力整合电影院线资源。电影院线是电影发行、放映的重要载体和销售终端，也是打造影视产业链的重要环节。为了进行配套院线的开发和整合，横店集团先后参股或控股杭州星光、广东珠江等6条院线，拥有加盟影城112家，并在南京、长沙、佛山等大中城市新建或控股多家五星级影城。同时，横店集团还与江苏盛世亚细亚院线有限公司重组设立了"江苏盛世横店亚细亚院线有限公司"。另外，横店集团还计划投入两个亿，在两年时间内使实验区麾下的影院数量达到150～160家，从而占有全国25％的发行放映市场，实现实验区影视产业的完整生态链。

再就是，横店集团还通过多种措施来拓宽影视产品发行销售的渠道。影视产品发行销售是影视产品实现自身价值、创造利润的最终环节,关系着影视产品在市场上的兴衰成败。一部影视产品只有最终走向市场,才能有机会为大众所接受,才能有机会将自身的艺术价值转化为市场价值。目前,由于在发行体制方面存在着一些不合理的地方,我国在影视产品发行销售方面还存在着许多缺陷,一些影视产品在发行销售方面出现困难,甚至有的影视产品最终无法投入市场。针对目前影视产品发行销售环节的不完善,除了整合电影院线资源,横店集团还通过多种措施来拓宽影视产品发行销售的渠道。例如,采取举办中国横店影视博览会、创建横店影视交易市场、建设影视交易商务网、建立演员经纪公司等措施,来打造一个覆盖全国大多数播出机构的电视剧交易营销协作网,从而促进影视产品的发行和销售。

最后,横店集团以影视产业的崛起为契机,推动横店休闲旅游业的发展,使休闲旅游业成为横店集团新的经济增长点。

横店影视产业实验区坚持"影视为表、旅游为里,文化为魂"的经营理念,实现了影视基地向影视旅游主题公园的转变,旅游产品由观光型向休闲体验型转变,使游客可以深度体验影视拍摄、享受度假休闲乐趣。具体来说,横店影视产业实验区采取了以下的措施。

第一,为了将影视资源转化成独具影视特色的旅游项目,通过演艺节目、体验式与参与性活动,在各景区设计开发了与之相配套的演艺节目。2004年在江南水乡景区成功推出国内首个灾难体验游项目《暴雨山洪》。2005年又进一步推出了一系列互动参与性节目。例如,在广州街、香港街景区推出融合了水上空中特技表演、水下潜陆、影视烟火爆破、全频影视音效的大型节目《怒海争锋》;在清明上河图景区推出了《聊斋惊魂》、《大宋提刑官》、《与你同录》、《兄弟相会》DV游等多个互动性强的项目;在明清宫苑景区推出了迎宾类节目《金凤颂诏》、大型主题情景舞蹈《盛世中华》

和《明星见面会》、《猜新娘》等互动参与节目;在秦王宫景区以模仿电影《英雄》片断表演来吸引众多游客的眼球,同时新编排的《秦王巡游》、《秦王迎宾》等节目同样受到游客欢迎;在大智禅寺景区则从佛教文化上做文章,创作出了表演节目《禅茶佛舞》和具有品牌效应的"鸣钟祈福迎新年"活动。

第二,针对客源市场结构的变化情况,横店集团及时调整市场营销策略,制定了"一城一策"的方针,积极策划新的专项特色活动和旅游线路产品。一方面,在供需双方互利共赢的前提下,尽最大努力保证代理商的利润空间。为此,横店集团要求营销员根据消费者的潜在需求和愿望来设计线路、推出活动,根据代理商的盈利要求设计价格的毛利空间,同时采用以情感双向沟通为主的营销技巧。这些措施,紧紧抓牢了送客大户,有效地培育了潜在客户。另一方面,实行省内市场细分、大区兼管的方法,加快对市场及人员的重新组合,深入挖掘省内客源,尤其是加大了对上海、江苏等重点市场和6小时交通圈内客源市场的开发。而且,在开发中低端客源市场的同时,横店集团还逐步向国内二级市场和海外市场拓展,以保持游客量持续、稳定的增长。

第三,横店集团在旅游市场营销管理上实现数字化,从而对市场的占有率情况,老客户、新客户、潜在客户的变化情况,线路和新产品购买率情况等进行有效把握。而且这些数据信息的及时流通,对果断调整营销思路和策略十分有益,能够有效地打开营销人员的思维,极大地提高了对旅游市场的控制能力,促进了旅游项目的增加和旅游市场的拓展。

第四,利用所有影视拍摄景点免收场租费的政策,吸引更多的剧组和影视明星入驻横店。这一措施不仅促进了横店影视基地和当地经济的发展,而且提高了横店的知名度,有效地拉动了第三产业的增长。对此,横店集团董事长兼总裁徐永安先生说:"我们在影视基地的经营中采用了独到的经营策略,向剧组推出了所有影视拍摄景点免收场租费的政策。简单地看,我们让剧组在基地免费拍摄损失了很多场租收入,但恰恰是我们的让利大大降低了剧组的经营成本,吸引了更多的剧组进入横店这个影视制作的大工厂。这样就促进和推动了影视基地服务体系的更加完善,同时给我们带来了更多的综合服务收入。众多的影视明星也给我们的游客带来了精彩的'免费表演',使我们的旅游产品越来越有吸引力。2004年横店影视城的游客达到了250万人次,影视旅游总收入超过3亿元,2008年预计可达到500万人次,旅游收入将超过10亿元。正是这种'双赢效应',推动了我国影视产业的发展,为横店集团带来了可观的收入,还探索出了一条解决横店'三农问题'的独特之路。"①

目前,横店影视产业实验区已成为首批国家 AAAA 级旅游区,年接待游客达160万人次。横店影视产业实验区正在成为一处独具魅力的中国超大型影视旅游主题公园和中国乡村休闲之都。孙是炎先生评论道:"文化产业包容度大,产业关联度也大,因此,发展文化产业,无论是从哪个方面切入,都要考虑到其相关的因素。横店集团把影视与旅游结合,并开发和带动相关产业,延长产业链,使资源充分利用,并且实现优势互补,相互推动,找到了一条非常有效的途径。单纯地搞影视,或单纯地搞旅游,都不可能达到这种综合的效应。而这一点也正是横店影视城独特的优势之一。"②

横店集团正是以影视产业为依托,大力推动了休闲旅游业的发展,从而成功的延伸了影视产业链,找到了经济发展的新增长点(见图5-1)。从附表中我们可以看出近几年到横店旅游的游客大

---

① 徐永安:《打造横店影视产业链的成功尝试》,载《中国广播电视学刊》2005年3期。

② 孙是炎:《文化与文化产业的社会化》,载《文化研究》2001年5期,第70页。

量增加,显示了横店旅游业迅速发展的良好态势。目前,横店集团继续坚持以影视旅游为龙头全面带动服务行业发展的原则,规划建设包括"老台湾"、"上海滩"、"高科农业观光园"等一系列大型场景,以形成相对完整地反映我国历史进程和地域风情的系列影视拍摄基地,同时将这些拍摄基地作为影视旅游主题公园,进一步完善文化产业链,创造更多的社会效益和经济效益。

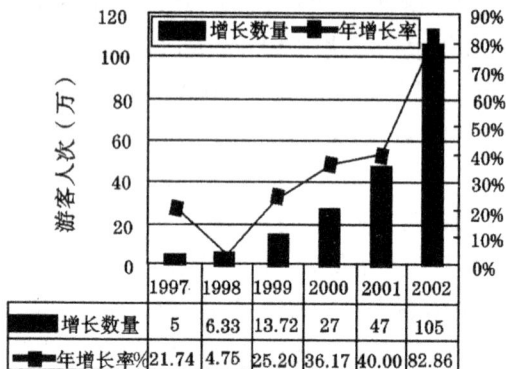

	1997	1998	1999	2000	2001	2002
增长数量	5	6.33	13.72	27	47	105
年增长率%	21.74	4.75	25.20	36.17	40.00	82.86

图 5-1　横店游客增长情况(1997~2002)①

总之,横店集团注重打造包括影视、旅游、休闲、娱乐以及报刊、出版乃至频道、网站等在内的完整产业链条,从而为横店影视产业的持续、健康发展奠定了坚实的基础。预计在未来十年内,横店影视产业实验区将以电影、电视剧的拍摄、制作、发行为主业,逐步延伸产业链,形成全国乃至全球规模最大、水平最高的集影视剧创作、拍摄、制作、发行、交易于一体,同时带动影视会展、影视研究、影视娱乐、影视旅游等相关产业全面发展的专业性产业集聚

①　此图来自潘丽丽:《影视拍摄外景地对旅游发展的影响分析——以浙江新昌、横店为例》,载《经济地理》2005 年 6 期。

地。未来的横店将成为国内外有较强集聚力和辐射力的国家影视产业基地;将建设成一批特点鲜明、功能齐全、设施一流的影视生产和服务项目,成为文化景观和现代化科技相结合、影视拍摄制作和旅游业相互交融、影视后期产品开发与现代营销等相互配套的影视生产经营基地;将吸引和培养一批优秀的编剧、导演、策划人、制片人、发行人和经纪人,成为全国高素质、专业化的各类优秀影视人才的创业园;将大力促进影视产业和高科技的融合,加快实现影视产业数字化、深度加工,使实验区成为影视新技术的集聚地;将通过影视产业实验区的集聚力和辐射力,加快发展步伐,提高发展水平,使实验区成为多种形式合作、多种所有制共同发展,影视创作生产产业化、市场化高度发达,影视产业管理规范有序、影视产业政策完备健全的影视新体制政策实验区及文化体制创新的窗口,为全国的影视产业发展提供有益经验。

第四节　实验区构成体系与运作模式

横店影视产业实验区作为由政府主管、以企业为主体的影视产业实验区,担负着体制创新与产业发展的双重任务。因此,为了在企业集聚模式、产业开发模式和行业管理模式上进行探索实验,横店影视产业实验区形成了一套独特的构成体系与运作模式。

其构成体系为五个方面:策划与制作体系;要素构建体系;展示交易体系;后期产品开发体系;实验区服务体系。运作模式主要为:采用多种融资形式;优化资源配置;寻求政府支持;适度负债经营;多元化战略;开发院线。具体如下:

首先,在管理上,实验区实行三级管理体制,由浙江省文化体制改革领导小组担任政策指导层,浙江省广电局、金华市人民政府、东阳市人民政府等地、市政府部门及相关厅(局)共同组建管理决策层,横店集团、浙江省广电集团、浙江日报报业集团和浙江联合出版集团等单位投资组建经营运作层。① 这样的三级管理体制是横店影视产业实验区管理模式上的大胆探索,也为横店影视产业提供了巨大的发展空间。

其次,以横店影视产业实验区为龙头,建立浙江影视拍摄基地协作体。为充分发挥横店影视产业实验区的龙头作用和聚集功能,充分利用浙江省其他影视基地(景区)资源,将这些资源进行有效整合和合理开发利用,2004年,中国首个影视拍摄基地协作体——浙江省影视拍摄基地联合会宣告成立。按照规划,协作体将以大市场、大产业为理念,以大提升、大开放为战略,以大联合、大发展为目的,从而使浙江省的影视基地由松散型走向紧密型,达到资源整合、优势互补、相互协作、互利双赢、共同发展的总体目标。目前,横店影视产业实验区集聚的生产要素,以及享受的一系列优惠政策,已经吸引了一大批影视业投资者,而联合协作体的构建和不断完善,又使影视产业链越拉越长,从而对影视业投资者产生更大的吸引力,为横店影视产业实验区的快速发展奠定了坚实的基础。

再次,横店影视产业实验区建立了我国首个地方电影审查中心——浙江省广电局电影审查中心。该中心成立以后,凡浙江省内持有《摄制电影许可证》并依法注册登记的国有和非国有单位制作的影片,除重大革命历史题材、特殊题材、国家资助影片和合拍片这四类题材外,均可直接交由该审片中心就地审查。这不仅标志着政府影视行业管理的创新,而且意味着投资者可以"带着本子来,拿着片子走",从而缩短了影片从制作到放映的时间间隔,有利于影片更好地选择档期,适应市场的变化,从而极大地调动了剧组在横店拍摄影视剧的积极性,促进了横店影视产业的发展。

---

① 吴又强:《横店集团:用文化产业铸就辉煌》,载《中国文化报》2004年5月14日第2版。

最后,实验区建立了包括策划制作、要素构建、展示交易和影视后产品开发以及实验区服务等在内的五大功能体系。横店集团董事长兼总裁徐永安说:"实验区的建设共有五大功能体系。第一个是策划、制作体系;第二个是展示交易体系;第三个是要素构建体系;第四个是后期产品开发体系;第五个是实验区服务体系。这些功能体系的建立,无一不是为了中国影视产业的蓬勃发展。实验区各项优惠政策措施都是在降低影视界的制作成本,提高影视企业的竞争力和生命力。我们最终的目标是将实验区建设成为影视要素最集中、影视制作成本最低廉和影视产业最发达的地方,打造出一个立足浙江、面向全国、辐射世界,高起点、全方位、多品种,在世界上都有很大影响力的国家级影视产业基地。"①

目前,这五大功能体系的建设已经取得初步成效,并且显现出效益。整个实验区建设计划总投资15亿元,实验区将利用现有条件,在3到5年内建设成为能够拍摄历史题材、现代题材与高科技题材的全球最大的影视拍摄基地,一个具备接待世界级影视从业人员的影视人才集散地,一个全国乃至全球最大的影视文化产品信息交流中心。

第五节　横店影视文化产业的启示

从横店集团发展影视文化产业的实践中,我们可以从中得到以下四个方面的启示:

首先,影视文化产业的发展必须走市场化、社会化的道路。应当积极鼓励像横店集团这样的大型民营企业集团或公司介入影视

① 徐永安:《民营企业与中国影视产业的发展》,载《广播电视信息》2004年12期。

文化产业,因为这些大型民营企业集团或公司介入影视文化产业有其自身独特的优势。这是因为:

第一,作为在市场中逐渐发展起来的民营企业,他们有很强的市场观念和产业意识。对于影视文化,他们会从最初就将其作为产业来做,从而能够一开始就树立起发展影视文化产业的正确策略。而且,作为民营企业,在发展影视文化产业中,他们会按现代企业的标准来运作,在操作中实行企业化管理、市场化运作。

第二,作为民营企业,他们在用人用工及资源配置等方面具有灵活的机制,能够按市场经济的方式来运作,从而能够很好地开发人力资源,实现物尽其用,避免了人才浪费、效率低下的状况,从而使员工能够在发展影视文化产业中保持创造性、主动性、积极性和投身于影视文化产业的热情和活力。

第三,作为大型企业集团或公司,他们具有强大的经济实力,能够在变化莫测的市场环境中抵御各种风险。因为影视文化产业投资大、成本高、回收周期长,而且具有与其他产业不同的特殊性,因而参与影视文化产业的企业面对着非常大的市场风险。在这种状况下,小企业或公司无法承担影视文化产业所带来的巨大风险。而大型企业集团或公司都有较强的经济基础和规模实力,可以通过内部消化等多种方式来化解市场风险,从而能够使影视文化产业渡过难关,顺利发展。正如横店集团董事长、总裁徐永安所说:"自1996年兴建影视拍摄基地——广州街以来,横店集中了所有的人力、财力和物力,即使开始时存在巨大亏损,最多的一年达到五千万元,但横店仍坚持原来制定的战略,不断地投入、再投入,最终建成了一个配套服务设施齐全、以文化影视为龙头、旅游服务为辅助的影视产业集群。这其中透露出一个道理,那就是任何产业发展的成功,一定要形成相当的规模才能在激烈的竞争中立于不败之地。"①

其次,发展影视文化产业要树立产业链的观念。横店集团在发展影视文化产业过程中,始终把影视文化作为产业链来看待,积极发展相关产业,将其不断延伸。例如横店集团把影视与旅游相结合,延长产业链,开发和带动了一系列相关产业,使资源充分利用,实现了产业推动和优势互补,实现了可持续发展。

从横店的实践中可以看出,发展影视文化产业要在拍摄、制作、发行基础上,逐步延伸产业链,积极完善各种功能齐全、设施一流的影视生产和服务项目,同时将文化景观和现代化科技相结合、影视拍摄制作和旅游业相结合、影视后期产品开发与现代营销相结合,来形成集影视剧创作、拍摄、制作、发行、交易于一体,同时带动影视会展、影视研究、影视娱乐、影视旅游等相关产业全面发展的影视文化产业体系。

再次,发展影视文化产业要从本地、本企业的实际出发,因地制宜,不能够盲目照搬其他模式。1996年为支持谢晋拍摄《鸦片战争》,横店集团投资建设了"19世纪广州街"。在近两个月的拍摄期间,大批游客蜂拥而至,围绕电影拍摄的群众演员组织、住宿、餐饮等服务业快速发展起来。紧接着又有多家影视剧组进入基地取景拍戏。这件事给了横店集团决策者很大的启发,使他们认识到影视文化具有巨大的发展潜力,发展影视文化产业可以带动旅游、商贸、餐饮等第三产业的发展,同时还可以改善环境,为老百姓创造更多的就业机会。

横店的地理位置与人文环境非常适合发展影视文化产业。正如有论者指出的:"横店镇位于浙江中部的南江盆地,距杭州市180公里,东阳市区18公里,四面环山,为熔岩型地质,半山半坡,搞

①　徐永安:《民营企业与中国影视产业的发展》,载《广播电视信息》2004年12期。

种植业成本高，得不偿失。不同的资源都具有自身的禀赋优势。把这些不适宜耕种的荒山坡加以改造，建成适合拍摄各种影视剧的影视基地、宾馆以及各种工业建筑物，则具有天然的成本价格优势。横店如此巨大规模的影视基地基本都是开山辟地建造而成的。在别的地方尤其是城市郊区建造影视城，每亩土地的价格需要十几万甚至上百万，在横店则花不了多少钱。"①

另一方面，横店还有其他影视基地无法比拟的人文环境优势。横店所在的东阳市是著名的"百工之乡"和"建筑之乡"。唐宋时期建筑业就已初具规模，到明清时期则形成了熔东阳木雕艺术与传统木结构建筑技艺于一炉的独特建筑风格。现在东阳市三级以上资质建筑企业就有 70 多家，从业人员超过 12 万人。因此，横店具有建造影视基地的人工、建筑材料、施工设计制作等先天优势，在横店建造影视基地能做到质量高、速度快、费用低，从而非常有利于发展影视文化产业。

横店集团正是从这些有利条件出发，在确保原有工业和高科技产业发展的同时，把发展影视文化产业同改善投资条件、改造荒山荒坡、治理美化环境、解决"三农"问题、推进农村城市化、增加农民就业机会、提高农民素质等结合起来，从而具有了持久的发展潜力和蓬勃的生机活力。

最后，发展影视文化产业应当坚持社会效益和经济效益相统一的原则。横店集团发展影视文化产业的实践告诉我们，影视文化产业要想持续发展，必须坚持社会效益和经济效益的统一。

一方面，横店集团充分利用影视拍摄基地及配套设施，建起了一大批弘扬中国优秀传统文化的艺术展览馆，用于对员工和游客进行爱国主义、集体主义和革命传统教育，其中许多场馆已被列为

① 谢鸿光：《一个影视文化"庞然大物"的崛起》，载《中国国情国力》2005 年 11 期。

省、市爱国主义教育基地和青少年学生校外德育基地。同时横店集团十分重视文化的教育影响作用,用科学、健康、积极向上的形式和内容为文化消费者服务,取得了很好的社会效益。

另一方面,横店集团提出了"共创、共有、共富、共享"的"社团经济模式",积极奉献社会。横店集团原总裁徐文荣说:"'共创、共有、共富、共享'是横店社团经济的宗旨和目标,共创是前提,就是社团的每一个成员要通过自己的积极、主动、创造性的劳动来共同创造出日益增多的物质成果和精神文明成果;共有是基础,既然共同创造就应当是共同所有,没有共有就无所谓社团经济;共富是宗旨,我们之所以选择社团所有制就是因为我们办企业的宗旨就是多赚钱,多为人民办好事,走共同富裕的道路;共享是横店社团经济的出发点和归宿。社团成员是物质和精神文化成果的共同创造者,理所当然,他们应当是共享者。"[①]在这样的思想指导下,横店集团出钱修路造桥,办学校,建医院,修度假村,盖体育馆,通过各种市政建设、社会公益事业、文化设施的修建,改善了全社区的文化面貌,走出了一条具有横店特色、适应经济发展需要的社团经济发展之路。

通过以上这些措施,横店集团在创造良好社会效益的同时也为自身的长远发展创造了良好的条件。横店集团的实践告诉我们,发展影视文化产业应当把社会效益和经济效益统一起来,不能够不顾社会效益片面追求经济利益。

思考题

1. 你认为在中国发展影视文化产业的前景如何?面临的最主要的困难是什么?

---

① 蔡鸿德:《"共创共有共富共享"———浙江横店集团总裁徐文荣访谈录》,载《中国民营科技与经济》2002 年 7 期。

2. 横店集团投资影视文化产业是如何化解经营风险的?

3. 请以横店为例分析影视文化产业链的具体构成。

4. 试比较好莱坞与横店的异同。

相关案例:

影视城的兴衰

自上个世纪90年代以来,我国影视旅游业的发展日益受到人们的关注,各地都在大建影视城项目,全国先后兴建了各种规模的影视城30多个(仅中央电视台就拥有"南海影视城"、"涿州影视城""太湖影视城"等),其中的"太湖影视城"、"华夏西部影视城"、"横店影视城"、"涿州影视城"都被冠以"东方好莱坞"、"亚洲最大的影视拍摄基地"等名号。近年来云南又兴建了大理天龙八部影视城、曲靖翠山影视城、元谋土林影视基地、安宁玉龙湾东南亚影视城、保山哀牢王宫影视基地、丽江束河影视城等六大影视城,要成为最大的"中国好莱坞";重庆投资30亿元打造"老重庆影视城",规划面积3500亩;坐落在高要市的"广东影视城"也在进行紧张的招商工作,其计划占地1.5万亩,投入资金在20亿元左右;天津也投资20亿元,建造我国首座海上影视城"亚太数码制播中心"。另外,国外娱乐业也出于战略考虑,打算进入中国市场。例如,美国时代华纳集团打算在中国建设"亚洲好莱坞影视城",德维克斯娱乐集团公司也有意在海口兴建"好莱坞影城"。

然而,就目前国内状况来看,大部分影视城的经营状况可以用"惨淡"二字来形容。规模小的影视城早已人去楼空,例如建于1994年的中国第一家以东南亚为主题的云南安宁玉龙湾影视城,现已门可罗雀,人潮如织的情景已成往事。在越来越激烈的竞争环境下,影视城单纯依靠剧组拍摄收入是绝对亏本的,因此,不少影视城都不得不转向了旅游业,但影视城中的景点往往是人造的,对旅游者的吸引力并不大。于是,各影视城都不得不挖空心思,千方百计地吸引游客光顾。

2006中国十大影视基地(影视城)名单公布,它们分别是:上海影视乐园、中山影视城、长影世纪城、北普陀影视城、同里影视拍摄基地、象山影视城、涿州影视城、焦作影视城、镇北堡西部影城、横店影视城。这些影视城是目前我国影视城的代表,反映了我国影视城的状况。其中有些影视城通过特色经营做得很成功,例如作家张贤亮创办的宁夏镇北堡西部影城,以古朴、原始、粗犷、荒凉、民间化为特色,吸引了《牧马人》《红高粱》《黄河谣》《老人与狗》《大话西游》《新龙门客栈》《绝地苍狼》等五十多部影视剧来此拍摄。横店影视城也以"影视为表、旅游为里,文化为魂"的经营理念,不断整合文化旅游资源,不断升级开发旅游产品,实现了从单一经营"影视基地"旅游向打造影视主题旅游公园的战略转变,以"深度体验影视拍摄、享受度假休闲乐趣"为卖点,吸引了大批游客。

但是,绝大多数的影视城还很难做到特色经营,许多人造的人文景观严重雷同,缺乏特色,这就使得各地影视城举步维艰。例如,央视因拍摄《东周列国》而建的焦作影视城,由于其人文景观没有什么特色,地理位置又偏远,所以,建成后就一直处于亏损状态,不单拖欠工程款上亿元,甚至自身生计也难保,已成为让当地政府头疼的包袱。

第六章

大芬村的油画产业

作为深圳市龙岗区布吉镇管理下的一个面积4平方公里的普通乡村,通过专业化的分工,流水线式的生产,大芬村却造就了一个油画产业的品牌和基地,它以艺术市场化的独特效应,吸引了近万名画家、画师、画工在此创作、生产、销售油画。依托油画,大芬村现在已拥有画廊300多家,油画个人工作室约700余间,创造了占全世界60%的油画市场的奇迹,现在每年油画的出口额都在一亿元人民币以上。油画改变了这里的一切,也使大芬村成为当之无愧的"中国油画第一村"。

第一节 黄江与大芬村油画

大芬村位于深圳市深惠路和布沙路交会点上,行政上隶属深圳市龙岗区布吉镇,占地面积约4平方公里,现有村籍人口300多人,外来人口1.6万余人。改革开放前,该村贫困落后,村民基本靠种田为生,人均年收入不到200元。就是这样一个普普通通的小山村,在1989年和原属于"舶来品"的油画联系在一起后,以油画为依托,逐步形成特色文化、特色产业和特色经济。2004年,大芬村被文化部命名为"文化(美术)产业示范基地"。经过17年的发展,大芬村文化产业初具规模。截至 2005 年底,大芬油画村共有油画以及各类艺术品经营门店 623 家,其中从事油画生产和销售的 445 家,约占总数的 71%。现已形成黄江油画广场、茂业书画广场、集艺源油画城和大芬卢浮宫 4 个相对集中的展销中心。据统计,以大芬村为中心,在深圳市从事油画生产的画师、画工及学员近万人,且数字还在不断增长。大芬村的油画交易额一再攀升。据龙岗区统计局统计,2005 年,大芬村的油画交易额达 2.79 亿元,比 2004 年多出 1.39 亿元。[①]

提及大芬村的发展,不能不提到黄江这个人。黄江,现任深圳市龙岗区大芬美术产业协会会长,祖籍广东四会,65 届高中毕业,曾在广州美院学画,1970 年到香港。好学的黄江到香港后,依然放不下自己的爱好,一面打工挣钱,一面在香港美专继续学习美术。后来开了画室,自己画画卖画,之后开始经营行画。行画是世界名画临摹、复制本,在欧美市场,它是作为家庭和酒店装饰用的,国际市场需求巨大。

1986 年,黄江决定到深圳发展自己的事业,他先在罗湖区黄贝陵开了一家画室,稍后又在博雅开画廊,自己画画,也教学生,主要还是经营行画。

1989 年,黄江带领 20 多名画工和徒弟来到大芬村,以月租金 1000 多元的价格租了一栋二层半、面积有 100 多平方米的民房落脚。当初选择大芬村的理由就是这里离香港很近,交通发达,不须办边防证,全国各地的美术爱好者来此很方便,并且这里的房租在当时很便宜。就是黄江这样一个偶然的选择,将油画这种特殊的产业带进了大芬村,并在数年后将大芬村这样一个偏僻的小山村推向了全中国,推向了世界。

油画是一种耗时、耗工、价格昂贵的高雅艺术品,欧洲古典时

---

① 谭泽宏:《大芬油画之现象》,载《中外文化交流》2006 年第 8 期。

期创作一幅油画通常要数月乃至数年的时间才能完成。而在大芬村，黄江却像做麦当劳那样，巧妙地将油画的制作变成了流水作业。在租住的民房里，黄江开始了国内外少有的油画加工、收购和出口，同时招募学生帮助他完成与外商签订的订单。随着订单的不断增加，黄江最初带来的画工已经不能满足业务的需要，为了完成订单，黄江便扩大招收画工学徒，并开始采用流水作业的方式生产油画。临摹制作一幅名画，几人分工，每人专画其中一部分，由于采用了专业化分工，绘画时画笔和颜料均不需更换，画的既快又逼真，一名熟练画工一天可以"克隆"出十多幅梵高名画《向日葵》。流水化作业大大提高了油画的生产效率，加上较低的人工成本，相对人工成本高昂的欧洲国家，黄江生产出来的油画自然具有市场竞争力。

黄江在大芬村的落户，使他成为大芬村艺术产业化的拓荒者。在自己招学徒生产油画的同时，黄江还向周边地区发单收购油画。为了接单和交画方便，四面八方的绘画人员开始在大芬村租住民房，夜以继日地绘画，按时交付作品，从中获得劳动报酬。低成本的油画和人气的积聚，使黄江的海外订单越来越多，油画生意也就越做越大。"油画在大芬村可以赚钱"的消息不胫而走，吸引了更多的绘画人员，包括绘画爱好者、美术学院毕业生，甚至小有名气的画家纷至沓来，在大芬村租房创业，进一步提升了大芬村在油画界的知名度。

在大芬村有一个流传颇为广泛的故事，说是一个深圳商人从法国以 1.5 万美元的价格购买了 8 幅油画，回国后因想为油画定制画框来到大芬村，却被告知这些画均是大芬村的作品，销售价格也只有 2000 多元人民币。大芬村油画产业发展的初期可以说是纯粹的商业化运作模式，以工业化的生产方式复制名画，产品也是为一些艺术界人士所鄙夷的"行画产业"。但正是由于行画价廉物美的特点，在国际市场受到了欢迎，以其成本优势在 10 多年间得到了迅速发展。原因就在于它适应了现阶段的国内外市场需求，满足了相当一部分喜欢油画艺术而又没有必要或没有条件购买原创油画的消费者的需要，在艺术需求和消费能力方面，大芬村的行画产业找到了一个合适的定位，找到了适合自己的生存空间。

在以大芬村为中心从事油画创作的数千名画工中，许多是来自本地及福建、江西、湖北等周边省份的村民、下岗工人和待业青年，其中还有部分是残疾人。大芬村油画市场的形成，为他们学习绘画和参与油画生产提供了机会，通过油画创作，一批批画工在这里实现了自己的人生理想和价值，其中相当一部分人从最初从事简单重复劳动的画工，转变为体现个人艺术价值的原创画家。

大芬村的发展带动了艺术产业链的形成：原创油画家进驻、大量画廊出现、美术材料销售店与美术培训业大量出现……这使得大芬村出现了美术产业的规模效应。规模效应的优势就是对成本的有效控制。在这里人们能够一站式地满足美术消费的需要，对于消费者，是降低时间成本的有效方式。油画在大芬村的成长，催生了多元化的产业形态，带动了一个完整产业链的形成。在油画制作与销售之外，画笔、颜料、画框、画布、宣纸等绘画材料店、装裱店也兴盛起来。由油画衍生的国画、版画、漆画、雕刻、刺绣等相关产业，也应运而生。

在大芬村，由于业务扩张的需要，还派生了另一个与绘画相关的产业——美术培训行业。一些画师在经营油画的同时办起了美术培训班，并不断延伸领域，设立分训点，如集艺源公司在潮州、美联画坊在广西和湖南等地均有培训班。这些培训班在为公司培训画工、输送人才的同时，也为当地培养了大批文化艺术人才。

大芬油画的发展为当地经济发展提供了最为有力的支持，大芬的知名度越来越高，前来观光旅游购物的人也越来越多，餐饮业、旅游业日渐兴旺……目前，大芬村已经形成了集生产、交易、培训、旅游等为一体的文化产业链，大芬村民由此得到了丰厚的收入。

第二节 从行画为主到行画与原创并重的转变

在大芬村油画业人气聚集到一定规模的时候,自然而然地促使了大芬村的转型,从最初的行画制作为主向行画和原创作品并重逐步转变。原创艺术成为当今大芬村的又一道亮色,并逐渐改变了人们对大芬村的印象。大芬村不仅是行画的天地,更有许多艺术家的中、高档原创作品走上市场交易的前台,店铺中的画品日益多元化。正是不同的产品形式,构筑了大芬油画村的产业规模。不少画家"以画养画",通过原创,体现自身价值。据"大芬村油画管理办公室"介绍,大芬村有一两百画家,只做原创,不做行画,较有名的有蒋庆北、马英良、陈圻、谢非等。[①]

一个艺术家的作品要走向市场,为市场所认同,以前的途径就是通过展览馆、拍卖行等,渠道十分狭窄,只有很少一部分画家的作品通过拍卖行或美术馆为市场所认同。大芬村为艺术家尤其是未知名的或者是刚从院校毕业不久的从艺人员提供了一个场所,一个展示自己才华并把才华变成财富的平台。现在大芬村已聚集了来自全国20多个省市美术院校的毕业生,吸引着来自国内外各地的画家。在大芬村众多画师和画工中,有相当比例是原籍美术家协会的会员甚至会长,有30%的画师毕业于正规美术院校,不少国内外知名画家慕名来到大芬村设点作画,加盟油画产业。

大批专业原创画家的加盟改变了大芬村油画创作环境。俗话说"文不经商,仕不理财",作为专心从事艺术创作的画家来说,并不习惯于市场运作。而大芬村正是以艺术市场化的独特"磁力",吸引画家、画师和画工在这里创作,因为在大芬村,既有油画创作的恬静环境,又能紧贴国际交易平台;既压缩了创作经营的成本,

① 谭泽宏:《大芬油画之现象》,载《中外文化交流》2006年第8期。

又能与国际市场同步呼应;既可独自安心创作,又能广泛交流学习,激发创作灵感。2006年10月,由大芬村36位画家创作的58幅油画,远赴美国纽约,在"2006年纽约中国艺术节"亮相。大芬村原创油画首次集体走出国门。目前,在大芬油画村管理办公室登记注册的个人原创画家,已由几年前的十几个增加到了110多人。据介绍,登记注册的只是其中的一部分,另有一批原创画家散落在油画村里。据大芬油画村管理办公室粗略统计,油画村现有画廊中约有100家专门销售原创作品,且数量仍在不断增加,而在几年前,原创油画销售画廊仅零星几家。①

来自北京宣武区文化局的画家李义是大芬村众多创作型艺术家之一,他花2100元租了间带有阁楼的画铺,边伏案作画边展销自己的作品,其太太也辞了工作,陪他作画卖画。

冷军也是大芬村有名的一个创作型画家,他以画行画为主,并坚持自主创作,如今也成了国际知名的静物画大师,拍卖会上,一幅画可以卖到20多万元人民币。

大芬油画村的画师大多既懂艺术,又善市场营销。有的还建立了网站,通过网络向国内外发布信息,推广其各类艺术品。有的公司则在海外设立了销售点,把触角伸向海外市场。

从行画到创作型油画,"大芬油画村"逐渐形成金字塔型的结构,底部是商品画,形成强大的产业优势;顶部是创作画,艺术含量不断提升。以油画为主题的产业规模日益凸现,2004年大芬村生产和销售油画达到100多万张,油画交易额突破1.4亿元,主要市场70%在国外,油画销往欧美、中东、东南亚、非洲、澳洲的几十个国家和地区。文化与经济的相互交融提高了大芬村油画的综合竞争力和吸引力,也提升了大芬村油画的艺术含量,艺术与市场的结合使文化产业在大芬村显示出独特的魅力。

---

① 《大芬村原创油画集体出国》,载《深圳商报》2006年8月17日。

第三节　国家和地方政府的支持

从上世纪80年代末黄江到大芬村进行艺术拓荒,到90年代末,大芬村属于典型的"墙内开花墙外香",一方面是源源不断地将油画销往海外,一方面在深圳市甚至布吉镇,根本没多少人知道大芬油画村。

90年代末以来,这种情况有了明显改观,龙岗区和布吉镇两级政府注意到了大芬油画村这一独特的文化现象,并开始有意识地引导和支持大芬油画村的发展。

一是从改造大芬村的环境入手,为大芬村的长远发展进行科学规划。2000年开始,布吉镇在龙岗区的支持下,邀请东南大学规划所的专家,为大芬油画村的发展制定了总体规划,并着手对村内环境进行改造,建起了油画市场。油画市场建成当年,大芬村的油画门面店便从20几家猛增到近百家。

二是成立组织机构,为画家们建立起相互交流的桥梁。2000年9月,布吉镇成立了深圳市第一家镇级文联,为外来画家提供了交流与合作的平台。文联成立后,先后组织书画家到黄山、徽州、杭州、梅州、汕头、福建等地艺术采风,为画家们创作高水平的作品创造条件。

三是举办高水平的作品展览,引导油画村原创绘画向高层次发展。2004年5月,政府组织大芬油画村的画家在香港中环大会堂举办了"深圳布吉书画作品展",在深港两地产生广泛影响。2004年11月,在深圳首届国际文化产业博览会上,大芬油画村作为分会场举办了千人油画创作表演"大芬画意"专题文艺晚会、书画作品展览、文化产业发展论坛、油画精品拍卖会、大宗油画交易经销合同签约仪式等系列活动,进一步扩大了大芬村油画在国内外市场上的影响力。

四是加大对民营企业的准入和扶持。民营企业是大芬村油画产业的主体，对大芬油画村产业的发展具有重要的推动作用，大芬油画村的近千家画廊、油画作坊及书画经营门店，都是由港资和内地民间资本开办的，体现了以民营文化企业为主发展文化产业的特点。大芬村不仅以实际行动欢迎民营企业的到来，处处为民营企业提供方便，而且更进一步建立了行业协会和完善市场等方式促进民营企业做大做强。

深圳市和龙岗区高度重视大芬油画村的未来，制定了发展战略和实施方案。2005年4月，"大芬油画村管理办公室"成立；2006年6月，"大芬社区工作站"成立，并规划建设"国际油画产业基地"，由规划部门对大芬村及其周边进行总体规划，按油画产销区、配套区、旅游区等功能来设计。同时还与国际艺术博览会等建立定向合作机制。政府的目标是以满足国内外大众化的文化需求为目的，突出"国家文化产业示范基地"的核心地位，不断完善大芬油画村的管理和经营体制，建设集油画生产、交易、集散、培训和旅游为一体的世界油画中心。

广东省政府对大芬村的艺术产业化模式也高度重视并大力支持，认为这是市场经济条件下发展文化产业的一个有效途径。广东省委宣传部将大芬村的油画产业发展模式概括为"坚持市场调节，坚持民营为主，政府支持为辅"。舆论界把这种模式称为"大芬模式"。大芬村入口一幅巨大标语上写道："艺术与市场在这里对接，才华与财富在这里转换"，明确表达了这一模式的主要内容。这个模式的核心就是艺术的产业化，即以市场为导向，让艺术品成为商品，让艺术创作成为商品生产。①

由我国政府举办的两届深圳"文博会"，极大地推动了大芬村油画的进一步发展。在2004年首届中国（深圳）国际文化产业博

---

① 崔育斌：《艺术的产业化与产业化的艺术》，载《美术大观》2005年第2期。

览会上,大芬油画村分会场的9个项目在众多活动中格外引人注目,特别是"千人油画创造表演",场景更是蔚为壮观。在第二届"文博会"期间,大芬油画村举行了大宗油画交易签约仪式。10个国家的油画商与大芬油画村的公司代表签约,合同签订金额约1700万美元,远远超过首届"文博会"的44万美元,仅英国一油画商便签下了30万英镑的订单,而在原创油画作品拍卖会上,140幅油画交易总额约79.1万元,其中最高一幅拍出35万元的高价。①

目前大芬村油画大多面向海外市场销售,欧美等地市场画商下订单,经香港或深圳大芬等地经营者接单,派单给画工,画工生产制作再交由香港、深圳经营者出口、结算,这一连串的交易如果没有政府的有力支持是难以做到的。

第四节 版权——大芬村油画发展中不可回避的问题

对于行画产业来说,版权问题始终是一个无法回避的现实问题。在大芬文化产业发展奇迹的背后,也有不能承受之重,这就是为大芬村带来滚滚财源和赫赫声名的行画,也为其带来版权问题的困扰。

大芬村在短短十余年的时间里实现了中国油画第一村的目标,如此巨大的变化实在来得太快。整个大芬村的油画市场在自身发展的过程中,一些商家属于家庭作坊式的经营模式,只是按照外部订单的需要生产出符合要求的作品,他们只知道临摹是致富的有效途径,但不知道作为油画艺术作品,生产经营中还要受到知识产权的法律约束。

大芬村从未掩饰自己是靠行画发展起来的,然而临摹别人的

---

① 谭泽宏:《大芬油画之现象》,载《中外文化交流》2006年第8期。

作品,自然牵涉到版权问题。以销售量来计算,大芬村目前经营的油画约90%是复制国外名画,是否征得了原作者的同意,是否属于过了保护期的作品,是否依法向原作者付费等,这些都是无法回避的问题。

把油画这种特殊的产业带进大芬村的黄江认为,虽然到目前为止,大芬还未遭到与侵权有关的诉讼,但行画制作中确实存在著作权问题,给大芬造成了一定的负面影响。但他同时认为,行画有自己的创造性劳动在里面,希望政府和专家能为大芬油画的知识产权问题释疑解惑。

大芬油画的版权问题已引起相关管理部门的重视。深圳市版权局专门到大芬村召开会议,宣传著作权保护的法律法规。在深圳市知识产权局和龙岗区、布吉街道和大芬村委会的共同努力下,大芬村成立了以保护知识产权为主要任务的"大芬村油画产业行业协会"。行业协会成立后的第一件事就是召集所有业主进行知识产权普及教育,深圳市知识产权局请来知识产权专家为业主讲述版权知识,并将有关宣传材料发放到每一个业主、画师手中。在学习的基础上,行业协会按知识产权局的要求引导业主和画师首先进行了自查自纠,仅仅几天时间就将有涉嫌侵犯知识产权的商品全部撤下柜台。对于那些作者已故50年以上、作品已过保护期的临摹品,统一实行标明作者、标明名称、标明临摹者的"三标"。在2004年深圳文化产业博览会期间,数万名中外嘉宾与商客来到大芬村,未出现知识产权纠纷问题。

大芬村在短短的时间里跨越了知识产权的门槛,尽管只是迈出了一步,但从整体上看,大芬村已经进入了知识产权工作框架和范围,但要从根本上解决版权问题,壮大油画原创队伍、实现油画产业升级才是关键,今后还有更多更具体的工作等待他们去做。

1.请根据大芬村油画产业的经营现状,分析大芬村油画的未来发展趋势。

2.运用所学文化市场知识分析大芬村油画产业成功的秘密。

3.你是如何看待行画产业的?它与原创性绘画的区别何在?

相关案例:

中国原创油画收藏热

从15世纪荷兰画家凡·代克兄弟用胶粉油彩颜料在画板涂上第一笔开始,油画艺术就逐渐在西方兴起,即使在今天的西方收藏投资领域,油画依然占据榜首位置。然而中国的书画拍卖市场向来是国画的天下,油画收藏与投资一直是一个冷门,直到20世纪90年代,中国油画市场仍属预热阶段。进入2000年,国内油画市场开始春潮涌动,近两三年来,油画艺术品更是整体涨幅明显,当代油画家的精品油画不断创造一个个高价奇迹。在欧洲的一些著名画廊中,中国油画家赵无极、朱德群等的作品与毕加索、达利的作品同时展出,说明中国油画大家的作品已经具备较高的艺术水准。

2005年以来,国际市场上艺术品价格急剧攀升,欧元指数上升了15.8%(美元指数上升了18.1%)。相比较之下,2004年同期艺术品欧元价格指数只上升了3.7%。在这一轮强劲的价格攀升中,升得最快的是当代艺术品和油画,其价格分别上涨了17.7%和19.2%。从伦敦和纽约拍卖行的统计来看,高品质的当代艺术品是最具活力的部分。自从1997年、1998年国外收藏家开始零星收藏中国当代艺术品以来,中国油画的价格每年涨幅都超过 20%。① 来自雅昌艺术网的当代中国油画指数显示,2005 年之后油画的指数从 2300 点涨到了近 7000 点,这一年的涨幅是过去 5 年总涨幅的 3 倍。进入 2006 年,中国油画不断刷新拍卖纪录,市场行情扶摇直上,直逼长久以来一直充当收藏市场老大的中国传统画。

从拍卖市场上也可以看出,中国油画收藏市场的行情正在不断上涨,自从 2004 年底开始,北京、上海、广州等地的一些拍卖公司就陆续推出油画拍卖专场,其中北京中诚信拍卖公司还把艺术品拍卖定位在油画上,推出"中国当代油画名家原作精品"和"欧洲油画名家精品"两个专场。以嘉德为例,2003 年嘉德春季拍卖中,1000 万～1500 万元人民币的油画成交额,已然占到了当年全年中国油画总成交额的一半。2005 年"中国油画及雕塑"专场秋拍成交额达 4000 多万人民币,2006 年 5 月中旬春拍成交率高达 93%,总成交额近 7698 万元人民币。又如荣宝,2006 年也推出油画专场,成交率为 88.34%,总成交额达到了 698 万元人民币。② 在中国油画市场,写实画派的作品更为行家看好,2005 年靳尚谊的《小提琴手》、忻东旺的《早点》、艾轩的《二月的午后》、陈丹青的《西藏组画·进城三》分别以 363 万、225.5 万、363 万、418 万人民币成交,创下画家各自拍卖的纪录。其中,王沂东的新作《深山里的太阳》更是拍出 506 万人民币的高价。在纽约等城市,中国油画的价格同样迅速飙升,岳敏君《迷人的春天》511 万人民币,徐冰的《鸟》337 万人民币,张晓刚的《血缘:同志 No.120》809 万人民币,方力均的《No.8》345 万人民币。③

---

① 黄艳:《当代油画的收藏价值在哪里?》,载《艺术市场》2005 年第 11 期。
② 刘琼:《中国油画:收藏投资正相宜》,载《今日中国》(中文版)2006 年第 1 期。
③ 参见李峰:《中国当代艺术之收藏——兼及 2006 春中国油画拍卖回顾》,载《东方艺术》2006 年第 13 期。

从买家的收藏方向看，藏品相当多元化。以前的藏品多集中在老画家的作品上，现在则均匀地分布在老画家、学院派画家、当代画家的作品上；另外，一部分收藏古董和书画艺术品的藏家也把视线转向了油画市场，进一步促成了油画拍卖的火爆。中国原创油画已经成为艺术市场上增长速度最快的艺术品类，并在世界范围内受到关注。

中国原创油画近年倍受热捧的原因是多方面的。首先，艺术品市场整体投资环境的变化影响了油画市场的变化，新的买家开始介入当代中国艺术品的收藏。艺术品投资正成为房地产投资、证券投资之后的又一重要投资方式，众多的资本拥有者把目光开始转向不断升温的中国油画市场。对于浙江、山西等一些民间资本而言，继房产、石油、煤炭之后，油画是他们另一大获利的载体；对于一批有实力的中青年人而言，他们的经济收入和社会地位较高，具备高知识水准和艺术修养，不少人还有海外留学的经历，油画更能满足他们的审美情趣和精神需求；对于一些大厦、物业公司和现代家庭而言，油画更适合各种现代室内环境和空间装饰，同时兼具欣赏价值和收藏价值。

其次，政府近年开始对当代艺术予以政策推动。2002年，文化部首次正式受邀参加威尼斯双年展。2003年文化部以范迪安、侯瀚如、科嘉比为策展人，与德国海德堡举办"生活在此时"首次海外展览。中国官方还积极参与了其他当代艺术展览如圣保罗双年展、巴黎当代中国艺术展等。一些有利于整个艺术品市场健康发展的政策即将出台，或业已展开讨论。2005年发布的《财政部、海关总署、国家税务总局关于文化体制改革试点中支持文化产业发展若干税收政策问题的通知》对政府鼓励的文化企业，从盈利之日起3年之内免征企业所得税，这对艺术市场中重要的活力因素——画廊等是重大的利好消息，画廊此前划归零售业，现在划归文化产业,将享有一定的优惠政策。①

第三,油画收藏的走红,也与国画市场的表现不佳有关。据嘉德拍卖油画主管刘刚分析,2003年"非典"过后,中国传统书画单件作品在以几倍甚至几十倍的速度增长,这给收藏家带来很大的心理压力,使得藏家手里好的作品不敢卖出,面对新的作品也不敢贸然买进;另外,也是最致命的一个因素,就是赝品问题,自古以来中国书画真伪难以断定,一般藏家不敢贸然投资。② 同国画相比,油画产量小,一个优秀的油画家每年只有一两幅作品面世,就算多产,也不过数十幅,与一些国画家每年近百幅的速度相比,显得格外珍贵。而且,目前家居装饰风格趋于时尚、简约,从而带动油画市场的需求。

此外,就油画投资与收藏市场的产业状况而言,油画市场呈现的新气象,与近年来拍卖业、画廊业等中介机构逐步走向规范化、大力推陈出新,培育新市场有关。目前北京、上海等地的规范画廊迅速崛起,其代理制和售后服务体系均逐步完善。而且,中国已经初具油画市场体制,即美术学院—艺术家—策展人、评论家—媒体—画廊—拍卖行—收藏家—美术馆。

虽然近年油画市场以惊人的速度发展,但也暴露了许多问题。首先是中国的艺术品市场缺乏经纪人制度,尽管一些画廊和拍卖行或多或少地充当了这个角色,但还很不完善,主要是画廊的推广存在很大问题。在西方成熟的油画艺术市场,画廊作为一级市场,拍卖行属于二级市场,油画的价格一般由画廊定价,拍卖行只是辅助作用,但是在中国,画廊在定价方面几乎没有话语权,大部分作

---

① 参见李峰:《中国当代艺术之收藏——兼及2006春中国油画拍卖回顾》,载《东方艺术》2006年第13期。

② 参见李红娟:《油画收藏,需要更多理性——访嘉德拍卖油画主管刘刚先生》,载《艺术市场》2006年第5期。

品的价格是画家或者拍卖行说了算,以至一些很有实力的画家的画作在市场上表现不好,一些实力一般但是名气很大的画家的画作却表现抢眼,这些都跟经纪人的宣传推广密不可分。[①] 其次,部分投资者的借机炒作。据业内人士估算,目前中国油画市场中有一半以上资金属于短期炒作。一些人为了哄抬价格,联合几个投资人或者同一机构,设置几个炒家在拍卖市场上相互竞价,抬高价格。在这样的炒作过程中,买家与卖家之间并没有实际的资金转移,只是为了制造假象,吸引别的投资者接盘。在这种投机炒作过程中,油画的市场价值和艺术价值没有完全统一起来,对油画家也产生了不好的影响,尤其是一些不太成熟的年轻画家,他们会按照市场导向去画,完全丧失自己的创作个性。

油画投资是一种需要较高艺术鉴赏力和一定经济实力的投资行为,要求投资者具有广泛的国际化背景、深厚的艺术专业知识、高超的艺术欣赏水平以及对艺术潮流的敏感和包容态度。国内油画收藏和消费刚刚起步,人们对它的熟悉程度、它在市场上的流通和成交状况还赶不上国画。同国画相比,中国油画还是国内艺术品市场的"原始股"。因此,油画收藏与投资仍需谨慎,应该少一些赶风潮,多一些理性判断。

---

① 参见李红娟:《油画收藏,需要更多理性——访嘉德拍卖油画主管刘刚先生》,载《艺术市场》2006年第5期。

第七章 《云南映象》是如何走向世界的

近年来,我国在演出市场方面积极推进市场准入,广泛开拓融资渠道,大力扶持资助民营文化团体。2002年修订的《营业性演出管理条例实施细则》"进一步解放了艺术生产力,取消了对从事营业性演出活动主体资格的所有制限制,统一了国民待遇,规定国内任何单位或个人,只要符合条件都可以依法组建演出团体,设立演出经纪机构,兴建演出场所,举办演出活动"①,从而促进了我国国内演出市场资源的有效整合,推动了演出行业的集约化、规模化经营,增强了我国演出市场的国际竞争力,也为我国演出市场的发展提供了良好的外部环境。大型原生态歌舞集《云南映象》正是在这样的大环境下应运而生,并取得了巨大的成功和良好的市场效益。

第一节 杨丽萍与《云南映象》

杨丽萍是我国著名白族舞蹈家。她从小酷爱舞蹈,没有进过任何舞蹈学校。1971年从村寨进入云南西双版纳州歌舞团。她

127

---

① 刘玉珠:《中国演出市场纵横谈》,《2004年中国文化年报—大河之舞》,第483页,兰州大学出版社,2004年版。

主演的大型民族舞剧《孔雀公主》曾获云南省1979年调演表演一等奖。1986年她创作并表演了独舞《雀之灵》,一举成名,荣获第二届全国舞蹈比赛创作一等奖,表演第一名。1990年她在北京第十一届亚运会闭幕式上主演了大型舞蹈《雀之灵》。1992年5月,她成为大陆第一位赴台湾的舞蹈家。1993年在中央电视台春节晚会上,她创作、表演的双人舞《两棵树》,获得了一等奖。1994年9月,她被国务院授予"全国民族团结、进步模范"称号。同年12月,独舞《雀之灵》荣获中华民族20世纪舞蹈经典作品金奖。为进行艺术交流,她还出访过许多国家,相继在新加坡、菲律宾、美国、加拿大、日本等国家或地区举办专场舞蹈晚会,被菲律宾国家民间舞蹈协会赠予终生会员资格。由于她在舞蹈艺术上的成就,她被誉为"中国舞神"、"孔雀公主"。

杨丽萍是从少数民族地区走出来的演员,其创造灵感很多都直接来自于生活,而不是书本理论,所以,她的舞蹈充满浓郁的生活气息。近年来,为了进一步发掘云南民族民间舞蹈艺术资源,杨丽萍辞去中央民族歌舞团的公职,花了一年多的时间,深入到云南民间进行采风和实地考察,收集了许多具有云南典型特色的音乐舞蹈元素,并花了十几个月时间精心排演,用独特的视角和艺术想象力打造了一台大型原生态歌舞集《云南映象》。《云南映象》由杨丽萍担任艺术总监和总编导,并领衔主演,从2003年8月8日在昆明正式公演至今,好评如潮,取得了巨大的成功。在第四届中国舞蹈"荷花奖"舞剧、舞蹈诗比赛中获得舞蹈金奖(最高奖)、最佳女主角奖、编导奖、最佳服装设计奖、优秀表演奖等5项大奖,成为"国家舞台艺术精品工程精品剧目"。

《云南映象》全长120分钟,是杨丽萍精心打造的大型原生态歌舞集,是一部将云南乡土歌舞重新整合的充满浓郁云南风情的艺术作品,是一台传统和现代舞美兼而有之的舞蹈精品。全剧70%的演员都不是专业演员,而是来自日常生活中的普通群众演员。舞蹈汇集了彝、苗、藏、傣、白、佤、哈尼等民族的原生态歌舞元素，由序、日月、土地、家园、神祭、朝圣和尾声雀之灵七部分组成，朴素鲜活，充分展现了彝、苗、藏、傣、白、佤、哈尼等云南少数民族对自然的崇拜和对生命的热爱，具有令人震撼的艺术效果。歌舞让人领略到了云南少数民族文化的丰富多彩和活的形态，具有很高的观赏价值，已经成为云南原创民族歌舞的知名品牌。

《云南映象》既有传统之美，又具现代特色。剧中将最原生的乡土歌舞精髓和现代的舞蹈艺术元素进行整合重构，再造了云南绚丽多彩的民族风情。虽然，《云南映象》的新意在于他强调了原生态的内涵，从歌声到舞影，从道具到服装都体现了这一鲜明特色，但是，《云南映象》并不是对原生态的一味还原和再现，而是体现了现代表演艺术的内在要求，它用最"原生"的歌舞形式展现民族文化的古老内涵，用最"现代"的手法表现剧场效果。张荣先生曾这样谈到《云南映象》带给他的感受："舞剧全长 120 分钟，由'序——混沌初开'、'太阳'、'土地'、'家园'、'祭火'、'朝圣'、'尾声——雀之灵'等 7 场歌舞组成，来自云南村寨的数十名舞蹈演员用极其质朴的歌声和肢体语言，加上空灵悦耳的音乐，古典抽象的画面，心灵的回归、生命的激情、灵魂的升腾均尽数诠释，这台被评论家认为是'独一无二'的舞台新作，以其感人至深的抒情描述和既抽象又真实的艺术形象，紧紧地攫住了观众的心，使观众不由自主地进入了美的境界，在引起共鸣的同时得到了妙不可言的审美享受。正如《云》剧在概述中所说：'在歌舞集中，原生、古朴的民族歌舞与新锐的艺术构思的碰撞，将带给您一种特定的云南映象。'"[①]这可以说是概括了《云南映象》带给人的最大审美感受。

为了把那些濒临消失的民间艺术挖掘出来、抢救下来，给观

---

① 张荣：《论〈云南映象〉渗透出的"三映象"》，载《贵州大学学报（艺术版）》2005年第 3 期。

众、后人留下一个活的民俗文化博物馆,《云南映象》保留了大量原汁原味的云南民族歌舞元素。例如,为了给观众留下一个"原生态"印象,杨丽萍亲自带领创作者深入云南少数民族地区,进行了一年多时间的采风和考察,并邀请了上百位业余演员参加演出。这些演员大都来自云南的少数民族地区,来自各村寨和田间地头。他们大多数是农民,甚至有的在放牛时吆喝一嗓子,便成为演员。杨丽萍说:"创作这样一台充满人性和民族特色与人文精神的原生态歌舞,重要的是怎样开启歌舞表演的另外一扇门。启用什么样的演员至关重要,而我坚持启用那些村子里的土生土长的农民,只有这些朴实憨厚、为了爱为了生命而起舞的人,他们在跳舞时的那种狂欢状态,才最能表现这台原生态歌舞的精神。我没有编什么,我的工作只是怎么选择他们身上的东西,再把宝石上的灰尘擦干净,让它重放异彩。"①

同时,《云南映象》使用的演出服装全部是少数民族生活着装的原型,道具牛头、玛尼石、转经筒等也都是来自民间的实物,从而使《云南映象》保留了原生态乡土歌舞的精髓,展现出云南浓郁的民族风情。

《云南映象》还尝试了多种现代科技手段和现代表现手法。例如,它抛弃了传统的大榕树造型,通过灯光、舞台的转换变换场景。舞蹈中通过近 500 盏灯,营造出各种各样的场景,使舞台变得极为灵动和绚烂;而且还使用了两盏价值 100 多万元的中白尼灯来烘托立体感和层次感;同时,舞台还运用了大量移动升降转换装置,为演员的出场和表演提供了更多方式。

正由于其独有的特色,《云南映象》演出后引起了极大的社会反响,取得了市场的巨大成功。据介绍,从 2003 年 8 月 8 日在昆明正式公演至今,《云南映象》已在国内 25 个省、直辖市的 30 余座

---

① 杨丽萍:《我与云南映象》,载《中国民族》2004 年第 5 期。

大中城市,以及巴西、阿根廷、美国演出700余场,行程10万余公里,观众高达70余万人次。

2006年4月,《云南映象》第二轮巡演正式启动,此次巡演的城市主要有北京、成都、武汉、南通、无锡、石家庄、长春、大连、沈阳、太原、郑州、深圳、东莞、柳州、贵阳、广州等,其中成都、武汉、深圳、东莞4个城市已经是重复巡演的城市。在本次巡演的第一站成都,演出前3天所有场次的门票已全部售完,而且本来在成都演出3场,结果因为观众需求又加演了2个下午场。今年9月中旬,《云南映象》将四进北京,在著名的保利剧院上演6场。10月,还将三进广州,为广交会的中外来宾做隆重的演出。11月,则开始长达一年的国外巡演。目前巡演首站已敲定在南非,然后是美国。2005年11月,杨丽萍曾率《云南映象》赴美国辛辛那提市进行了16场商业演出,总票房收入突破200万美元。目前,在全美最大三家推广商的共同运作下,《云南映象》已确定了未来三年将在美国进行500场以上的商业演出,估计将带来至少超过1亿美元的票房收益。

除市场上取得巨大成功外,《云南映象》本身的艺术价值也受到了许多专家的认可,获得了很高的评价。曾庆雨先生从艺术语言的角度对《云南映象》评价道:"《云南映象》不论是舞蹈的语言,舞美的语言,还是音乐的语言,都有着许多新鲜的元素。其艺术语言的成功运用,是整部作品成功的重要因素。这部大型歌舞集,距离经典或许尚有一步之遥,但认为是近几年以来最优秀的歌舞剧目之一,却是当之无愧的。"[①]缪开和则从艺术魅力的角度对《云南映象》评价道:"用纯粹的艺术眼光来看,《云南映象》是一部具有多彩的民族特色、深厚的人文内涵、强劲的生命激情和独特的审美价值的丰碑式舞台艺术精品。《云南映象》是对云南民族民间文化的深刻表现和

① 曾庆雨:《"原生态"舞语乐韵——论大型原生态歌舞集〈云南映象〉的艺术语言》,载《民族艺术研究》2005年第1期。

深情礼赞，是对天地自然和谐相生的短歌长吟、人文情怀长存不息的深深诉求，更是对生命起源的追溯、生命过程的赞颂和生命永恒的企盼。"①总之，《云南映象》不仅是一个市场运作成功的文化产业典型案例，同时也是一部具有巨大艺术价值的艺术精品，值得我们深入研究。

第二节　原生态歌舞的魅力

《云南映象》被命名为"原生态歌舞集"。那么，什么是原生态呢？

所谓原生态，杨丽萍给的定义是，素材、服装道具均应出自民间。杨丽萍将《云南映象》冠之以"原生态歌舞"就是因为歌舞的形式和内容都是生活中原生的东西，来自云南的各个村寨。杨丽萍在回答《新闻纵深》采访时回答对"原生态"的看法："就是来自生活，来自自然。它并不是指原始的东西，而是发生在你身边的点点滴滴，是一种真实的生活方式。从古到今，没有什么比出自民间的东西更饱和，更灿烂，更绚丽，你从来不会觉得她缺少些什么。比如我们的演员都是来自云南的各村寨，平时舞蹈就是他们生活的一部分"，"他们跳舞不是为了表演，而是一种表达快乐或歌颂生活的自然而然的行为，就如同你问太阳为什么要发光，但它浑然不知一样，这就是原生态"。②

在回答《世界新闻报》有关原生态舞蹈特色的问题时，杨丽萍说道："原生态舞蹈不是简单的歌舞，它不仅要求演员动作整齐、技艺高超，更要反映少数民族的文化。从服装、道具到宗教，有很多文化

①　缪开和：《〈云南映象〉的艺术魅力和市场秘诀》，载《民族艺术研究》2005 年第 6 期。

②　张晓华、石丽珠、刘成群：《杨丽萍：为舞而生》，载《河北日报》2006 年 5 月 18 日。

内涵在里面。"①

有论者将杨丽萍的原生态理念总结为文化生态保护,认为"在中国舞蹈史上,以'原生态'为艺术标识的,杨丽萍的《云南映象》算第一个。应该说,这是历史新阶段出现的新的文化理念的产物。这个理念就是文化生态保护。"②这是很有道理的。

在实际运作中,《云南映象》至今已演出几百场次,无论在哪个城市,都受到了空前的欢迎,已成为极具品牌价值的文化产业。而且《云南映象》已走出国门,在国外也受到热烈欢迎。那么,以"原生态"作为品牌的《云南映象》为什么具有这么大的魅力呢?

首先,云南丰富的民族民间文化资源以及对这些资源的整合与发掘,是《云南映象》取得成功的基础。

生活是艺术的源泉,云南丰富的民族民间文化资源是《云南映象》取得成功的基础。中华民族各民族的文化本身就是一个巨大的资源宝库,无论哪个民族都有自己的服饰、歌舞以及文化习惯。尤其是云南,作为世界上最具特色的民族文化"集成块",人口达7000人以上的少数民族共有25个,其中22个民族使用着不同的语言和文字,民间文化形式十分丰富。仅舞蹈一项,就有1095个舞蹈品种和6718个舞蹈套路。③ 这些都是十分珍贵的民族文化资源,这些为《云南映象》的成功打下坚实的基础。正如有论者所说的:"云南丰富多彩的民族民间文化资源,是繁荣云南文艺创作、发展云南文化产业取之不尽、用之不竭的富矿金矿,也是孕育大型原生态民族歌舞集《云南映象》的肥沃土壤。经过千百年的风霜洗礼,云南少数民族民间传下1095个舞蹈品种、6718个舞蹈套路,无论数量还是种

---

① 李娟:《与杨丽萍南美对话云南映象》,载《世界新闻报》2004年12月2日。

② 余晓夕:《论原生态歌舞集〈云南映象〉的文化艺术价值》,载《云南艺术学院学报》2004年第2期。

③ 马戎戎:《〈云南映象〉:民族文化保护的"杨丽萍模式"》,载《 三联生活周刊》2004年第14期。

类,云南民族舞蹈都属中国之最。云南民族民间曲调歌谣更是丰富多彩,甚至连他们说话和发音都是一种奇妙的乐音,正所谓'会说话的就会唱歌,会走路的就会跳舞。'《云南映象》就是通过把云南民族民间歌舞与现代艺术构思进行有机融合,集中地展现出云南浓郁的民族风情和丰富的民族文化。"①

杨丽萍自己也说:"我跳的独舞最多只能表现出几个少数民族的舞蹈特点。但在云南,各种民间舞蹈其实比比皆是,祭天、祭神、婚丧嫁娶都会跳不同的舞蹈。原生态舞蹈就是融合了这些舞蹈元素。"②"云南有数不清、用不完的民族文化资源,它本身就是一块瑰丽的宝石,我的工作只是把云南民族文化资源这块宝石上的灰尘擦干净,创作出一台充满人性和民族特色与人文精神的原生态歌舞,让世人看到它的光彩。"③

只有丰富的民族民间文化资源,没有人去发掘也是不行的。无论当年的《丝路花雨》,还是今天的《云南映象》,都是通过对民族民间文化宝藏的艺术挖掘,同时进行再创造后才诞生的艺术精品。这种挖掘和创造,需要创作者独特的艺术眼光和全身心投入的热情,需要创作者静下心来沉入生活中去体验。

杨丽萍和她的同事们正是如此。为了创作《云南映象》,杨丽萍不仅调动了自己30年舞蹈生涯的积累,而且还和其他创作人员一起,在云南各民族的山乡村寨进行了长达15个月的艰苦采风。杨丽萍说道:"这些充满人性光辉的舞蹈使我30年来心灵一直不能得到安宁,于是有了我长达一年多走村串寨的采风。我几乎走遍了云

---

① 缪开和:《〈云南映象〉的艺术魅力和市场秘诀》,载《民族艺术研究》2005年第6期。

② 转引自李娟:《与杨丽萍南美对话云南映象》,载《世界新闻报》2004年12月2日。

③ 张荣:《论〈云南映象〉渗透出的"三映象"》,载《贵州大学学报》(艺术版)2005年第3期。

南,行程 20 多万公里;有一次我可以 15 天不洗澡;有一次我们的车深陷在德钦的白茫雪山的深雪中,如果我们在傍晚前不离开的话,深夜那将是零下 20 度的温度,同行的人吓唬我说,那时我将变成"冰冻孔雀",就是这样也没有动摇过我的决心。因为对我来说,这是我的精神之旅,就是这次精神之旅让我看到许多我终身难忘的情景。"[1]采风中,通过听、看、感受,他们从田间地头干活的农民中找到了《云南映象》所需要的演员和创作灵感。另外,他们还从各民族原本的乡土生活中找到了《云南映象》所需要的舞蹈素材,从乡民的日常衣物用品中找到了《云南映象》所需要的服装、道具、器乐和面具。

从这个意义讲,构成《云南映象》的几乎所有艺术成分都取自云南民间生活本身。而正是由于这种对云南民族民间资源的创造性发掘,《云南映象》才成为能震撼无数观众的民族民间艺术的盛宴。

总之,《云南映象》顺应了人们对民族民间文化向往的心理,艺术性地发掘了云南民族民间文化丰富的宝藏,所以一帮土生土长的农民跳他们平常跳的舞,就能在激烈的演出市场上成为大赢家,创造了巨大的商业奇迹。

其次,坚持民族的东西是《云南映象》获得巨大成功的保证。本土歌舞要想走红国内,而且走出国门,唯一的出路是坚持民族的东西,这正是我们的优势所在。正如胡惠林先生所说:"如果中国的文化产业在产业和产品的选择上不是立足于自己文化的比较优势,而是定位于一般意义上的赶超,那么,我们就不仅不能在世界文化市场形成竞争力,而且很可能丧失我们全部的市场基础。欲速则不达,其结果必将更加拉大了与发达国家的差距。战略意义上的文化赶超,只有建立在充分发挥自己的文化比较优势上,才有实现的可能。"[2]我国文化产的发展应立足于我国民族文化的优势,《云南映

---

① 杨丽萍:《我与云南映象》,载《中国民族》2004 年第 5 期。
② 胡惠林:《论中国文化产业发展的"走出去"战略》,载《思想战线》2004 年第 3 期。

象》正是坚持了民族的东西才使它打入了国际文化市场。

我国有56个民族,具有丰富的民族文化资源,这些民族文化资源是进行艺术创作的重要宝库,将这些资源发掘出来,便会产生独特的吸引力。我们常说,越是民族的越是世界的。独具特色的民族文化是通向世界的桥梁。每年大量外国游客之所以愿意到云南旅游观光,正是被云南灿烂奇异、独具风情的少数民族文化所吸引。杨丽萍正是看到了这一点,将极具特色的云南少数民族文化艺术性地加以发掘再现,大力打造民族文化品牌。同时,杨丽萍按照国外歌舞剧的惯例来编排海外版,使《云南映象》成为具有民族性、经典性和国际化的艺术精品,跨越了世界各民族巨大的文化差异,使国外观众对中国少数民族文化产生了强烈的好奇心,从而在国外观众中引发了巨大的轰动,取得了良好的反响。

正是由于其鲜明的民族特色和市场策略,《云南映象》在国际上同样取得了巨大成功。正如杨丽萍所说:"前段日子在美国演出,给我的启发很大——这些原生态的艺术原来如此有生命力,就连美国人也可以从中感受到我们要表达的东西,演出完他们都对我说——原来中国人还可以这样跳舞!所以,假如要做音乐剧,何不做一台这样的音乐剧呢——独特的,原汁原味的,散发着中国味的。"①

再次,保持民族民间文化特色是《云南映象》取得成功的秘诀。在杨丽萍看来,《云南映象》不算是特别的表演,也没有什么高难度的技巧,只不过是把少数民族田间劳动、日常的生活搬到舞台上,用舞蹈展现他们每天重复的生活。这里面有她自谦的成分,然而正是这种原汁原味的民族舞蹈特色决定了其具有的与众不同的魅力。因为目前中国舞蹈界注重的是演员的技巧和舞蹈的调度,注

---

① 李丽:《杨丽萍:〈云南映象〉形成品牌效应》,载《羊城晚报》2005年12月14日。

重的是腿举多高、舞台跨度有多大，从而造就了一批穿着紧身裤去跳藏族舞、半高跟鞋去跳民族舞的演员，也造成了许多民间舞蹈团将芭蕾作为必修课却没有真正的民族舞作品的怪现象。而且电视综艺晚会从娱乐和情绪化的角度看待民间舞蹈，把民间舞蹈放在搭配角色的位置。这些现象使民族舞越来越丧失本色，越来越没有吸引力。在这种情况下，杨丽萍采用"原生态"的策略打造《云南映象》取得巨大成功，也就在情理之中了。

杨丽萍在回答《光明日报》关于《云南映象》为何具有吸引力时说："因为《云南映象》表现了原生态的生活，揭示了生活本身的美。对待民族民间艺术，艺术家一定要尊重、要真诚、要纯粹。我赞赏《五朵金花》、《冰山上的来客》的作者雷振邦和写了大量西部歌曲的王洛宾，因为他们肯骑着马去发现山歌。这种挖掘和创造，需要静下心来，沉入生活。我痴迷自己所在的这块土地，跳舞是我生命的一部分，亲眼看到云南许多民族民间舞蹈绝技失传，我痛心疾首。我开始想用电子手段把这些记录下来，但舞蹈是动态的，人在舞就在，人不在舞就不在，只能想办法用舞台表演记载这些珍贵的民间歌舞。我讨厌穿着半高跟鞋跳民族舞，舞蹈最本质的东西，应该是真实的生活和那种未经修饰的喜怒哀乐。为了寻找这些本质的东西，我和同伴在云南各民族村寨呆了 15 个月，边听、边看、边感受、边寻找。只有尊重群众，和他们建立纯粹自然的感情，才能做出真正打动人、有市场的好东西。在我看来，有价值的艺术也有商业价值，如果说保护了艺术却让别人掏钱养活，是一种耻辱。'因为是艺术所以不卖钱'是一种借口，真正的民族民间歌舞具备与市场契合的潜质。"[1]这里指出了艺术表现原生态生活的重要性，指出了保持原汁原味的民族舞蹈特色是《云南映象》的取得市

---

① 转引自田延辉：《光明对话：民族歌舞〈云南映象〉的启示》，载《光明日报》2004年7月22日。

场成功秘诀。

北京舞蹈学院教授潘志涛曾用"震撼"来形容杨丽萍的"原生态"带给他的感受。他评论道："你可以说杨丽萍不专业，但她带来的恰恰是专业界所不能给予观众的原生态的震撼和很多超乎舞蹈的东西。"[①]因此可见，正是由于《云南映象》保持了云南民族民间歌舞的独特性，使观众感受到云南原汁原味的民族民间文化，领略到云南民族民间文化与众不同的魅力，才取得了巨大的成功。

最后，《云南映象》取得成功的另一原因还在于它在保持民族民间歌舞独特性的同时，不断融入时代的元素，从而使舞蹈具有了新的生命力。杨丽萍说："'禁变'不科学，舞蹈是直接与生命、生活有关的艺术形式，要跟着生活的改变而改变。比如，原来你跳跃是为了追逐猎物，但现在不需要追猎物了，这种跳跃肯定没有了。对民间艺术中最精华的元素要保持，但全面禁变就会产生停滞。《云南映象》采用了一些现代的编排、灯光、舞美手段，是为了更充分地展现演员内心的东西，这些手段只是烘托，不会损伤艺术的原生态特质。我们要永远根据观众和时代的审美进行调整。"[②]一方面，《云南映象》中采用了现代科技手段来营造舞台氛围；另一方面，《云南映象》中加入了大量的现代主义表现手法。例如《云南映象》将意识流手法和现代舞元素融入民间舞，将原创、经典的中国民族舞和现代的动作概念、音乐概念、舞美概念结合起来，通过现代的、超凡的感悟力、想象力来塑造光、树、雨、草、雀等生动逼真的形象，创造了一种独特的视听效果，使《云南映象》自身获得了新生，成为诗意盎然的高品位艺术作品。图7-1为《云南映象》演出场景。

① 参见伍斌：《赛场"比"不出明星"杨丽萍现象"引发另类议论》，载《解放日报》2004年3月18日。

② 转引自伍斌：《赛场"比"不出明星"杨丽萍现象"引发另类议论》，载《解放日报》2004年3月18日。

图 7-1 《云南映象》演出场景

其实,任何一种民族民间文化要在发展中生存,除了保持自身的独特性之外,还必须不断地进行创新。为了保持传统而与外界隔绝,会断送民族民间文化汲取营养、不断发展的机会,最终也将断送民族民间文化本身。所谓"原汁原味",指的应是保持民族民间文化自身的特色,它与创新、发展并不矛盾。《云南映象》的魅力正在于它既注重保持民族民间歌舞的独特性,也按照时代潮流不断加以变化。有学者认为,《云南映象》的意义在于把那些濒临消失的民族民间艺术挖掘出来、抢救下来,使观众从中可以感受到云南各民族群众的习俗、历史、思维、宗教、哲学等丰富内涵,从而给观众和后人留下一个活的民俗文化博物馆。可是,如果《云南映象》仅仅是表现和展示了这些东西,虽然能对观众产生比较大的吸引力,却还不能说它是真正意义上的艺术作品。事实上,《云南映象》之所以成为真正意义上的艺术作品,不是由于它照办照抄了云南民族民间歌舞,而在于它在继承丰富的云南民族民间歌舞的同时,不断进行创新。通过创新,《云南映象》给观众营造了一种既熟悉又陌生、亦真亦幻的感受,使观众沉浸在一种朴素的、原始的、自由自在而又新鲜大气的氛围里,带给观众全身心的震撼和冲动,改变了传统民间歌舞过于零散纷乱和舞台表演常常局促的状况,使人们从中可以受到极大的情感震撼和心灵抚慰,真正感受到云南民族文化的多姿多彩和丰厚神韵。正如有学者所说的:"云南拥有丰富的民族文化,是歌的海洋、舞的世界。经过千百年风霜的洗礼,云南民族民间传下了 1095 个舞蹈品种、6718 种舞蹈套路。每个民族都有自己独特的歌舞艺术,无论数量还是种类,云南民族舞蹈都属于中国之最。这些民族民间歌舞具有很高的艺术价值,只要对这些资源进行一定的艺术加工和包装,注入现代歌舞元素,使之更符合现代人的审美情趣,一定能打开市场,赢得观众并获得巨大的经济效益。事实上,《云南映象》的产生,并非横空出世,而是对民族魂、民族根的继承和发展。杨丽萍和演员们所表现出来的艺术张力,是对云南民族民间文化的淋漓表现和深情礼赞,并有着新世纪的时代特征。因此,《云南映象》才会火爆国内演出市场,才会保持历久弥坚的影响力。"①

总之,《云南映象》在注重保持民族民间歌舞独特性的同时,不断按照时代潮流加以创新,通过利用现代表现手法和现代科技手段营造舞台氛围,向世人展示了云南各民族深厚的传统文化,从而保持了自身的魅力,取得了巨大的成功。

第三节　成熟的市场运作

文化产品具有商品属性,所以在发展文化产业时,必须按照市场规律来优化配置各种可开发的民族民间文化资源。文化产业要把握好文化产品与主流市场需求的关系,不考虑主流市场的真实需求闭门造车,必然被时代抛弃。因此要通过成熟的市场运作,使

---

①　林艺、王佳:《〈云南映象〉模式的思考》,载《云南民族大学学报》(哲学社会科学版),2004 年第 6 期。

各种文化产品能够适应市场要求,满足消费者的文化需求。歌舞表演作为文化产品的一种,同样应当如此。正如有学者所说的:演出单位"要善于利用现代化大众传播媒介,发挥自身人才优势,主动进行影视拍摄与音像录制业务,推销自己宣称自己。鼓励各类演出单位演出为主,多种经营,以文补文,多业助文,开展有偿服务和兴办文化经营实体,增强经济实力。提倡各种形式的联姻,巩固和发展其与企业、社会各种形式的广泛合作,文企互利,共同经营建设演出市场。"①因此,歌舞表演业要确立以市场为取向的发展策略,要通过成熟的市场运作来发展壮大自己。《云南映象》正是通过成熟的市场化运作扩大了自身的影响力。

　　《云南映象》之所以能从云南走向全国并最终走向世界,除了自身的魅力以外,与其成熟的市场运作有着密切的关系。尤其是《云南映象》开创的"品牌路线",被视为艺术品与市场"联姻"的成功案例,成为媒体和业内谈论的热点话题。"《云南映象》一经诞生很快风行天下,这固然与其本身蕴藏的文化价值、艺术魅力、品牌效应和适应市场需求的创作机制等分不开,还有一个重要原因,就是《云南映象》的推出过程凝聚着特殊的营销策略、营销机制和营销格局。"②这说明《云南映象》的成功离不开成熟的市场运作。我们从以下几个方面来探讨《云南映象》在市场运作方面的成功经验。

　　第一,《云南映象》一开始就确立了以市场为中心的定位,实行以市场为取向的经营策略,从而为《云南映象》在市场上的成功奠定了基础。在市场经济条件下,市场集中反映了广大人民群众多

---

　　① 柳士发:《国内演出市场的发展、现状和改革方向》,江蓝生、谢绳武主编《2001～2001年:中国文化产业发展报告》,社会科学文献出版社,2002年版。
　　② 缪开和:《〈云南映象〉的艺术魅力和市场秘诀》,载《民族艺术研究》2005年第6期。

样化的精神文化需要,演出业要围绕市场从事经营活动。《云南映象》正是把市场需求作为自身的发展定位。从作品问世那天起,杨丽萍便宣称《云南映象》要走市场之路,自己养活自己。《云南映象》策划人荆林也说:"我们定位为大型原生态歌舞集《云南映象》,要考虑到走市场的路子。"①按照这一思路,《云南映象》不断按市场要求调整自己。例如,《云南映象》有三个版本,这三个版本就是适应不同的市场要求创作的,其中包括杨丽萍按照国外歌舞剧的惯例编排的《云南映象》海外版。同时杨丽萍还希望能够在昆明为《云南映象》盖一个专门的剧场,让全世界各地来的人,到了云南就能看到《云南映象》,就像到了百老汇就可以看到《猫》一样。这些都反映了《云南映象》积极适应市场的产业思路。

第二,杨丽萍在具体市场运作上,一方面,采用股份制市场运作,另一方面,利用专业的、熟悉市场的公司来协助《云南映象》的商业开发。例如,杨丽萍与山林文化发展公司的法人代表荆林、昆明会堂的法人代表陆启龙分别出资,成为《云南映象》艺术团的三方股东,同时授权山林文化公司来帮她运作市场。在北京,则由派格影视公司的老总孙建军做《云南映象》的海外发行。这种项目制、股份制的运作使这台剧目从一开始就考虑怎样贴近观众、赢得市场。同时,《云南映象》自身也成立了云南映象文化产业发展有限公司,将有关《云南映象》的经营范围涵盖到了演出策划、组织、广告的发布、制作、代理及云南映象配套产品的销售等。正如杨丽萍所说:"我要继续变下去。《云南映象》也要变,永远根据观众和时代的审美进行调整。必须要产业化,产业化的意思就是不能单靠演出来养活自己,要做大,做成文化产业,别的映象制品啊,书籍

---

① 益虫:《品牌效应的未来——访〈云南映象〉策划人荆林》,载《舞蹈》2005年第6期。

啊，一旦成了品牌就会派生出许多东西。"①这显示了《云南映象》以市场为取向的经营策略。

第三，《云南映象》按市场规则加强内部管理，注重营销宣传。例如在管理方面实行演员签约制，剧组对演员考核的指标达10项之多，以使艺术团内来自田间地头的业余演员们明白，他们是共同的创业者，《云南映象》的成功与否与他们每个人息息相关。同时，《云南映象》始终保持敏锐的市场意识，利用一切能够利用的机会宣传自己。例如《云南映象》开发初期，艺术团在云南大力进行宣传造势。据报道："在昆明街头所有的出租车内，出现了一张别致的《云南映象》招贴画，杨丽萍轻舞飞扬的身姿和极富个性的云南民族特色的背景深深映在了乘坐出租车的本地市民和外地游客心中，每个人都能将《云南映象》看个一清二楚，作个简单了解，由此产生了想更深层次地了解《云南映象》是如何将原生态歌舞搬上舞台的消费欲望。云南的各种媒体也以不同形式、不同风格、不同视角对《云南映象》进行全方位的宣传和报道，使《云南映象》在很短时间内与广大市民及游客有了'更亲密的接触'，进一步加深了人们对她的了解和兴趣。翻开2004年4～5月的报纸，我们能在醒目位置看到这样一些标题：《注重文化品位打造市场精品——〈云南映象〉演出成功的启示》、《云南文化产业发展势头强劲》、《〈云南映象〉"震撼"何来》、《〈云南映象〉印象集粹》、《〈云南映象〉创作札记》、《杨丽萍：我庆幸出生在云南》等大篇幅的报道，一贯低调的杨丽萍在市场竞争中也不得不为《云南映象》作必不可少的推销。山林公司更是在这段时间里，通过探明目标受众——确定促销目的——设计促销信息——选择促销方式——制订促销计划——编制促销预算——实施促销方案——评价促销效果等几大

---

① 参见马戎戎：《〈云南映象〉：民族文化保护的"杨丽萍模式"》，载《三联生活周刊》2004年第14期。

步骤，实质性地完全进入《云南映象》的营销环节。"①

另外，随着《云南映象》市场运作的逐步成熟，《云南映象》剧团在营销宣传上越来越熟练，能够更敏锐地把握机会来宣传自身。例如，当云南省在北京举办云南文化宣传系列活动时，《云南映象》抓住机遇推广《云南映象》，期间由12名身穿民族服饰的演员组成营销小分队，到长安街进行宣传，取得了很好的宣传效果。现在，通过营销工作的步步深入，《云南映象》的宣传效果十分明显，"原生态"、"映象"等词汇在国内掀起风潮，成为近年来出现频率非常高、使用极为普遍的词汇。这说明《云南映象》的影响力越来越大。近年来，云南在《云南映象》的启发下，大力开发丰富多彩的云南民族文化资源，活跃演出市场，形成了产业化规模。如云南世博吉鑫园的大型民族歌舞《吉鑫宴舞》(见图7-2)，取得很大成功。

图7-2　云南世博吉鑫园演出的大型民族歌舞《吉鑫宴舞》场景(作者摄)

---

① 林艺、王佳：《〈云南映象〉模式的思考》，载《云南民族大学学报》(哲学社会科学版)2004年第6期。

第四,《云南映象》还积极适应市场要求,实行品牌战略。在市场经济条件下,品牌一旦形成就会备受消费者的青睐和关注,并在以后的消费活动中成为消费者的惯性选择,品牌在消费者的选择中有着举足轻重的作用。对于演出业来说,品牌同样具有极其重要的作用。《云南映象》成功的一个重要原因就是实行品牌战略。杨丽萍打造的《云南映象》,从创意、策划、宣传直到演出,采用了很多品牌运作的手法。例如,在《云南映象》演出之前,通过大力宣传使很多人提前知道它,这样就形成一种氛围,使大多数观众对《云南映象》产生了极大的兴趣和期待心理。即使他们并不知道它到底好在哪里,在心里已经提前认同并接受了它,这就是品牌战略的作用。目前,《云南映象》品牌战略已取得巨大成就,它超越了歌舞本身,成为云南知名的文化品牌。有论者这样说:"《云南映象》是艺术创作和产品生产的完美结合,是艺术精品和文化品牌的有机统一;《云南映象》艺术风格定位、作品(产品)名称定位、营销理念定位、品牌推广定位、营运管理战略构想、市场营销模式设计以及企业化管理机制、文化产业发展格局等,都在其打造艺术精品和文化品牌的道路上得到不断地完善和丰富;《云南映象》已经成为云南乃至中国著名的文艺精品和文化品牌,为云南繁荣民族文艺、发展文化产业提供了成功范例,为重新认识云南发展优势、调整云南发展思路提供了鲜明的启示,为展示云南、宣传云南、营销云南、提高云南知名度美誉度以及促进中国文化外宣、开展中国文化外交做出了积极贡献。"[1]

可以说《云南映象》通过实施品牌战略,成功地打开了市场,取得了巨大的收益,也给我国的演出业提供了良好的借鉴。

第五,《云南映象》的市场运作利用了杨丽萍巨大的明星效应。

---

[1] 缪开和:《〈云南映象〉的艺术魅力和市场秘诀》,载《民族艺术研究》2005年第6期。

为了打响这个品牌，一向低调的杨丽萍频频接受采访，出席各种宣传活动，不断为《云南映象》造势，《云南映象》的成功离不开杨丽萍巨大的影响力和号召力。对此，慕羽先生说："与《云南映象》同期存在的还有好几台各有特色的既打云南民族牌又打市场产业牌的歌舞晚会，比如云南歌舞剧院的《梦幻彩云南》、昆明市华灯剧团创作排演的《小河淌水》、所谓丽江之旅的必备节目《丽水金沙》、以及世博吉鑫园的《吉鑫宴舞》……不过，这些演出在声势上完全无法和《云南映象》媲美。显然，《云南映象》近年的热度在很大程度上是由杨丽萍的个人魅力所带来的。当然，听惯了时尚流行音乐，来自民间原生态的歌声，也会给人带来新鲜自然的感受。但《云南映象》的新闻卖点绝对还是杨丽萍。"[1]这里指出了杨丽萍对《云南映象》不可替代的作用。北京舞蹈学院张朝霞教授则更进一步指出："杨丽萍艺术人生的这份自然态度，决定了她对原生态云南民间歌舞的深层理解和独特的表达方式。可以说，没有杨丽萍就没有《云南映象》，是杨丽萍造就了《云南映象》。"[2]这更深入地说明了杨丽萍与《云南映象》密不可分的关系。

第四节　后续产品开发

《云南映象》已经成为云南文化产业中最夺目的一面旗帜，一个在全国知名的文化品牌，然而它的品牌效应还在继续延伸，它还在继续进行着一系列的后续产品的开发。这也是《云南映象》产业链中的重要一环。

---

[1]　慕羽：《"原生态"改造了原生态——看〈云南映象〉》，载《北京舞蹈学院学报》2004年第2期。

[2]　张朝霞：《不可复制VS可持续发展——试论〈云南映象〉的品牌特征及其经营对策》，载《艺术评论》2004年第6期。

首先,《云南映象》剧团继续以演出为龙头,力图全方位地挖掘《云南映象》这一品牌的价值,形成一个融艺术生产、经营管理、市场营销、技术保障、产品开发为一体的文化产业链。

据《云南映象》策划人荆林介绍:"从2003年8月算起,到2004年8月,我们会通过演出形成的'云南映象'的品牌效应,逐步推出其他产品。目前我们尝试性地做了些印刷品,比如说大家在剧场里看到的《云南映象》手册,这不是一个简单的印刷品,里面包含了丰富的信息与文化内涵:有舞蹈作品的信息,讲述每个节目的来龙去脉;有整个剧目的创作构想,杨丽萍的创作手记;通过服饰道具传达云南文化的风格与特色。另外一个是全年12张的明信片,还有就是'云南映象'的邮票珍藏版以及'云南映象'的邮票珍藏版。以后我们还想陆续推出'云南映象'的茶、烟、酒及服饰系列等等。"①这充分表明《云南映象》正在已有的基础上积极进行后续产品的开发,深入挖掘《云南映象》品牌的价值。杨丽萍2006年3月5日在接受广东电视台《财富故事》采访时也说道:"全世界都这样做的,好莱坞、百老汇全部都是这样的,那个大话之舞,他们会有CD,会有书,会有一些副产品。这个书是我监制的,其他的呢,比如说茶,那个我不管,因为不是艺术范畴的东西我不管。"现在,《云南映象》剧团继续沿着延伸文化产业链的道路前进,大力进行后续产品开发。

一方面,杨丽萍和她的同事围绕《云南映象》设计了不同介质的文化产品与整条文化产业链,相继推出了以《云南映象》为品牌的烟、酒、茶、各类服饰、旅游工艺品等相关的文化产品。例如,每次演出结束后,现场会销售杨丽萍签名的《云南映象》画册,每套90元,而且还有同名的茶叶一起亮相。另一方面,《云南映象》剧

---

① 益虫:《品牌效应的未来——访〈云南映象〉策划人荆林》,载《舞蹈》2005年第6期。

团还通过与他人合作来进行后续开发。用杨丽萍的话说："甚至不用我们自己考虑太多，已经有各种领域的热心人在联系我们，想跟我们合作了！"[①]

通过这样的方式，《云南映象》创造了一种极具市场活力的文化产业运作模式，成功打造了《云南映象》这一品牌。

其次，为了保持持续的认同度，《云南映象》继续进行全国巡演和国外巡演。任何一个产品如果不能持续得到社会的广泛认同，它将无法继续存在下去，文化产品也是如此。为了能够保持持续的认同度，《云南映象》继续在全国进行巡演。2006年，《云南映象》启动第二轮巡演计划，此次巡演涉及十余个城市，其中成都、武汉、深圳、东莞4个城市是重复巡演。通过全国巡演，《云南映象》不但可以在观众中保持持续的认同度，而且还进一步扩大了《云南映象》的知名度，为适应市场需求积累宝贵经验。另外，《云南映象》还将进行新一轮的国外巡演。在先前的国外巡演中，《云南映象》已取得了不小的知名度，它的营销人员也积累了如何与国际市场接轨的经验。为在原先的基础上进一步扩大国际知名度，2006年《云南映象》准备开展力度更大的海外巡演。按计划，《云南映象》11月将开始长达一年的国外巡演，目前已敲定南非为巡演首站，美国为主要演出地。通过海外巡演，《云南映象》将进一步扩大国际知名度，进一步走向世界文化市场，从而为自身的发展拓展更大的空间。

最后，继大型原生态民族歌舞集《云南映象》大获成功后，杨丽萍又推出了新作《香巴拉映象》，并在迪庆藏族自治州香格里拉县举行首场演出。与领衔主演《云南映象》不同的是，杨丽萍不再在《香巴拉映象》中出演任何角色，只担任艺术总监和总编导。《香巴拉映象》是以藏族原生态歌舞为主体，辅以纳西族、傈僳族、彝族以

---

① 李丽：《杨丽萍：〈云南映象〉形成品牌效应》，载《羊城晚报》2005年12月14日。

及汉族的原生态歌舞元素的大型歌舞晚会,它以"人神合一、天人合一、万物合一"为主题思想,通过情景歌舞的舞台艺术形式充分展示大香格里拉的概念和文化内涵,同时展现原汁原味的少数民族风情。据悉,《香巴拉映象》的演员是从2000余名报名者中严格挑选出来的,全部是当地的少数民族,其中藏族演员占80%,其他还包括纳西族、傈僳族、彝族的演员。[①]《香巴拉映象》作为《云南映象》品牌的延伸,扩大了《云南映象》的影响力,是《云南映象》后续产品开发的重要成果,值得人们期待。

思考题

1. 你是怎样理解"原生态"表演的?
2. 如何把民族民间文化资源优势转化为产业优势?
3.《云南映象》取得成功的经验是什么?
4. 请结合文化产业实践谈谈文化品牌的价值。

相关案例:

大型实景演出引发的思考

近年来,我国舞台艺术受到电视、报纸等现代传媒的冲击,逐渐式微。而且还要面对国外舞台艺术抢滩中国市场的巨大压力。例如,大型歌剧《卡门》在上海的一场演出,总投资超过2000万元人民币。百老汇经典名作《歌剧院魅影》,从2004年12月18日至2005年3月6日,在上海大剧院连演96场,成了迄今为止在中国

---

① 浦琼尤:《著名舞蹈家杨丽萍再推新作〈香巴拉映象〉》,资料来自新华网,昆明9月21日。

公演时间最长、场次最多的歌剧。在这种背景下,国内演出界不断在探索中国舞台艺术的出路问题,探讨如何开拓新的市场,如何满足观众的需要。由张艺谋、王潮歌、樊跃导演的《印象·刘三姐》和《印象·丽江》这两部大型实景演出,引起人们的普遍关注,同时也引起人们对大型实景演出的不同争论。

作为国家文化产业示范基地,《印象·刘三姐》是中国首部大型山水实景演出作品,2005年荣获"第三届中国十大演出盛事奖"。它以方圆两公里的漓江水域和十二座背景山峰为表演舞台,将刘三姐经典山歌、广西少数民族风情、漓江渔火等元素加以创新组合,巧借春夏秋冬的自然景观,配以变幻莫测的灯光效果,创造出天人合一的艺术境界,在漓江山水间展现出一幕幕原生态的艺术画面。《印象·刘三姐》的主题是"天人合一",它把舞台搬到了漓江自然空间中,突破了传统的"三面墙加一个空地"的舞台模式。

《印象·丽江》是继《印象·刘三姐》之后,张艺谋、王潮歌、樊跃再次合作的又一部大型实景演出。它分为三个单元:第一单元是在雪山脚下演出,名为《印象·丽江》雪山篇,表现的是人们从四面八方来到丽江,体验生命与自然的紧密关系;第二单元名为《人与自然的对话》;第三单元在古城演出,名为《印象·丽江》古城篇,是与祖先的对话。

2006年7月23日,大型实景演出《印象·丽江》雪山篇在海拔3100米、世界上最高的实景演出剧场——云南丽江玉龙雪山的甘海子蓝月谷剧场正式公演。《印象·丽江》雪山篇总投资达2.5亿元,全篇分《古道马帮》、《对酒雪山》、《天上人间》、《打跳组歌》、《鼓舞祭天》和《祈福仪式》六大部分。整个演出以雪山为背景,以民俗文化为载体,来自纳西族、彝族、普米族、藏族、苗族等10个少数民族的500名普通的农民是《印象·丽江》雪山篇的主角。这些有着黝黑皮肤的非专业演员,用最原生的动作,最质朴的歌声,与天地共舞,与自然同声,带给观众心灵的震撼。

第八章 太合麦田与当下流行音乐产业

　　流行音乐在当今已经形成具有巨大市场价值的产业,在社会上受关注的程度也远远高于其他行业,一些流行音乐会往往由于能成为引起人们广泛注意的公众事件而产生轰动效应,流行音乐歌星也因此成为受社会追捧的公众人物。流行音乐的迅猛发展催生了庞大的音乐产业,包括音像、唱片、数码产品以及其他数字内容在内的产业,这些产业对当代社会的影响越来越大,在一些音乐发达国家和地区,如美国、英国、法国、德国、日本、新加坡、澳大利亚、中国香港等,音乐都是一个非常庞大的产业,其市场占有率和社会影响力一点不亚于电影,有的甚至比电影还大。美国著名流行音乐歌星迈克尔·杰克逊的一张唱片就能在全世界卖几亿美元,而被称之为"流行歌坛大姐大"的麦当娜,2004年以5000万美元的个人收入,成为全球收入最高的歌星,其个人音乐专辑在全球的销售量已超过2亿张。2006年,年已48岁的麦当娜举办了全球巡演,创下了2亿美元的票房纪录,成为当今最具有票房号召力的流行歌星。

　　我国的流行音乐起步较晚,与欧美等流行音乐发达国家和地区的差距较大,而且市场还很不成熟,盗版现象突出,但流行音乐产业的发展速度很快。例如,由黑龙江省对外文化交流协会主办的《当代歌坛》，短短几年就已经成为国内流行音乐市场上最畅销的音乐刊物之一。近年来我国涌现出大量的各类音乐唱片公司和制作公司，流行音乐制作已经成为国内文化产业发展的重要行业。太合麦田就是其中的代表，它对推动中国原创音乐走入市场做出了巨大贡献。

第一节　太合麦田简介

太合麦田是国内著名音乐制作公司，全称是"太合麦田音乐文化发展有限公司"，它是由太合传媒和麦田音乐制作公司合并而成的。为什么合并后的太合麦田没有用音乐制作公司或唱片公司这一国际上通用的名称而是称自己为音乐文化发展有限公司呢？这是由国内音乐市场本身的特点决定的，也是符合国内音乐市场状况的一种命名。太合麦田在国内音乐市场不成熟因而充满极大风险的条件下之所以能取得成功，成为国内音乐文化产业行业的佼佼者，关键在于它能够结合国内实际情况来确定自己的发展道路，没有盲目模仿西方国家音乐产业发展的模式。

与西方发达国家相比，中国音乐市场可以说是很不成熟，市场体系和法规也没有完全建立起来，所以音乐市场较为混乱，盗版猖獗，这就使投资风险增大。按照太合麦田音乐文化发展有限公司董事总经理宋柯的说法，国内音乐市场发展存在着"先天畸形"，具有很大的市场风险和不规范经营，加之盗版现象的大量存在，已经严重阻碍了中国原创音乐的正常发展，很多专门从事音乐制作的唱片公司举步维艰，在严酷的市场面前已经很难继续生存下去，不得不寻找新的发展空间和出路，这也决定了在中国发展音乐产业

必须要有一种特殊的模式，不能照搬别的国家的做法。^① 与中国的情形相比较，西方的音乐市场非常大，一直十分火爆，这不仅表现为音乐制作产业庞大，很多都是专门以制作唱片为主的唱片公司，如世界著名的五大唱片公司，而且音乐消费的市场也十分巨大，无论是古典音乐还是流行音乐，在西方国家都有着巨大的消费市场，西方人对音乐有一种可以说是先天的痴迷和爱好，这使得音乐产业成为能获得巨额利润的"暴利行业"，一些流行歌星也因此而成为世界上最富有的人。

中国的情况却不是这样。在中国，音乐自古以来就具有着突出的教化功能，长期以来，人们把它看作是一种陶冶情操、鼓舞人心的手段，把音乐的作用政治化和社会化，音乐成为表达某种思想观念的工具。如中国古代《乐记》中就说："乐者，天地之和也；礼者，天地之序也。和，故百物皆化；序，故群物皆别。乐由天作，礼由地制。"^②荀子也说过："乐者乐也。君子乐得其道，小人乐得其欲。以道制欲，则乐而不乱；以欲忘道，则惑而不乐。故乐者，所以道乐也；金石丝竹，所以道德也。乐行而民乡方矣。故乐者，治人之盛者也。"^③这里都道出了音乐的本质特征：礼乐相济、礼乐相胜。这种重礼乐精神的文化传统，使包括音乐在内的我国文学艺术始终难以摆脱道德思想的束缚，也必然影响到文学艺术朝着产业化方向发展。所以，在中国从事音乐产业，除了受到体制、政策、市场机制等因素的制约外，还要受到来自传统文化观念的影响。太合麦田正是在这样的环境条件下发展中国的流行音乐的。

中国当代流行音乐的历史并不长，改革开放以来，中国才开始

---

①　引自宋柯在第四届中韩日文化产业论坛音乐专场讨论会上的发言（成都，2005年11月2日）。

②　《乐记·乐论》。

③　《荀子·乐论》。

出现流行音乐,随着近年来的不断发展,流行音乐已经逐渐成为中国当代主流音乐,其社会影响力越来越大。1996 年,致力于发展中国原创音乐的麦田音乐制作公司在北京成立,成为中国音乐界的一件大事,其目标是推动中国内地原创音乐的创作和人才发掘。随后,刚刚成立不久的麦田音乐制作公司推出了其奠基作品《青春无悔》(高晓松),被评为当年中国原创音乐典范之作,在国内产生了很大影响,也为麦田音乐制作公司后来的发展奠定了坚实基础。

说到麦田音乐制作公司,不能不提到它的创始人宋柯。宋柯1988 年毕业于清华大学环境工程系,于美国得克萨斯大学(Texas University)取得硕士学位,1992～1995 年,任职于美国 Skyline Int'l Ltd. Co 公司,1996 年回国发展,创办了北京麦田音乐制作有限公司,任总经理。2000 年,任华纳唱片中国公司常务副总经理,制作总监。2004 年,任太合麦田音乐文化发展有限公司总经理。监制的唱片主要有:高晓松《青春无悔》(1996)、朴树《我去2000 年》(1998)、叶蓓《纯真年代》(1998)、达达乐队《天使》(2000)、汪峰《花火》(2000)、叶蓓《双鱼》(2001)、老狼《晴朗》(2002)、周迅《夏天》(2003)、朴树《生如夏花》(2003)、达达乐队《黄金时代》(2003)、金海心《金海心》(2003)、美眉组合《怕什么》(2004)、房祖名 Jaycee(2004)等。

宋柯不仅创建了国内著名的音乐公司——麦田音乐制作公司,并促成了麦田与国内知名传媒机构太合传媒的合并,组成了国内乐坛最具实力的音乐公司之一——太合麦田,而且还特别善于发掘和打造当今流行乐坛的许多知名艺人,把他们推向市场,成为公众瞩目的歌星,如朴树、叶蓓、金海心、周迅、房祖名、李宇春等,因而,他也常被媒体和业界人士称之为"中国流行音乐的顶尖操盘手"。2006 年 9 月,由湖南卫视举办的"超级女声"全国总决选五进四和最终的冠亚季军的争夺,都特别邀请了宋柯作为评委,进一步扩大了他在全国流行乐坛的影响力,此举也被看作是对"超女"

未来发展产生重要影响的举动,因为太合麦田近年来事实上已成为"超女"最大的买家。

太合麦田在发展中坚持以市场为定位的原则,根据市场变化调整发展经营策略,同时积极拓展生存空间和领域,适应当今世界音乐潮流的变化趋势,开创了中国流行音乐的新格局,对中国流行音乐的发展起到了助推作用。早在2000年,麦田音乐制作公司就与美国华纳唱片进行合作,开了国内民营唱片公司与世界顶尖音乐公司合作的先河,并使之拥有了包括朴树、孙楠、周迅等一流歌星在内的国内著名歌星,这一举措使得麦田成为国内音乐界最具号召力的公司之一。

2004年,麦田音乐制作公司与著名的太合传媒合作,成立了太合麦田音乐文化发展有限公司,在中国流行乐坛引起"震撼"。此举被认为是国内音乐与传媒两大机构的强强联合,共同打造中国当代流行音乐的顶级盛宴,将对中国娱乐文化产生深刻影响。由于采取强强联合的方式,新成立的太合麦田拥有了一流的管理、制作、执行和推广等强大团队,成为国内音乐界的知名品牌。2005年10月24日,太合麦田与2005年"超女"冠军李宇春正式签约,成为一件轰动国内的事件。2006年,太合麦田推出了李宇春的第一张个人专辑《皇后与梦想》,该专辑进入市场以来取得不俗的销售业绩。

第二节　流行音乐成为一种产业

流行音乐在当代社会中是一个十分庞大的产业,尤其是在西方国家,产业化程度很高,社会影响也很大。

太合麦田长期以来致力于中国本土原创音乐的创作与推广,但它与那些纯粹的艺术团体不同,它并不只是从音乐本身的艺术价值去考虑问题,而是把音乐作为一种经营方式。太合麦田是经营性文化企业,它必须要考虑音乐的商业价值和市场属性,这是与那些纯粹从事音乐事业的团体不同的地方。太合麦田是把音乐当作能获取商业利润的文化产业去经营的,即使是原创音乐也要走向市场,要不断推出受到市场普遍欢迎的明星和音乐作品,流行音乐更是如此。所以,这些年来,太合麦田一直寻求艺术价值与商业价值的有机结合,走出一条与中国国情相符合的流行音乐发展的模式。我们从以下几个方面来谈。

1.中国流行音乐的生存环境

在西方一些国家,流行音乐具有深厚的社会基础和巨大的消费群体,而在我国,长期以来人们对流行音乐抱有一种偏见,关注得很不够,把它看作是纯粹的娱乐事件,甚至往往持有负面的评价。但事实上,近年来我国流行音乐市场发生了很大变化,消费群体越来越多,流行音乐越来越成为人们生活中关注的东西,成为许多媒体争相报道的重点和卖点,很多流行音乐歌星成为人们生活中的偶像。流行音乐市场也越来越红火,越做越大。应该说,太合麦田能取得今天的成绩,首先应归功于社会所提供的良好环境和受众群体。

当然,在中国,经营流行音乐必须考虑它所面对的生存环境,这对中国流行音乐发展具有重要影响。这个生存环境可以把它概括为:一是社会环境不稳定。中国流行音乐的发展不同程度地受到各种外界因素的干扰,尤其是受传统文化观念和主流意识形态的影响很大,这使得从事流行音乐的生产和经营充满一定的风险。二是消费群体不成熟。由于受社会发展水平和文化发展水平的双重制约,中国音乐消费群体的构成十分复杂,良莠不齐,盲目追星的现象比较突出,而且特别容易受媒体宣传的影响和误导,欣赏音乐的能力低下,这带来了消费市场的极不稳定。三是受当今数字通信等新媒体的影响。如网络免费下载、数码产品(MP3、MP4)和基于通信技术的彩铃、炫铃等,很容易造成对传统音乐市场的冲击,直接影响原版音像制品的销售。四是受严重的盗版现象的侵蚀,使音乐市场的竞争极不规范,缺乏正常的市场秩序。有论者在谈到我国盗版音像制品时说道:"中国的音像市场起步较晚,20 世纪 80 年代以后才开始出现。起初,主要音像载体是磁带,基本无盗版现象。90 年代以后,由于新载体 VCD 体积小,科技含量高,便于刻录,盗版音像制品开始出现。盗版 VCD 无知识产权,成本低,无须审批,发行速度快,因此,经营赢利的空间相当大。一时间,发行制作盗版成风,经营市场盗版泛滥。"①

但中国流行音乐的发展也有西方国家所不具有的优势,主要表现为:第一,中国人口数量庞大,随着文化消费的日益增长,必然带来大量消费群体,音乐市场仍然存在着巨大的消费潜力。这也是国内许多音乐制作公司对国内音乐市场仍充满信心的重要原因。第二,随着中国社会经济发展和科技水平的提高,各种新技术成果对社会生活的影响越来越突出,中国音乐市场一个最明显的现象是借助于数字技术进行音乐内容的生产和销售,带来很大的市场。第三,从投入产出讲,在中国,音乐制作的投资要远远比西方国家的投资小,但产出却很大。西方国家很多是属于唱片工业,由于市场很大,因此形成一个庞大产业,唱片公司制作唱片需要比较大的投资。而中国唱片业受市场的限制,发展规模并不很大,相反,借助于新技术载体进行音乐生产和销售,却有很大市场。这种生产比起传统的唱片业生产投资较小,但产出较却大,因而是有利可图的。这也是为什么太合麦田要从传统的唱片生产制作转移到借助于新技术手段来进行音乐的生产和销售的重要原因。

2."卖唱片不如卖歌"

音乐在当代已经形成一个庞大的产业,这其中有一个很大的

---

①　敏运时:《"博大"的抵制盗版之路》,载王永章主编《中国文化产业典型案例选编》,第 118 页,北京出版社,2003 年版。

原因，那就是音乐的载体发生了巨大变化，对传统的音乐载体尤其是唱片业冲击很大，使得国内许多音乐制作公司不得不转向以新技术为载体来经营音乐，在中国的情况尤为突出。宋柯在接受《福布斯》中文版采访谈到太合麦田这几年的发展变化时曾说："在中国，我慢慢已经不想叫唱片公司了，大家看我们公司的名字叫'音乐文化发展有限公司'，很长的名字，原因是我个人对唱片在内地的发展，其实已经没有太强的信心，我觉得唱片的格式差不多已经到了寿终正寝的时候了。我这么说的原因，不是因为我这几年过得苦，或者我们经营状况不够好，而是因为下面我要讲的新技术给我们带来的一线曙光，这个曙光越来越亮。……为什么我说看到曙光了？因为我第一次经历了新技术带来的变化。当时我在华钠工作的时候，在彩铃还没有推出之前，2003年5月份的时候，我们当时卖了1000多首歌的版权给新浪，新浪也是这个行业在增值服务这块眼光很高的公司，当然，他们也很有钱。然后，就接着不断地去跟各个SP合作，能够收到不同的钱。基本上，它（指音乐公司——笔者）的角色其实跟传统传媒业有类似，像传统传媒业的角色从内容提供方，再到零售商，然后到消费者。"①

在新技术面前，太合麦田改变了过去的经营方式，由专做唱片（专辑）变为唱片与销售单曲音乐并重，而且主要的业务已经发展为以销售单曲音乐为主，也就是所谓的"卖歌"。宋柯曾说：在当今新技术高度发达的社会，"卖唱片不如卖歌"，在他看来，"唱片将成为一种收藏品"。在中国这种"唱片业先天畸形"的大环境下，借助于新技术，通过销售音乐单曲的形式更能赚钱，其利润远远超过唱片业。他说：我做唱片从来没有赚过钱，而靠买歌曲的版权再卖给移动运营商以及全网信息服务提供商（SP），我赚了很多钱。我认

---

① 引自搜狐娱乐频道对宋柯的采访（http://yule.sohu.com/20050311/n224648134.shtml）。

为未来中国音乐的主流消费应当从唱片转移到单曲，这才符合音乐的原形态。并且，每一次唱片业的大变革都起源于技术上的变革。从总的趋势看，消费单曲必然有一天会取代出唱片，我知道真正的音乐发烧友喜欢的不是 VCD 或 CD 那样的数码产品，他们喜欢的是那种黑焦唱片，那种沙沙的甚至有点梗塞的音乐，因为那样的感觉更温馨。而多数的音乐消费者，他们关心的是最直接的感触，是那种和自己的情绪最接近的东西。①

由于以新技术为标志的数字通信和数码产品在中国具有非常广阔的市场，因此，宋柯预言，由于以 MP3 为代表的新技术浪潮的出现，对传统唱片业造成了巨大的冲击，而且流行音乐在无线传输方面已取得相当的收益，所以，今后单曲有可能取代唱片消费模式，同时也影响到内容的制作过程。中国深受新技术浪潮的影响，加之手机和互联网用户人数居世界前列，因此，中国市场将成为世界上最大的流行音乐消费市场。②

由此可见，进入现代社会以来，由于新技术革命对当代社会的巨大影响，也必然影响到人们对音乐的消费方式，传统的以听唱片为主的音乐消费方式发生了许多改变，太合麦田作为一家商业性的音乐制作公司必然要在很多方面思考如何去适应当代社会的这种新变化和新趋势，对自己的经营方式作出调整和选择。依托于新技术，利用新技术载体去经营音乐，这正是太合麦田这些年来能够立于不败之地的原因所在。

3. 不断推出新人的经营策略

太合麦田首先要考虑的就是音乐能否带来商业回报、能带来

---

① 引自搜狐娱乐频道对宋柯的采访（http://yuele.sohu.com/20050311/n224648134.shtml.）

② 宋柯：《新技术革命给音乐产业带来的机遇和挑战》，载《第四届中韩日文化产业论坛论文集》，第 223 页。

多大的商业回报等问题，这些直接决定了它们对歌手的选择。它们在选择歌手时，一是看他(她)的偶像指数如何，也就是所谓的人气，有人气才有市场号召力，才能促成音乐产品的销售；二是看有没有发展潜力，是否具备成为一流歌星的潜质；三是是不是创作型的，因为只有创作型歌星才能靠卖版权使企业获得丰厚回报。太合麦田就是按照这三条标准推出音乐新人，进行所谓的"造星"。它们对看好的新人进行市场策划和商业包装，并请国内一流的音乐人为他们创作原创歌曲，并进行精心制作。近年来，它们正是用这种方式不断推出一大批深受欢迎的歌星，如朴树、叶蓓、周迅、金海心、房祖名、李宇春等。最值得注意的是，2005年"超级女声"冠军李宇春与太合麦田的正式签约，成为"超女"中第一位与音乐制作公司签约的歌手。太合麦田为推出李宇春，制定了周密计划，专门请来了金牌音乐人张亚东为李宇春量身定做，为她创作歌曲。计划2005年底先推出李宇春的个人单曲，2006年正式推出她的个人专辑。目前，太合麦田制作的李宇春的个人专辑《皇后与梦想》已隆重面市，在全国各大城市稳居销售榜的冠军，李宇春所到现场签售的城市像上海、武汉、成都、长沙、青岛等，空前火爆，引来全国各地众多"玉米"前来追捧。

第三节　彩铃——蕴藏巨大商机的新兴产业

　　"彩铃一响，黄金万两"，这是人们对彩铃这种文化产业现象的一种非常形象生动的说法，也被人们说成是"小彩铃，大产业"。中国是世界上手机拥有量最多的国家之一，也是个手机消费大国，这给手机彩铃这种增值业务的出现提供了客观条件，也使得传统的以经营唱片业为主的音乐产业找到了新的盈利模式。

　　从2003年开始，彩铃业务开始在中国市场上出现，定制彩铃成为许多年轻人的一种时尚追求。中国移动与太合麦田合作，率先把这项业务推向市场,受到人们的欢迎,也使手机有了新的增值业务。据信息产业部的数据显示,2005 年,我国彩玲业务的收入为 25 亿元～30 亿元,2006 年将达到 50 亿元,可实现营业税 1.5亿元,2007 年后,彩铃用户将达到 80％以上,仅通信费一项,运营商每月将增加 10 亿元的收入,实现营业税 3.6 亿元,彩铃在我国已经成为继短信之后第二大电信增值业务。从内容制作商到增值服务提供商,到电信运营商,最后到终端用户,中国的彩铃业已形成一条完整的彩铃产业链。彩铃已经成为继语音通信、数据传输之后最有诱惑力的手机服务项目之一,正在重新创造"拇指经济"的辉煌。[①]

　　"彩铃这种单曲消费方式是最适合中国的",这是太合麦田总经理宋柯经常说的一句话。彩铃(包括铃声)指的是音乐唱片公司把制作音乐的版权卖给电信运营商和全网信息提供商(SP)的一种增值业务,是国内近年来随着新技术产业的兴起而出现的一个新生事物,是科技时代的产物。太合麦田是较早尝试这一新兴产业的音乐制作公司,他们依靠转让音乐版权获得了比销售唱片还巨大的市场收益,开创了经营和销售音乐的一种全新的模式。除了彩铃,太合麦田对音乐的经营还涉及 MP3、手机铃声定制、预置铃声等多个新技术领域,但真正给他们带来巨大收益的还是彩铃业务。

　　在推出彩铃内容制作服务业务之前,太合麦田就已经意识到了可以借助通信和网络技术的平台来销售音乐。早在 2003 年 5月,他们就卖了 1000 多首歌的版权给新浪,使得新浪有了新的增值服务,拓展了业务范围和领域。后来他们又与中国移动进行全面合作推出彩铃业务,仅这一项业务就已超过传统的唱片收入。因为在中国,由于受各种因素的困扰,像西方唱片公司那样专做唱

---

① 参见陈金:《彩铃演绎音乐产业复兴》,载《中国文化报》2006 年 3 月 6 日。

片一项业务肯定是不成功的,唱片公司也很难生存下去,而借助手机平台销售音乐的市场却很大,很受消费者欢迎。这也说明,中国和西方国家不同的国情,直接影响到音乐发展模式的差别。中国是世界上手机用户第一大国,彩铃业务的出现正符合中国国情。而西方国家唱片业之所以红火,又与西方文化传统有关,加上西方国家对盗版现象的严厉打击,使盗版很难有生存的空间,所以,非常有利于唱片业的发展。

彩铃的出现,使音乐与人的关系更为亲密,欣赏音乐也变得更加便利和经济实惠,同时也使消费者有了选择的自由,这在客观上加速了音乐的大众化消费,激活了音乐消费市场。现在在中国,凡是有手机的地方,就有彩铃,彩铃已经成为人们日常生活中最常见的东西,市场非常大,也为音乐公司带来巨大收益。例如,2004年,太合麦田以8位数的天价买断了著名歌手刀郎过去和未来三年内歌曲的版权,他的3首歌成为当时彩铃下载排行榜的前3名,总下载量是600万次,以下载一次2元钱计算,总收入为1200万元,扣除和移动运营商和SP的分成,太和麦田仅从刀郎3首歌中就赚了480万元。而太合麦田不仅只是拥有刀郎这3首歌的版权,它还拥有许多歌手的版权,数量多达几百首。太合麦田以彩铃的方式销售音乐,开创了音乐经营的一种全新的模式,对流行音乐的发展产生了深刻影响。

思考题

1. 请结合东西方文化背景谈谈当前流行音乐市场。
2. 太合麦田和李宇春签约是因为她是"超女"冠军吗?
3. 彩铃指的是什么?你认为它的发展前景如何?

相关案例：

当前音像市场的盗版问题

国际唱片工业联合会(IFPI)公布了音乐盗版情况最严重的10个国家,它们分别为巴西、中国、印度、印尼、墨西哥、巴基斯坦、巴拉圭、俄罗斯、西班牙和乌克兰。

IFPI的报告中特别提到了中国的情况,他们认为中国境内销售的85%音乐制品是盗版,是盗版较为严重的地区之一。

2005年,北京、上海、广东三个我国重要音像批发市场音像制品的发行量都出现较大幅度的下降。例如广东音像城2003年销售额曾达到16亿元,之后发行数额持续大幅下降,截至2005年11月,音像制品发行量仅为7500万盘,销售额约2.15亿元。2005年上半年,上海正版音像制品的销售额仅为2.07亿元,相比2004年同期的12.8亿元下降了70%左右。一批大型音像经营企业出现亏损,具有一定规模的音像经营单位除新华书店系统外,营业额均下降30%左右。

据中国音像协会的统计,中国每年光碟(包括音乐、影像等)的销售量约在50亿张左右,但目前中国全部合法生产线一年的生产能力只有6亿张,此间巨大的市场空白便由盗版来填补。

盗版一是严重破坏了市场秩序,危害正版市场,损害合法经营者的利益,妨碍文化市场的建立。由于盗版的猖獗,国内的正版厂商只好不断压低售价与盗版打价格战,这严重制约了中国文化产业的正常发展。二是严重影响音像市场的正常管理和税收来源,直接造成音像出版、发行方面国家税收的巨额损失。三是危害国家文化安全,损害社会主义精神文明建设。四是造成中国在国际文化交往以及世界经济市场中形象受到严重损害。

中国政府近年来在打击盗版方面采取了许多严厉措施,收到明显成效。随着信息技术的不断发展，数字盗版已经成为世界各国打击的难题和重点，尤其是网络盗版将成为今后盗版的主流。而由于网络的跨国界性，只有加强与世界各国的合作，才能进行有效的打击。

2005 年 7 月 3 日，文化部、国家广电总局与美国电影协会就建立"中美电影版权保护协作机制"进行磋商，并在北京共同签署了《备忘录》。

第九章

失败的文化资本整合——
美国在线与时代华纳的合并

第一节　美国在线与时代华纳简介[①]

一、互联网时代的宠儿——美国在线

美国在线原名量子（Quantum）计算机公司，创办于1985年，1991年正式改名为美国在线。成立之初，公司仅有250个员工，用户不足20万，年收入为3000万美元，股票市值仅为6600万美元，其主要业务是为Commodore计算机用户提供在线服务。由于搭乘了互联网的高速列车，在随后的15年时间里，美国在线获得了惊人的发展。到1999年6月，其股票市值已高达1140亿美元，超过了老牌媒体明星时代华纳、《纽约时报》和《华盛顿邮报》市值的总和。1999年其全年总收入达到48亿美元，比前一财政年度增长55%，净收入为7.62亿美元，市值为1640亿美元，是名副

---

① 参见方向明主编：《世纪并购：美国在线时代华纳集团出世》，第88～152页，三联书店，2000年版；支庭荣：《西方媒介产业化历史研究》，第224～226页，广东人民出版社，2004年版。

其实的网络巨人。在与时代华纳合并之前,美国在线的员工已发展到12100人,每天用7种语言向全球15个国家和地区提供服务,成为世界上最大的在线服务商。作为第一个被列入财富500强的互联网服务公司,美国在线拥有世界上最大的拨号窄带网络、世界领先的交互技术开发能力、全球下载量最大的音乐播放器以及分布于15个国家和地区的2200万的用户。其下属的美国在线服务网、电脑服务公司、网景网络中心、数字城、ICQ、电影网等都是互联网上颇有名气的品牌。可以说,其"美国在线无处不在"的口号确实并非虚言。

美国在线与微软等电脑行业的竞争对手最大的不同是它没有雄厚的技术背景,也不致力于技术创新,它采取的是关注消费者而不是关注技术的策略,特别重视与消费者的沟通,认为网络服务必须简单易用,符合大众口味,这样才能使之像电视和电话那样普及,并影响每个人的日常生活。这样,美国在线的基本定位也就不是高科技品牌,而是强调简化、简化、再简化,傻瓜、傻瓜、再傻瓜,为了适应普通消费者的需要,一再减少技术的复杂性。这一战略虽使其屡遭硅谷技术精英的嘲笑,但却在市场上赢得了大量普通消费者的青睐,公司创立之初只有64个用户,到1991年已发展到10万人,其后用户数量不断呈几何级数剧增,在不到10年的时间里,就超过了2000万。业内人士认为,美国在线实际上已具有网上沃尔玛(WalMart超级市场)的地位。

在美国在线发展壮大的过程中,一直伴随着一系列的并购。早在1993年,微软就有意收购当时还羽翼未丰的美国在线,结果遭到美国在线的断然拒绝。在谈判时,微软的比尔·盖茨曾威胁美国在线的主要创建人凯斯:"我可以买下你公司20%或全部股份,或者我自己进入这一行,把你埋葬掉。"这一威胁的直接后果是促使美国在线自己Windows版本的问世。其后,随着实力的增强,美国在线开始不断通过收购的方式进行文化资本的整合,从而进入了一个飞跃式的发展期。1994年8月,它收购了多媒体出版公司"红门"(Redgate);1995年10月,收购 Global Network Navigator(GNN);1997年9月,与世界通讯公司联手收购曾是"大哥"的电脑服务公司(CompuServe),重组后的美国在线拥有三个品牌集团,即美国在线交互服务公司、CompuServe 交互服务公司和美国在线工作室;1998年6月8日,美国在线以2.87亿美元的价格收购以色列 Mirablis 有限公司以及公司所有的 ICQ 互联网聊天技术;1998年11月,美国在线正式宣布动用42亿美元收购网景公司,网景股东持有的股份将以1:0.45的比率转为美国在线的股份,宣布合并后,美国在线接下来1个季度的利润上升了47%,达到15亿美元,全美1/3的成年用户被吸引到美国在线的旗帜下,美国在线的用户占到全部网民数的70%,从而成为网络门户之王;1999年6月,美国在线又与 Direct TV 签署协议,共同开发交互式电视服务,并收购 Spinner. Com, Winamp 和 Shoutcast。通过这些收购,美国在线的规模得以迅速扩张,成为互联网时代的商业骄子。

二、世界娱乐和传播之王——时代华纳

1. 合并前的时代公司与华纳公司

时代华纳脱胎于1989年时代公司与华纳传播公司的合并。合并前的时代公司创建于1923年,是以经营杂志起家的出版业巨头。公司初期主要出版《时代》周刊和其他大众性期刊,经过几十年的发展,到1966年,其下属的出版物销量已近1500万份,员工超过600人,拥有分布于世界各地的22家印刷厂,并与美联社、法新社、路透社、合众国际社等世界著名通讯社建立了密切联系。这一时期,时代公司也开始向多元化经营方向发展,拥有了3家电台、1家造纸厂、1家印刷公司、1家石油公司,资产达数十亿美元,在全美500家大企业中排名第158位,居出版业之首。此后,时代公司不断展开积极的收购活动,规模迅速扩张。1968年,它购买了利特尔—布朗公司,使其经营范围扩展到书籍出版领域。同时还进入有线电视业,先是建成美国第二大有线电视系统,随后在1972年并购了家庭影院有线电视网(Home Box Office,HBO),到70年代后期,有线电视成为时代公司最大且发展最快的部门,几乎占时代公司总盈余的一半。进入80年代以后,时代公司已发展为一个庞大的媒体集团。它旗下的《时代》、《生活》(1936年创刊)、《财富》(1930年创刊)、《人物》(1974年创刊)等杂志在美国都久负盛名,深刻影响了美国人的阅读习惯,成为影响舆论的重要力量。除了拥有《时代》等13家期刊,时代公司的子公司还包括家庭影院(Home Box Office,HBO)、4家电影及娱乐公司、10家音乐制作公司和4家图书出版公司等。另外,它还持有大量其他企业和出版物的股权,其中包括拥有华纳公司下属的有线电视网42.5%的股份。

与时代公司合并前的华纳传播公司是全球娱乐业的巨头。它的前身是华纳四兄弟在1918年创建的华纳制片厂和1923年创办的华纳兄弟影业公司。华纳兄弟影业公司在成立之后发展速度很快,在短短几年内就成为当时电影业最大的家族电影公司。1956年,华纳兄弟公司开始在全美各大城市收购影院,并建立起自己的连锁电影网,从而成为当时好莱坞唯——家集生产、冲洗、放映于一体的电影公司。1964年,由华纳拍摄的影片《窈窕淑女》获得了奥斯卡最佳影片奖,这使公司的声誉达到一个高峰,到60年代末,华纳兄弟公司已当之无愧地成为好莱坞第一巨头。

1966年,华纳公司曾被第七艺术公司收购,组成华纳—第七艺术公司。1969年,以殡仪业、租车停车业起家的金尼公司又收购了华纳—第七艺术公司,组成华纳传播公司。新的华纳公司成立后,清理了殡仪业、租车停车业等产业,专心致志发展以音乐唱片和电影为主的娱乐业。到70年代初期,华纳传播公司在娱乐业方面已经可以与哥伦比亚广播公司(CBS)和美国广播公司(ABC)分庭抗礼了。1977年,其营业额首次突破10亿美元大关,利润达到7080万美元。其中唱片部门的收入达到5.32亿美元,从事电影制片业的华纳兄弟公司的营业额为3.53亿美元。

从70年代起,华纳公司开始介入有线电视业,先后购买了一批与有线电视业务相关的公司,并成立了华纳有线公司(Warner Cable Corp),有线电视业成为公司一个新的经济增长点。

进入80年代中期后,华纳公司进一步廓清其发展战略,出售了一些下属的非核心产业,更加专注于唱片、电影、有线电视和出版等核心产业的发展。经过精简之后,华纳公司收入倍增,到1988年,其年营业额达到了42亿美元。同时,其旗下的唱片、电影公司在全世界都拥有很高的知名度。像华纳兄弟公司是美国五大电影制作公司之一;华纳唱片公司则是全球最多元化的唱片公司之一,在世界70多个国家和地区投资出版唱片,在亚太地区尤为有影响力,与宝丽金(PolyGram)、百代(EMI)、索尼(Sony)等世界著名唱片公司齐名。

2.合并后的时代华纳公司

1988年,全球工商业出现了一次大的兼并潮,尤其是以日本资金为主的外国资金大量涌入美国,时代公司和华纳公司都成为收买对象。出于对各自利益和发展前景的考虑,时代公司和华纳公司在1988年3月达成协议,双方约定以股权互换方式实现合并。但是,正当时代和华纳公司的股东准备对此并购事项进行投票时,派拉蒙公司却出价107亿美元,企图收购时代公司,此举很可能使时代和华纳公司的合并计划化为泡影。鉴于派拉蒙公司的敌意出价,时代公司和华纳公司不得不修改合并计划,最终,时代公司以140亿美元的现金和股权收购华纳。1989年,随着这起并购的完成,全球最大的传播娱乐公司宣告诞生了。

时代华纳成立后,各方面业务的发展都很顺利。其有线电视部门在短短 1 年内便跃居美国有线电视第 2 位。1994 年,华纳唱片超越了宝丽金、百代和索尼,勇夺全球销量之冠。而华纳与日本几家公司成立的华纳娱乐子公司,也迅速占领世界各地市场。与此同时,华纳兄弟公司仍稳居好莱坞电影制片业的霸主之位。

但是,到了 1995 年,美国传播界又出现一次兼并潮。迪斯尼公司兼并美国广播公司(ABC)之后,取代了时代华纳公司的地位。时代华纳公司企图收复失地,而雄心勃勃的特纳广播公司(TBS)则希望进入传播娱乐业巨头的行列,于是经过一年的谈判,双方就合并事宜达成了一致。最终在 1996 年,时代华纳公司以76 亿美元的价格收购特纳传播公司,又重新夺回了世界传播娱乐业的头把交椅。

特纳传播公司的前身是特纳广告公司,1969~1980 年进入电视业,1980 年 6 月,创办了美国有线电视新闻网(CNN),CNN 的发展速度很快,10 年之后,就已经超过美国三大电视网,进入了6000 万个家庭,在全球拥有 21 个办事处,员工达 1600 人,在 100多个国家播放节目。1991 年,海湾战争爆发,CNN 的事业更是发展到巅峰,一度(1992 年)在有线电视新闻市场上占据 92.6% 的份额。1986 年,特纳传播公司还成立了另外一个有线电视网络"特纳电视网"(TNT),很快 TNT 就有了 1700 万的订户,成为最成功的有线电视网络之一。

事实证明,时代华纳公司与特纳传播公司的合并是一个双赢的选择。合并前的 1994 年,时代华纳的年营业额为 159 亿美元,特纳传播公司的年营业额为 28 亿美元。合并后的时代华纳公司,1996 年度的营业额就达到 209 亿美元。

从合并后新的时代华纳公司的实力和规模等方面来看,世界上没有第二家传播娱乐公司可与之抗衡。在娱乐业方面,华纳兄弟电影公司是世界上数一数二的影业巨头,华纳唱片公司则拥有全球销量最大的音乐出版社、出色的生产技术和销售部门。此外华纳兄弟广播网和家庭影院业也都收入颇丰。在出版业方面,时代公司拥有世界上最优秀的杂志,其旗下的 26 种刊物,发行到了世界 167 个国家和地区。这些刊物不但有着很高的发行量,广告收入也极为可观,像《人物》、《体育画报》和《时代周刊》分列美国杂志广告收入前三名,超过了其竞争对手《读者文摘》、《福布斯》和《新闻周刊》。另外,时代公司在音像出版领域也捷足先登,业绩不俗,再加上其众多便捷的销售渠道,时代公司可称得上是全球技术最先进、行销方式最有效的出版公司。而在有线电视业方面,特纳传播公司原本就是这一行业的巨头,与时代华纳合并之后,更是如虎添翼,实力大增。总之,新的时代华纳公司在电影、音乐、出版、有线电视等领域都获得了巨大成功,成为世界上规模最大、经营范围最广、最具影响力的传播娱乐公司。

第二节　美国在线与时代华纳的世纪并购[①]

一、世纪并购的历史背景和内在原因

进入 20 世纪 90 年代之后,美国掀起了自 19 世纪末以来的第五次大兼并浪潮。这次世纪末出现的兼并狂潮具有明显的强强联合趋向,发生在巨型跨国公司之间的并购屡见不鲜。同时,并购的交易额也连年递增,不断打破历史纪录。1998 年,埃克森与移动通信公司合并花费了 789 亿美元;接着 MCI 和斯普林特公司的合并就翻了一番,达到 1220 亿美元;1999 年,Vodafone 与 Mannesman 的合并更是达到了 1500 亿美元的天文数字,创造了历史上最

[①]　参见方向明主编:《世纪并购:美国在线时代华纳集团出世》,第 1~47 页,三联书店,2000 年版;孙镜:《美国在线时代华纳:全球最大的网络传媒集团》,载唐润华主编:《解密国际传媒集团》,第 78~79 页,南方日报出版社,2003 年版。

大一次兼并案。

在互联网领域,企业之间的兼并同样进行得轰轰烈烈。因为大的网络公司希望通过并购做大做强,小的网络公司则希望通过并购寻求更好的发展时机。于是,从1998年下半年开始,互联网公司间的并购之风愈演愈烈。1998年11月,美国在线以近50亿美元的巨额资金收购网景公司(Netscape),掀起了网络业重组的热潮。据统计,1999年,全美互联网公司合并收购涉及价值爆升700%,占到美国过去两年来所有公司合并收购涉及价值的70%,合并收购涉及金额达到470亿美元,比1998年上升64亿美元。1999年,总共有169家网络公司被收购,平均每家网络公司的收购价格为2亿美元。其中雅虎(Yahoo)是并购大户,共以105亿美元收购了5家公司。其他网络明星如亚马逊(Amazon)等也都不甘落后,纷纷利用并购手段发展壮大。

面对网络业咄咄逼人的攻势,传统媒体也不得不投入到了兼并的大潮中。时代公司与华纳公司的合并,以及时代华纳公司对特纳传播公司的兼并,在这次传统媒体的兼并潮中算是先行一步。其后,这类兼并越来越多。1998年12月10日,Seagram公司宣布以104亿美元的价格购买著名唱片公司宝丽金;1999年4月1日,哥伦比亚广播公司宣布以25亿美元的价格收购电视辛迪加TV Programs公司;同年7月,维亚康姆娱乐公司宣布以345亿美元的价格收购美国哥伦比亚广播公司等等。

尽管如此,传统媒体还是无法与新兴的网络公司对抗,在世纪末企业兼并的狂热氛围中,网络公司对于传统媒体的兼并有增无减,逐渐形成不可遏止之势。就是在这样的背景下,发生了美国在线与时代华纳的世纪并购。

从经济学的角度来说,并购是企业调整产业结构、资产重组和规模扩张的重要手段。通过并购所获得的1+1>2的协同效应,企业可以增强竞争实力,抵御市场风险。美国在线和时代华纳的世纪并购当然也符合这一经济学的规律,也就是说,追求更高的经济效益是两大公司合并的根本原因。另一方面,由于美国在线和时代华纳分别是新兴媒体和传统媒体的佼佼者,两者的合并,实际上是将虚拟的互联网世界与实在的传统媒体结合在一起,从而塑造了 21 世纪大众传媒的新面貌,因而,这又具有了超出经济学的更深远的意义。

与传统媒体相比,互联网具有集文字、图像、声音于一体、容量巨大、交互性强等优势,因而被称为是继报纸、广播和电视之后的第四媒体。进入 20 世纪 90 年代,特别是 1995 年以后,互联网的发展势头极为强劲,开始大量瓜分传统媒体的受众和广告。美国在线的创办人凯斯曾在 1999 年的一次研讨会上说:"每天从美国在线获得他们感兴趣的新闻的人,比全美国 11 家顶尖报纸的读者加起来的总数还要多;在黄金时间,我们的读者和 CNN 或 MTV 的观众一样多。"这一时期,越来越多的传统媒体从互联网的强烈冲击中认识到了互联网巨大的潜力和光明的前景,于是竞相抢滩互联网。

作为传统媒体的代表,时代华纳公司早在 90 年代中期就开始向互联网方面拓展。1993 年,它曾与微软、美国电信合作,进行"互动电视"业务的市场开发,但并不成功。1994 年底,时代华纳又投入巨大的人力、财力创办了"开拓者"网站,希望通过聚集旗下著名媒体内容,来吸引大量访问者。但因为各种原因仍以失败而告终,最后,网站在成立 5 年给公司带来 4000 万美元的损失之后被迫关闭。随后时代华纳又成立了数字媒体公司,继续向数字化方向迈进,但成效甚微。另外,互联网免费下载音乐也使一向称雄世界音乐市场的华纳唱片公司的销售业绩大受影响。在经受了这些打击之后,对于时代华纳公司来说,如何把旗下全球最丰富的娱乐资源和信息内容带入到互联网时代,就成了一个急需解决的重大课题。

作为新兴网络媒体的代表,超常规发展的美国在线同样也有自己的难题。首先,虽然拥有众多的用户,但美国在线有一个致命的弱点,那就是缺乏内容制作的能力。除了收购来的"舶来品",如Spinner公司的音乐、MovieFone公司的交互式电影、ICQ和AOL的即时传信等,美国在线在开发自己网站内容和树立有影响力的著名品牌方面都无所作为。其次,美国在线虽然在窄带ISP领域称雄,但在代表了互联网发展趋势的宽带传输方面却一直进展不利。1999年,美国在线曾与美国电报电话公司(AT&T)谈判,希望借助该公司的有线网络为客户提供宽带服务,但遭到对方的拒绝。与此同时,美国在线的主要竞争对手却加紧了发展宽带的步伐。1999年,微软公司已经在全球各地频频收购有线电视公司,总投资额超过80亿美元;美国电报电话公司(AT&T)也开始利用其有线电视网络提供互联网服务。这给美国在线带来巨大压力和强烈的危机感,并使其深刻认识到,如果不能克服自身的缺陷,随时都有被淘汰的可能。

于是,带着各自的问题,美国在线和时代华纳走到了一起。双方各取所需,优势互补,犹如完成了一桩天作之合的美满婚姻。对于美国在线而言,时代华纳拥有全美第二大电视网,其电缆深入全美1/5的家庭,如果用作网络传输,可以将现有速度提高100倍,这样,困扰已久的宽带传输问题就迎刃而解了。同时,时代华纳所拥有的媒体、音乐、电影等丰富的内容资源,也是美国在线多年来梦寐以求的"宝藏"。如果两大公司能够成功并购,那么,美国在线内容匮乏的致命缺陷将不复存在。而对于在网络市场上屡战屡败的时代华纳来说,与美国在线的联姻则可以使自己实现数字化的飞跃,同时,美国在线拥有的数千万注册用户都有可能成为自己产品的潜在消费市场。此外,还有一点也很重要,那就是当时正是互联网在美国发展如火如荼的时期,网络股票在市场上炙手可热,只要公司的后面带一个".com",那么立刻就会身价倍增。实际上,如果单看经济实力,时代华纳远在美国在线之上,其营业额是美国在线的 4.5 倍,总资产是美国在线的 7.45 倍,员工人数是美国在线的 6 倍,盈利能力比美国在线高 56％,商业信誉更是美国在线的 36.6 倍。但是在资本市场上,两家公司的价值却完全掉了个个。在两家公司合并之前,美国在线的市值高达 1634 亿美元,而时代华纳只有 833 亿美元,也就是说,美国在线的市值是时代华纳的两倍。而如果时代华纳能够与互联网搭上关系的话,那么其市值肯定会得到极大的提升。可见,无论是美国在线还是时代华纳,对它们来说,合并都似乎是一个双赢的选择。于是,这桩举世瞩目的"世纪联姻"最终就水到渠成地摆到了两家公司的议事日程上了。

二、世纪并购的经过和初步影响

开始的时候,美国在线曾打算对时代华纳进行恶意收购,但终因被时代华纳的主要股东洞悉而遭流产。因此,美国在线不得不改变策略。

1999 年 9 月,时代华纳公司旗下的《财富》杂志在上海举行"《财富》全球论坛"会议,美国在线的主席兼首席执行官史蒂夫·凯斯(Steve Case)和时代华纳的主席兼首席执行官杰拉德·莱文(Gerald Levin)都参加了这次盛会。在会议期间频繁的接触和密切的交往过程中,两位领导人惊喜地发现彼此的经营理念几乎完全一致。于是,双方都萌发了将两个企业合并的念头,并开始商谈合并后的前景。此后的 3 个月时间里,双方进行了紧张而艰苦的谈判。谈判的焦点集中在谁将占据未来公司的主导地位上。美国在线的总资产是 65 亿美元,年收入 48 亿美元,而时代华纳的总资产是 484.3 亿美元,年收入 268 亿美元,分别是美国在线的 7.4 倍和 5.6 倍。因此它坚持要在新公司中占主导地位。但是,美国在线并不答应。因为虽然它的总资产还不及时代华纳的零头,但其年利润却有 7.62 亿美元,是时代华纳的 4.5 倍,投资效益要好得多,另外,在股票市场上,美国在线的市值也是时代华纳的 2 倍之多。因此,美国在线也要求在未来的公司中当家做主。

虽然时代华纳的莱文一直抱怨股票市场大大低估了自己公司的价值,同时却把一些互联网公司捧上了天,但他最终还是不得不正视现实,并且做出重大让步,放弃了在未来公司的主导权,这样就为并购的成功铺平了道路。时代华纳的这一妥协在当时被普遍认为是处于网络时代的传统媒体向新媒体的妥协,代表了传统媒体对网络经济时代到来的一种无可奈何的默认。莱文也认为,今天的让步,是像时代华纳这样老牌的传统媒体在寻求新生之路时必须付出的代价。

需要说明的是,双方的谈判工作一直在秘密状态下进行。之所以如此,是因为当时网络股在华尔街极为抢手,在短短 8 年内就涨了 5 倍之多。如果两家公司合并的消息提前泄露出去,那么,时代华纳的股票势必会升值,索取的价钱也会随之提高,美国在线的兼并就要付出更高的代价。为了保密,双方的谈判是在完全封闭的环境下进行的,甚至两个公司的名称也都是用代号来代替的。结果,对于这起具有重大影响的世纪并购案,外界在事先居然一无所知。就连时代华纳旗下以捕捉新闻敏锐传播信息迅捷的 CNN 也不知道自己公司发生了这样的大事,以至于让第一个报道此事的道·琼斯公司抢去了本应属于自己的荣誉。

经过讨价还价,最终双方达成了协议。为了避免现金交易给原来公司股东带来沉重的税务负担,双方决定采用换股的方式进行合并。也就是说,持有美国在线股票的股东可以换取新公司同等数量的股票,时代华纳股东持有的每股股票则可换取新公司 1.5 股的股票。美国在线出资 1840 亿美元,购买时代华纳的股票,同时承担时代华纳 178 亿美元的债务。这样,作为新兴媒体的代表,年轻的美国在线就将有着 77 年历史的传统媒体老店时代华纳收归到了门下,从而完成了有史以来最大的一桩企业兼并案。

在收购协议送交双方董事会批准的时候,作为收购方的美国在线方面很快就顺利通过了,而被兼并的时代华纳的董事们却并不那么容易被说服,直到经过了冗长的 9 小时讨论之后,才最终批准了收购方案。

2000 年 1 月 10 日,美国在线和时代华纳正式对外公布双方合并。根据协议,合并后的新公司"美国在线时代华纳"将由美国在线控股 55%,上市交易的股票也以美国在线的缩写 AOL 为标识,美国在线的史蒂夫·凯斯担任新公司主席,负责新公司经营方式和发展战略等全局性事务。时代华纳控股 45%,其老板杰拉德·莱文任新公司的首席执行官,负责新公司具体的营运和日常管理等事务。新公司的董事会将由 16 名成员组成,美国在线和时代华纳的现任董事会在成员的任命上拥有平等的发言权。

合并后的美国在线时代华纳公司成为当时世界上最大的传媒公司,其市值总额高达 2860 亿美元,加上未执行的期权和认股权证,新公司的价值达到 3500 亿美元,在全球大公司中排名第 7,相当于墨西哥、巴基斯坦两个国家一年的国内生产总值的总和。因此可以说,随着世纪并购的成功完成,一个庞大的网络媒体新帝国宣告诞生了。

对于这样一次世纪并购,当时新闻界大都用了赞美之词加以描述,认为是"人类获取信息和交流方式的一场革命"、"媒体、娱乐和通讯的一体化"、"消费者的新受益"等等,称新组建的美国在线时代华纳公司将是"全球第一家面向因特网世纪的完全一体化的媒体与传播公司。"美国著名的远程通讯分析家杰夫·卡根甚至在1 月 10 日当天写下了这样的话:"从今往后,每件事情都将被改写。"《华盛顿邮报》还形象地描绘了两公司合并后一个普通美国家庭的晚间出现的情景:母亲在电视上欣赏着时代华纳的各种节目,儿子在美国在线网上冲浪,女儿通过另一台电脑,在网上查询如何才能顺利到达上演华纳兄弟公司新影片的电影院,父亲在书房阅读《时代周刊》、《体育画报》和《人物》杂志。

在合并消息传出后,市场也马上给予了积极的反应。当天时代华纳的股票就上涨了40%,每股上扬30美元,报收91美元;美国在线的股票每股上扬13美元,报收85美元。与此同时,全球股市也立即上扬,美国道-琼斯30种工业股票平均价格指数以11572.2点报收,创造了历史新高;以技术股为主的纳斯达克综合指数也创造了日增长点数的最高纪录;欧洲伦敦、巴黎、法兰克福等地股市同样大幅攀升。

在一片乐观的氛围之中,也有不少业内人士和分析家对这次并购表达了一些疑虑,认为"合并损害了两个公司各自的灵活性","将会造成信息行业的垄断"。MindSpring公司的行政总裁查尔斯·布鲁克评论说:"这是一件坏事,合并后的新公司将是一艘大而脆弱的轮船。"Ralph Nader技术消费主席詹姆斯·罗弗认为:"这艘船早晚会沉,美国在线的发展前景本来很好,但这次合并却意味着他们将最终失去自己的优势。"ZDNet公司的艾文利·菲尼根则说:"这次合并真的令人非常担忧,因为大公司的合并往往孕育着更大的风险。"这些不详的预言表明,合并后的美国在线时代华纳未来的发展道路可能未必是一片坦途。

另外,由于美国在线承接了时代华纳178亿美元的巨额债务,再加上股民担心美国在线将不再是一家纯种的网络公司,使得美国在线的股票在小幅上扬之后开始下跌,到合并之后第3天其股票以60.125美元报收,比上扬后的股价下跌了16%,同时,时代华纳的股票也跟着跌至每股79.25美元,比合并后的最高价下降了20美元。虽然美国在线在1月19日如期推出了二季度收益报告,表明其收益比去年同期上扬了160%,缓解了投资商和股民对公司经济增长趋缓的担忧,股票价格也因此有所反弹,在报告公布当天以64.06美元报收,但是反弹的势头相当有限,并不足以使其摆脱股价下跌的困境。这也为合并后新公司的发展前景蒙上了一层阴影。

尽管美国在线和时代华纳合并后在股市上起伏不定,但这起世纪并购案所开创的新旧媒体相结合的发展模式却使困难重重的传统媒体看到了希望的曙光。在此之前,传统的媒体产业在新兴的网络媒体的冲击下危机四伏,欧洲证券市场的投资商甚至轻蔑地称传媒股为"垃圾股"。在世纪并购的消息传出之后,投资商们开始认识到,传统媒体并没有日落西山,而是依然有丰富的资本可以与网络一争高下,而网络也只有与传统媒体相结合才能再创辉煌。于是传媒股在世界各地的证券市场上都开始大幅上扬,一扫低迷之势。在东京,富士电视网的股价攀升了 15.5%,东京广播系统的股价上扬 15.4%;在悉尼,默多克新闻集团的股价暴涨28%;在泰国,凡是与印刷、电视、广播网络有业务联系的多媒体公司股票都被投资商纷纷抢购;在欧洲,STOXX 传媒业指数飙升 9.44%;英国伦敦股市由《金融时报》的皮尔逊出版公司领军,股价上扬 12.13%,路透社股票上扬 5%,报纸出版公司 Wolters Kluwer NV 上扬 20%。可以说,正是通过美国在线与时代华纳的世纪并购,才使人们认识到传统媒体的潜在价值,结果,传统媒体由资本市场上无人理睬的丑小鸭一夜之间变成了人见人爱的白天鹅。

这次世纪并购除了给传统媒体带来生机之外,对世界传媒、娱乐及网络产业的格局也产生了重大影响。合并之后的美国在线时代华纳公司成了这一行业的超级巨无霸,其竞争对手不会不感受到巨大的压力,像默多克的新闻集团和雅虎、微软等跨国公司都采取了不同策略来应对这一挑战,这使世界传媒、娱乐和网络产业都面临着一个重新洗牌的局面。

第三节 并购整合的失败及其经验教训

世纪并购后新组建的美国在线时代华纳公司被人们寄予厚望，因为它结合了新旧媒体的优势，是所谓"新媒体时代"的代表。但是，出乎许多人预料的是，在随后的两年时间里，这艘传媒业的"超级航母"并未能浩荡向前，所向披靡，而是犹如行将沉没的"泰坦尼克号"，陷入到巨大的危机之中。

我们知道，在美国在线与时代华纳合并的 2000 年，正是网络泡沫高涨的时候。所以，随后网络经济的退潮也同样给它造成了严重影响。美国在线的两大主营业务——拨号接入业务和网上广告都遭受到沉重打击。作为美国在线的核心业务，拨号接入服务占据了该公司总收入的一大半，公司依靠其数千万的注册用户，占据了该领域 40% 的市场份额，这也是美国在线能够成为全球最大互联网公司的重要原因。但是，自互联网泡沫破灭以来，美国在线的拨号接入业务就每况愈下。据专家估计，美国市场的拨号业务已基本趋于饱和。从用户增长量上看，2001 年新增用户为 370 万，2002 年只有 250 万，2003 年又降至 200 万。此外，这一领域的竞争也不断加剧，微软 MSN 采用降价等手段直接从美国在线夺走了不少用户。至于美国在线的第二大收入来源——网上广告的衰退更为明显。2002 年第三季度，美国在线的网上广告及电子商务收入较第一季度减少了 42%。在两大主营业务陷入困境的同时，美国在线在具有成长潜力的宽带拨号接入业务领域也推广不利，所占市场份额较小，从而使投资者对其前景丧失了信心，[①]并导致其股价一再缩水。在 2000 年 1 月两家公司合并的消息公布

---

① 参见孙镜：《美国在线时代华纳：全球最大的网络传媒集团》，载唐润华主编：《解密国际传媒集团》，第 102 页，南方日报出版社，2003 年版。

以前,美国在线的股票价格是每股 73 美元,时代华纳是 64 美元。一个月后,时代华纳的股价上升到 81 美元,而美国在线的股票则下降到 58 美元。此后,在股东大会批准合并前的 2000 年 6 月,美国在线的股价曾恢复到 60 美元,但此后就持续下跌,到当年 10 月已降到了 43 美元。2001 年 1 月,合并结束后,新诞生的美国在线时代华纳公司的股价也依然在低谷徘徊,不见任何起色。

不难看出,相对于时代华纳,美国在线原来的股价有相当大的泡沫成分。实际上,也正是美国在线的糟糕表现影响了时代华纳的发展。在财富全球 500 强中,时代华纳 2000 年排名 128 位,2001 年因受与美国在线合并的影响,营业收入排名跌到了 500 强之外。《时代》杂志的销售量也出现了大面积下滑。2002 年,公司不得不放弃许多雄心勃勃的长期财务计划,在发展策略上追求稳健的风格。

显然,原本是旨在强强联合的世纪并购最后却变成了两败俱伤。2000 年第一季度,合并后的美国在线时代华纳亏损了 140 亿美元,到 2002 年第一季度,亏损数字上升到 542 亿美元,创下了美国历史上季度亏损的最高纪录。虽然这里有美国经济不景气的大环境的原因,但这一数字依然令人震惊,因为美国报业一年的收入总和也不过 550 亿美元。而从 2002 年全年来看,公司的赤字更是高达 987 亿美元,这同样创下了美国商业史上公司赤字之最。这个惊人的数字是微软公司年销售额的 3.5 倍,超过了新加坡 2000 年的国内生产总值。经营业绩不佳必然影响其股市表现。2001 年 1 月,美国在线时代华纳的股价徘徊在 39~45 美元之间,较之合并前严重缩水。但这还没有跌到谷底。"911"事件发生后,其股价一下子跌到 34 美元。2002 年 1 月,在公司发表财政预算报告宣布其赤字额将进一步扩大后,股价下跌到了 26 美元。2002 年 4 月,由于公司对外公开了 542 亿美元的巨额亏损,导致股价跌破了

20 美元的大关。此后其股价持续下滑，一直跌落到 10 美元左右。[①]

正当美国在线时代华纳在困境中挣扎的时候，又出现了涉嫌做假账的丑闻，更使其雪上加霜。丑闻起因是公司惊现 4900 万美元的假账，引起美国证券交易委员会和美国司法部的注意，并开始介入调查。据 2002 年 11 月出版的《经济学家》杂志披露，在当年并购时，美国在线的股价大大超过了其实际价值。当时，为确保并购成功，美国在线以每股 110 美元的高价收购时代华纳，比市值 64.75 美元高出 71%，而在并购之后，新公司的股价又降低了 90% 以上。据此，《经济学家》杂志称当年美国在线实际上是把时代华纳"骗"到手的。另外，美国的司法部门也收到了股东们提出的十几桩诉讼。股东们认为，当时美国在线能支持这么高的收购价格，背后必有玄机。而据《华尔街日报》在 2002 年 10 月下旬披露的消息，美国在线在与时代华纳合并前 3 个月夸大了其在线广告收入，从而证明股东们的指控确实是空穴来风。对此，美国在线时代华纳给出的解释是，该公司将几笔广告收入错误地记入了美国在线分公司的账上，从而导致 2000 年 9 月以来的收入虚增了 1.9 亿美元，利润增加了 1 亿美元。[②] 至于真实情况到底如何，当年的并购是否还有其他幕后交易和非法行为，都有待美国有关部门的调查。但不管调查结果如何，假账丑闻都给本来就举步维艰的美国在线时代华纳以沉重的打击。

在巨大的压力下，美国在线时代华纳的高级领导层也陷入了动荡之中。当初，在并购完成之后，新公司的首席运营官由来自时

① 参见汤丽萍、殷瑜、殷俊编著：《世界文化产业案例选析》，第 156 页，四川大学出版社，2006 年版。

② 参见邵培仁、章东轶编著：《媒介管理学经典案例》，第 120 页，高等教育出版社，2003 年版。

代华纳的理查德·帕森斯(Richard Parsons)和来自美国在线的鲍勃·皮特曼(Bob Pittman)联合担任。2001 年,公司首席执行官莱文因与董事长凯斯意见不合而辞职。2002 年 5 月,由帕森斯接任公司首席执行官的职务。而在与帕森斯竞争公司首席执行官职位失败后,皮特曼派系在公司的影响力开始逐渐减弱。2002 年 7 月 18 日,在公司投资部门负责人离职后不久,皮特曼也终于选择了辞职。帕森斯在就任公司首席执行官后,随即提升了 HBO 总裁杰夫雷·布克斯和《时代》杂志主席多恩·罗根作自己的副手,以全面推行其经营理念。经过这样的人事变动,在两公司合并一年半之后,时代华纳的高层人员开始在新公司占据主导地位,而原来拥有更多重要职位的美国在线方面只剩下凯斯还留在董事会主席的宝座上。作为这次举世瞩目的世纪并购的缔造者,凯斯实际上一直处在风暴的中心。他不但要忍受新公司一路下滑的业绩和内部无休止的争斗的折磨,而且还要面对来自董事会和股民的尖锐批评与指责,最终被弄得筋疲力尽,不得不在 2003 年 1 月 12 日宣布辞职。不过,他仍将继续担任公司董事和战略委员会联席主席,希望能为公司走出困境尽自己的一份力量。然而,事与愿违,他最终还是在 2005 带着失望的心情年彻底离开了董事会。

　　正当并购后的美国在线时代华纳深陷泥潭难以自拔的时候,其主要竞争对手维亚康姆公司却在 2000 年并购了哥伦比亚广播公司之后,成功地实现了资源整合。2002 年 6 月,维亚康姆公司的股价从"911"事件之后的低点猛升了 75%,这样,其市值就超过了美国在线时代华纳,一举登上了世界传媒业霸主的宝座。在经历了公司经营不利、巨额亏损、股价缩水、假账丑闻、人事动荡等一连串打击之后,美国在线时代华纳的董事会终于在 2003 年 9 月 18 日经过投票一致决定,从公司的名称中去掉"美国在线"的字样,从而在实际上宣告了两大公司并购后资源整合的失败。

　　从美国在线与时代华纳的世纪并购案我们可以看出,虽然并购是企业做大做强的重要手段,但并非所有并购都能达到预期目的。实际上,由于各种原因,并购整合失败的例子比比皆是。据统计,在1997到1998年间,美国的企业并购案中至少有2/3的案例最终没有给股东带来财富增值的机会。而维亚康姆公司总裁兼首席执行官梅尔·卡尔马津也说:"在新千年进行的所有合并案中,维亚康姆并购案是少有的几桩已经证明成功的案例之一。"当然,在所有整合失败的并购案中,美国在线与时代华纳轰动一时的世纪并购是最为引人注目的。人们有理由追问,并购后的美国在线时代华纳为什么会大而不强? 整合不利的原因到底何在? 对此,我们可以从以下几个方面进行分析。①

第一,核心业务资源整合不利。

衡量一起并购是否成功的重要指标,是看其核心业务的整合程度如何,对于像美国在线与时代华纳这样的垂直并购尤其如此。所谓垂直并购,是指从市场关系的角度来说,并购双方生产不同类的产品或提供不同类的服务,但双方的产品或服务在产业链上又具有上下游关系,互补性很强。因此,此类合并的关键就是看能否合双方之长补各自之短而形成核心竞争力。

当初人们之所以看好美国在线与时代华纳的合并,主要是因为其代表了渠道与内容相融合的发展模式。作为全球最大的媒体公司,合并前的时代华纳有着丰富的内容资源,如《时代》、《财富》杂志、CNN、华纳兄弟、华纳唱片、时代生活出版公司等,都在业界大名鼎鼎,此外,它还拥有全美第二大电视网络。而美国在线则是全球最大的网络公司,拥有全球最大的拨号服务体系和领先的互联网技术及服务经验。两大公司当初的设想是,在合并以后,时代

----

① 参见孙镜:《美国在线时代华纳:全球最大的网络传媒集团》,载唐润华主编:《解密国际传媒集团》,第103～106页;汤丽萍、殷瑜、殷俊编著:《世界文化产业案例选析》,第158～160页,四川大学出版社,2006年版。

华纳的内容将给美国在线安装上前进的发动机,美国在线的渠道将为时代华纳插上飞翔的翅膀。对于互联网用户来说,则可以通过网络平台共享电视、电影、音乐、杂志等多种媒体资源。但是,在合并两年时间之后,两家公司基本上仍然是各自为政,极少有互相渗透的业务。这就是说时代华纳的内容与美国在线的渠道对接没有实现,时代华纳的有线电视网络与美国在线的宽带接入网络服务的结合也没有完成。要知道,时代华纳巨大的内容资源必须要通过高速度、大容量的宽带网传输给用户,才能建立有效的盈利模式。而以窄带传输为主的美国在线是无法做到这一点的。美国在线本想通过合并利用时代华纳的美国第二大有线电视网提供宽带服务,但是由于内部协调不利,在这方面进展极为缓慢,到 2002 年底,美国在线的宽带用户只有 60 万左右,在全美国 1300 万宽带用户中所占比例还不到 5%。与此同时,其主要竞争对手微软、雅虎、Earthlink 则在这一领域争取到了更多的市场份额。可以说,正是由于美国在线的宽带服务推广不利,直接导致了时代华纳的内容资源无法通过网络出售给消费者,从而使两大公司合并后核心业务资源整合及优势互补的设想化为泡影。

第二,企业文化整合不利。

从企业文化的角度来看,由于在发展环境、经营理念、经营方式等方面所存在的差异,不同的企业会形成的不同的企业文化。企业文化是历史形成的,不可能在一夜之间发生改变。所以,企业并购除了要考虑融资、债务、法规和运作细节等方面的风险因素外,由企业文化不相融而带来的风险也不可低估。美国在线兼并时代华纳被认为是"快鱼吃大鱼",快和大意味着两种企业文化的差异。美国在线是一个年轻的互联网公司,其企业文化更注重以用户接入服务为导向,以快速抢占市场为第一目标,它架构扁平,操作灵活,决策迅速,被认为是充满活力的新技术新经济的典范。这与时代华纳带有传统色彩和稳健风格的企业文化有很大不同。

时代华纳在长期的发展过程中,积淀了深厚的传统媒体文化底蕴。其企业文化的核心是令人钦佩的诚信之道,它注重内容经营,策划经验丰富,运作规范稳重,同时体制庞大,人员众多,是值得信赖的传统媒体的代表。[①]

对于两个公司企业文化的结合,作为兼并者的美国在线一方显然负有更大的责任。对此,美国在线的老板凯斯曾这样教育自己的员工:"我希望大家和我一样把时代华纳的文化精髓看成对我们有益的补充。"然而,令人遗憾的是,美国在线与时代华纳合并后,并没有解决两种企业文化的冲突。晨星(Morning star)投资研究公司的一篇报告指出:"时代华纳的雇员认为他们来自美国在线的同事们太爱出风头,太激进了,而美国在线的雇员则认为时代华纳的员工们骄纵、处事被动并且懒散。"在这种情况下,要想合两者之长创造出一种新的优秀的企业文化是根本不可能的。

由于企业文化整合不利,合并后的美国在线时代华纳丧失了内部凝聚力和团结协作精神,整个公司就像一盘散沙,这对其人力资源的整合也带来相当大的不利影响。

第三,人力资源整合不利。

传媒是智力密集型产业,人才是关键,并购能否成功很大程度上要取决于双方的人力资源的整合情况。这就要求在合并之后,一定要加强双方管理层及员工的交流沟通,增进相互的理解与合作。同时制定政策稳住人才、留住人才,并使其有用武之地,从而最大限度地减少因合并而引起的人员震荡,使双方的人力资源得到有效整合。

但是,美国在线与时代华纳在并购之后却一直没有解决这一问题。由于两个公司企业文化的差异,双方的员工和管理层在合并后彼此都存在不信任感,因而摩擦不断,内耗严重,这样就使合

① 参见张志安主编:《媒介败局》,第198页,南方日报出版社,2006年版。

并后公司的人力资源无法形成合力。实际上,美国在线在这方面并非没有前车之鉴。当年它在收购网景公司之后也发生过同样的情况。在兼并一年后,网景公司的员工流失率高达50%,很多网景公司的管理人员认为,美国在线所谓的融合就是把权力从网景夺走,再转移到自己部门。网景公司的一位前任经理在跳槽之后说:"我负责的业务和权力全部被转移到美国在线的账户经理手中,商业开发、法律、甚至收益和亏损的有关权限也被拆分到美国在线的各个部门,并购一个月后,工作已没有什么乐趣可言。"有人评论说,美国在线的管理本位主义色彩浓厚,员工从上到下的自我意识都极为强烈,这样,被兼并一方的人员对新公司离心离德乃至纷纷出走就一点也不奇怪了。

如果说,当年美国在线在兼并网景时只想要对方的品牌、浏览器和网络门户,对其他与本公司业务重叠的部分则无意扶持,而是采取了封杀政策,那么,这次与时代华纳的并购则有所不同。本次并购不但双方的业务有互补性,而且双方的实力也势均力敌,离开对方的合作,谁也无法完全控制局面。但是,双方并没有因此齐心协力,共创辉煌,而是同床异梦,争斗不休,内部始终充满着猜忌气氛。随着新公司陷入困境,其内部冲突也趋于激化:时代华纳的员工抱怨美国在线拖累了自己,美国在线的员工开始尚能反唇相讥,但最终还是在互联网泡沫破灭的打击下处在了下风。以皮特曼的辞职为标志,美国在线实际上已失去了公司的主导权,这使其许多中高层管理人员因感到没有前途而纷纷离职。由此,也宣告了美国在线时代华纳在并购之后人力资源整合的失败。

第四,组织管理整合不利。

企业并购之后,随着规模的扩张,其管理的复杂性及难度都加大了。而且,并购双方原来都各有一套完整而行之有效的管理模式。如果两种不同的管理模式不能成功地完成整合,那么,将直接影响到并购后公司的正常运营。

关于这个问题,过去美国在线在并购网景时也曾有过经验教训。当时美国在线的管理人员简单地认为管理模式的整合就是把网景的权力转移到自己手中,这实际上是用集中式的管理模式取代了分散式的管理模式,结果导致兼并后网景的产品和服务都陷于停滞。这次美国在线与时代华纳合并之后,还是没有解决好两种不同管理模式的融合问题。作为现代媒体的代表,美国在线的组织机构简洁明快,决策机制机动灵活;而作为老牌传统媒体,时代华纳的组织机构层次分明,决策机制规范有序。如何将这两种不同的管理体系在取长补短的前提下融为一体,是合并后新公司所面临的重要课题。但是,由于新公司成立后相当一段时间,在管理的主导权问题上一直难以达成共识,因此,两大公司组织管理模式的整合也就难以提上议事日程了。本来,在当初合并的时候,美国在线占有55%的股份,这就是说,实际上是美国在线兼并了时代华纳,因而美国在线理所当然地拥有新公司管理的主导权。但是,由于随后美国在线经营业绩不佳,拖了新公司的后腿,因而难以发挥管理的主导作用,最终新公司管理主导权还是转移到了时代华纳手中。2002年5月16日,时代华纳的帕森斯出任新公司的首席执行官之后,开始调整公司的组织结构。他借用联邦快递的名言"独立运营,联合作战"作为自己的操作概念,把公司分为了两大事业群:一是媒体和通讯集团,旗下包括美国在线、时代公司、时代华纳有线公司、时代华纳图书出版公司以及互动视频公司;另外一个是娱乐和广播集团,旗下包括HBO、华纳兄弟、特纳广播网、华纳唱片等。帕森斯希望通过此举简化公司复杂的组织结构,建立起有效的管理决策机制。事实上,这种根据媒体属性进行归类管理的尝试,在经过半年的运行之后也确实起到了一定的积极作用,但是其影响力非常有限,要想从根本上解决组织管理问题,恐怕还有待时日。对此,帕森斯也是心中无数,他说:"我们是不是在这个世界上建立了一个超越我们管理能力的东西?我不知道答案。我们是一个全球性的巨大公司,怎么去管理它？时间会给出答案。而我对我们所做的并不清晰。"

第五,经营策略整合不利。

公司合并后,美国在线时代华纳急欲利用增强的财力和名气开拓国际市场。公司董事会主席凯斯在 2001 年 12 月曾公开表示:"为了促进公司业务的成长,美国在线时代华纳今后将更多地放眼海外市场。公司计划在未来的 10 年内将来自美国以外的营业收入提升到公司总营业收入的一半。"结果,这一雄心勃勃的国际化战略却因急于求成并且摊子铺得太大而惨遭失败。2000 年美国在线仅欧洲业务就亏损了 6 亿美元,2003 年亏损虽有所减少,但也有 2 亿美元。与此同时,其先遣部队在亚洲市场如中国、日本等也都遭遇到了挫折。2003 年,它在全球失去了 500 万用户,用户总数下降到了 3000 万;大量广告客户也相继另投门户,销售收入从 2002 年的 90 亿美元下降到 2003 年的 86 亿美元。[①]

除了四面出击的策略失误,新公司成立之初所确立的以美国在线的网络媒体带动时代华纳的传统媒体发展的策略也没有成功。实际上,在一年半之后,人们就发现,美国在线不但没有带着时代华纳飞跑,反而成了时代华纳一个沉重的包袱,以至于其股东提出了要剥离美国在线的建议。

合并之后,美国在线本想将网络、电视和电话服务一体化,结果却因存在着技术、政策以及市场需求等方面的问题难以解决,最终是投入巨大而损失严重。为了保持盈利,美国在线只好在价格上打主意,将其赖以看家的拨号上网服务费从 21.95 美元提高到了 23.90 美元。当然,这种做法的效果只能是适得其反,再加上它在宽带服务方面无所作为,结果导致收入没有提高多少,用户却被竞争对手抢去了。与美国在线在合并后走下坡路的情况形成对照

[①] 参见张志安主编:《媒介败局》,第 191 页,南方日报出版社,2006 年版。

的是,合并后的时代华纳部分却仍然继续盈利,包括《时代周刊》、CNN以及华纳兄弟公司等都业绩不凡,出版、音乐和电影等传统业务都处于上升势头。在这种情况下,美国在线时代华纳不得不调整其经营策略,以降低美国在线的负面影响。

总之,美国在线与时代华纳的世纪并购最终因整合不利而失败了,这一典型案例告诉我们,跨媒体并购整合决不是两个公司简单的叠加或拼凑,而是一个涉及到诸多方面的巨大而复杂的系统工程。这里有许多经验教训值得总结,对文化产业来说,我们应该从中得到不少有益的启示。

思考题

1. 文化资本整合对加速文化企业发展有何作用?
2. 美国在线与时代华纳的合并为什么会失败?
3. 请以这一典型案例为例谈谈企业之间的并购。

相关案例:

默多克传媒帝国的资本运作①

由传媒大亨默多克担任董事长及首席执行官的新闻集团是当今世界规模最大、国际化程度最高的综合性全球传媒集团之一。从经营一张澳大利亚地方小报到成为英美报业举足轻重的角色,再到利用计算机和卫星技术打入出版、电影、有线电视以及互联网领域,默多克传媒帝国的版图在不断扩张。现在,其势力范围已经

---

① 这部分内容主要参阅了张梦珍:《新闻集团:不断稳步扩展的传媒帝国》,载唐润华主编:《解密国际传媒集团》,第301~317页,南方日报出版社,2003年版。

覆盖了六大洲的 70 多个国家和地区,拥有近 800 家企业,同时在其他集团还有股份。由于在新闻集团成长壮大的过程中伴随着一系列的企业并购行为,所以默多克说:"我的过去是由一系列相互交织在一起的战争构成的。"

新闻集团起源于澳大利亚新闻有限公司。1953 年,默多克接管其父留下的澳大利亚地方报纸《新闻报》,之后相继收购了澳大利亚的多家报纸,并于 1964 年出版了澳大利亚第一份全国性报纸《澳大利亚人报》。从 1960 年代后期开始,新闻有限公司开始向海外市场发展。1968 年,默多克收购了英国《世界新闻报》49%的股份,次年 6 月,他当选新闻有限公司董事长,随后在 10 月以极便宜的价格收购了英国的《太阳报》。1970 年代初期,默多克的触角开始进入美国。1973 年,他以 1970 万美元的价格买下快报出版公司,将该公司所属的早报《快报》、晚报《圣安东尼奥新闻报》和《星期日报》收归旗下。这次成功的资本运作使默多克在美国有了一个立足点。1976 年,默多克又接管了《纽约邮报》,购买了《纽约》周刊、《乡村之声》杂志和《长岛新闻报》,进一步巩固了他在美国报刊界的地位。

在海外迅速扩张的同时,默多克也没有放弃在澳大利亚的发展。1979 年,他以每股 4 澳元的价格购买了《墨尔本先驱报》50%的股票,同时买下了埃梅尔公司悉尼第十电视频道 48.2%的股份,成为其最大的股东。

到 1979 年,默多克领导的新闻有限公司通过不断并购,业务已遍及北美、欧洲和澳洲,它经营的产品也从报纸拓展到电视、杂志等。新闻集团也在这一年成立。

进入 1980 年代后,默多克继续在欧美的报业市场攻城掠地,同时向着跨媒介经营的方向迈进。1981 年,默多克以 1200 万英镑买下《泰晤士报》和《星期日泰晤士报》两家历史悠久的著名英国报纸,在英国传媒界引起轰动。同时,默多克还购入马克斯韦尔在威廉·柯林斯（印刷）公司42.5％的股份和路透社5％的股份。1982年，默多克以低价入主濒危的《美国先驱报》，并注入1600万资金，使这份报纸最终起死回生。1984年，默多克以9000万美元买下了《芝加哥太阳时报》及辛迪加新闻和特稿服务机构，它们每年给默多克带来2亿美元的收入，仅建筑物就值3000万美元。

这一时期，默多克在投资战略上最大的失误就是忽视了有线电视的重要性，结果丧失了在这一领域发展的最好时机。由于他更看好卫星电视市场，因此在1983年上半年以1000万英镑购买了不景气的PLC卫星电视公司的多数股权，并把它重新命名为天空台。同时，他还获得了设在加利福尼亚的泛美卫星电视网，并且购入了好莱坞WCL公司6.7％的股份，又以6500万美元买进圣里吉斯新闻纸生产和建筑材料公司5.6％的股份。至此，默多克新闻集团的利润已是其初创时的2000倍。

20世纪80年代中期，科学技术的发展创造出新的国际金融市场，世界上资金的流动因为电脑和卫星的应用变得更加容易。这时，默多克认为，娱乐行业和电子媒体的重要性甚至要超过新闻出版业。因此，新闻集团应该创建一个全球性的新闻和娱乐帝国。

在1984年以3.5亿美元购买了齐夫-戴维斯的旅行出版公司之后，默多克于次年宣布以2.5亿美元购买20世纪福克斯公司一半的股份。此举意味着新闻集团朝着创建世界性传媒和娱乐帝国的目标迈出了极为关键的一步。同时，默多克决心以15.5亿美元收购设在新泽西的都市传媒公司下属的6家电视台。为了筹集所需资金，他卖掉了《乡村之声》杂志和《芝加哥太阳时报》。因为根据有关规定，禁止一个人在同一座城市拥有电视台和报纸，默多克不得不卖掉了《纽约邮报》。另外，为了清除在美国发展的法律障碍，默多克于1985年9月加入了美国国籍。

随后，默多克继续加大在新闻出版领域扩张的力度。他先后购进了由其父创办的《墨尔本先驱报》集团和出版《金融时报》的皮尔逊报业出版有限公司，同时以 2.6 亿澳元买下《南华早报》。1987 年 4 月，默多克又以 3 亿美元的报价购买了美国的哈珀·罗出版社，然后按照协议以 1.56 亿美元将哈珀·罗出版社 50% 的股份卖给威廉·柯林斯出版社。两家出版社联手后，默多克创建了一个实力更为强大的出版社。另外，1987 年 6 月，他还以 800 万英镑购进了《今日报》。

1988 年 8 月，默多克在资本运作方面又有惊人之举：他以 30 亿美元的巨额资金购进了美国三角出版公司。此举使默多克传媒帝国在美国杂志收入总额中从第 9 位一下子跃升到第 2 位，仅次于时代公司。

1989 年 2 月，默多克建立了一个新的卫星服务电视网——天空电视频道，但是亏损权为严重，其所欠债务几乎使新闻集团濒临破产。1990 年到 1991 年，新闻集团遇到了行将覆灭的严重危机。其主要原因是默多克拒绝通过发行股票来解决新闻集团扩张所需要的资金，因为他从来不愿意放弃控制权并要保全其家族 45% 的股权。另一原因是，这一时期，贷款市场出现前所未有的匮乏状况，默多克正与非常脆弱的银行体系打交道。另外，他还犯了严重错误，就是认为短期贷款利率会下降，因而借了许多短期贷款，准备等长期利率下降时再将其转为长期贷款，然而，所有贷款利率都在急剧上涨。

由于忽略了金融方面的风险，默多克的教训是深刻的。最后以花旗银行为首的 146 家银行基于长期以来默多克在商业领域所建立的信誉，支持新闻集团渡过了资金的难关。随后，默多克采取重大步骤，将自己的控股从 44% 减到 40% 以下，从而可以变卖更多的资金以避免新闻集团的覆灭。他还计划通过向美国投资者发行 1610 万张美国信托债券并在别的地方发行 500 万股筹集 4.5 亿美元资金，通过私下发行可兑换的优先权股票筹资 1.8 亿美元。这些措施大大减轻了新闻集团的债务压力。

在渡过危机之后,默多克的传媒帝国的版图开始扩张到亚洲。1992年,默多克购买了香港《南华早报》50.1％的股份,同年买下中文报纸《华侨日报》。1993年,默多克以5.25亿美元从李泽楷手中购得香港卫星电视台63.6％的股权,1995年又买下其全部股份。1994年,默多克来到印度,购买了今日亚洲公司14.9％的股份。1996年,默多克与日本软件银行公司合伙建立日本天空广播公司,然后双方各出资208.75亿日元,一举买下日本朝日电视台21.4％的股份,成为其最大股东。1998年,默多克还收购了新加坡电信4％的股权。另外,新闻集团在中国、越南等国家的业务也开始起步。

默多克非常重视在体育领域的投资,他认为"体育绝对比电影或者娱乐界其他任何事物的吸引力要大。"他不但通过旗下的公司以高价购买英美两国足球赛事的电视转播权,还热衷于购买球队。1998年,他以3.5亿美元买下美国最好的棒球队之一洛杉矶队,并购买了美国职业篮球队和曲棍球队的一些股份。2000年,他又出巨资收购8个英超俱乐部9.9％的股份。

随着时代发展,默多克又把投资方向转到了数字化领域。1999年,新闻集团投资3亿美元发展互联网、数字电视和无线电通讯产业;同年,投资2250万美元将美国最大的互联网家庭贷款提供者E－LOAN公司引入英国;2000年1月,与在线医疗网站HEALTHEON达成10亿美元的合作协议。

总之,在默多克传媒帝国的创建和发展过程中,高超的资本运作起到了非常重要的作用。

第十章

欧洲迪斯尼乐园经营成败分析

迪斯尼公司是目前全球第二大文化产业集团（仅次于美国时代华纳），公司创造的许多动画形象为儿童甚至成人观众所熟悉，其创始人沃尔特·迪斯尼白手起家，创造了文化产业发展史上的一个奇迹。

第一节　迪斯尼公司简介

1919 年，19 岁的画家沃尔特·伊莱亚斯·迪斯尼（Walter E-lias Disney）和他的朋友乌布·伊沃克斯（Ub Iwerks）合伙成立了伊沃克斯—迪斯尼商业美术公司（Iwerks－Disney），开始用旧电影摄像机摄制动画故事片，由于一项业务总共才能挣到 135 美元，伊沃克斯—迪斯尼商业美术公司成立不到一个月就停业了。

1923 年 7 月，迪斯尼来到洛杉矶，10 月，他和哥哥成立了迪斯尼兄弟制片厂（Disney Brothers Studio），开始制作《爱丽丝在卡通国》系列动画（Alice's Wonderland series）。1925 年，改为迪斯尼公司。

1928 年，《威利汽船》（Steamboat Willie）首映，这是世界上第一部有声动画片，也是米老鼠诞生的标志。《三只小猪》、《白雪公主》、《木偶奇遇记》、《小熊维尼》、《阿拉丁》、《狮子王》、《玩具总动员》等一批影片先后获得成功,随着米老鼠、唐老鸭等经典形象的深入人心,"迪斯尼"从一个姓氏几乎摇身变为动画片的代名词,成为家喻户晓的知名品牌。

在保持动画领域领先地位的同时,通过延伸产业链迪斯尼逐渐形成了多元化的经营格局。目前公司形成了四大主要产业领域:影视娱乐(Studio Entertainment)、媒体网络(Media Networks)、主题公园和度假村(Parks & Resorts)、消费产品(Consumer Products)。

1. 影视娱乐

这是迪斯尼公司的传统盈利项目,包括生产制作和购买各种电影、电视节目及动画片,并将其向影院、家庭录像和电视市场销售。

2. 媒体网络业务

早期的迪斯尼影片主要依靠影院的票房收入维持,随着电视的兴起,迪斯尼公司准确把握住了传媒业发展的趋势。1995 年,迪斯尼用 196 亿美元收购美国广播公司(ABC),这次并购使迪斯尼公司成为世界上最大的娱乐公司之一,建立了以 ABC 为核心的电视网络、广播电视台和电台,有线电视网络包括迪斯尼频道(The Disney Channel)、ABC 家庭(ABC Family)、ESPN 频道、Toon 迪斯尼和 SOAP net 等。

互联网业务上,1998 年,迪斯尼公司以 7000 万美元现金收购了 Infoseek 公司 43% 的股份,两家公司合作成立了 Go. com 网站,当 Go. com 发展到顶峰时,Infoseek 网站关门并将网络流量引向了 Go. com。但由于错过了互联网蓬勃发展的最好时机,门户网站 Go. com 不仅没有给迪斯尼公司带来新的业务和发展平台,反而带来了巨额亏损。2001 年 3 月,公司关闭了网站,之后又以迪斯尼网站的名义重新开张。目前公司拥有 Go. com,Disny. com,ESPN. com,ABCNWS. com 等门户网站。

3. 主题公园和度假村

1955年，世界上第一个现代意义上的主题公园——加利福尼亚州洛杉矶迪斯尼乐园开张，洛杉矶迪斯尼乐园把动画片里的虚拟世界变成了可以直接感受的现实世界。对迪斯尼来说，这是沃尔特·迪斯尼在商业运营中的一次重大突破，它使影视与文化旅游实现了有机结合。

4. 相关消费产品

迪斯尼公司在世界范围内进行公司创造的各种形象的知识产权交易，并出版图书和杂志。许可发放的品种包括与迪斯尼有关的玩具、礼品、家具、文具、体育用品等。

从对公司的价值贡献看，迪斯尼的四项业务充当了不同的角色，构成了一个完整的产业链，有效地提高了产品的"品牌乘数效应"，产品价值得到充分的发掘。一是动画片制作完成后，通过发行拷贝和录像带获取影视收益。与一般影视作品不同的是，儿童是动画片最主要的消费者，因此，传统影片仍能保持稳定的销售数量。二是制作与卡通形象相关的图书产品和服装、玩具、饮料、儿童食品等相关产品，通过出售许可权或在迪斯尼商店和网站上销售获取收益。三是在主题公园中增加新的卡通形象，不断更新主题公园内容，获取门票收入和服务收入。四是通过电视、广播、网络等媒体网络业务，获取有线电视、广告、销售影视服务和游戏产品等收益。

在公司的盈利结构中，影视娱乐和媒体网络盈利水平具有较大的不确定性。20世纪90年代以来，动画片领域中的《狮子王》、《花木兰》，与皮尔斯（Pixar）公司合作的《玩具总动员》、《虫虫危机》、《怪兽公司》、《海底总动员》等，都取得了轰动效果，票房收入可观。但随着凯森伯格与梦工厂合作，自立门户，《怪物史莱克》等动画片冲击了迪斯尼公司在动画领域的领先地位，在三维动画兴起后，迪斯尼的产品仍主要集中在传统的二维动画。2006年底，迪斯尼与皮尔斯公司的合作到期,迪斯尼的动画王国面临着巨大的挑战。其他影视作品方面,盈利状况也参差不齐,如2001年耗资1.4亿美元拍摄的《珍珠港》以最终巨额亏损而告终。网络产业收购的Go.com也给公司带来了亏损。在公司的四大系列产品中,只有主题公园和相关消费产品能够为公司带来稳定的收益,在其他产品收益下降的时候成为公司抵御市场波动的基础。

1984～1998年,迪斯尼公司在首席执行官迈克尔·艾斯纳的(Michael Eisner)带领下,连续14年保持了高于20％的经济增长速度。在经历了高速增长之后,从20世纪末到21世纪初,公司面临新的危机,包括收入下降、影片票房失败、电视台广告收入下降、主题公园游客减少、与其他企业合作关系紧张等,裁员风暴也接踵而至,股票价格下跌。2004年和2005年的经营利润大幅下滑,已不足1997年最高时的1/3。2005年10月,迫于股东和公司高管压力,执掌迪斯尼21年的迈克尔·艾斯纳结束了在迪斯尼的职业生涯,罗伯特·伊格尔(Robert A. Iger)成为公司新的首席执行官。

尽管面临经营危机,迪斯尼仍然是世界上最具影响力的文化娱乐公司。根据美国《财富》杂志公布的世界500强名录,1995年迪斯尼公司实现营业收入100.55亿美元,列第383位。2005年实现营业收入达到307.52亿美元,排名提高到第159位。2004年2月,美国最大的有线服务提供商科姆卡斯特(Comcast)公开表明收购意向,欲意收购迪斯尼公司。科姆卡斯特称将以0.78股科姆卡斯特股票换购1股迪斯尼股票,总值约660亿美元,其中包括为迪斯尼承担119亿美元的净债务,这从一个侧面反映了迪斯尼公司当前的市场价值。

第二节　欧洲迪斯尼乐园

沃尔特·迪斯尼在成功地开辟了动画世界之后,开始将目光转向了一个全新的产业——主题公园。沃尔特·迪斯尼萌生修建主题公园的念头要追溯到 1937 年,在《白雪公主和七个小矮人》的首映式上,他对一位同事提到,他的梦想是建一处合乎孩子需要的公园。1948 年,沃尔特·迪斯尼将兴建"米老鼠乐园"的想法写进了备忘录。他的理想是建造一处迷你城,内有大量景点,能吸引一个家庭中的所有成员。沃尔将·迪斯尼修建乐园的计划面临着资金短缺的压力和董事会的强烈反对,但他最终力排众议,多方筹措资金,使修建工作得以按计划展开。

1955 年,加利福尼亚州洛杉矶迪斯尼乐园正式开业,这是世界上第一个现代意义上的主题公园。迪斯尼乐园把观众在电影里看到的虚拟世界变成了可看、可玩、可游的现实世界。对迪斯尼公司来说,经营的业务也从影视作品延伸到了相关的文化旅游业。洛杉矶迪斯尼乐园获得了巨大的成功。当时,公园建设费用为1700 万美元,开园仅 7 周,参观人数即达到了 100 万人,使公司得以很快偿还全部银行贷款。

即使公园已经获得巨大成功,沃尔特仍想方设法地改进它。不知有多少日日夜夜,沃尔特沿着公园不停地走着转着,"年复一年,这里会越来越美。"他在开园后不久对媒体说,"只要能知道人们喜欢什么,这儿就会越变越好。做电影就不行,一旦拍摄完成,还没等我看清楚观众喜欢不喜欢,就已经无法改变了。"[①]自 1955年迪斯尼乐园建成开放以来,每天到此游玩的人约 4 万人,最多时

———————————
①　参见迈克尔·艾纳斯:《高感性事业——迪斯尼主席兼首席执行官迈克尔·艾纳斯自传》,刘俊英等译,中信出版社、辽宁教育出版社,2004 年版。

可达 8 万人。近 40 多年来，乐园已接待游客达 10 多亿人次。仅一天的门票收入就近百万美元。再加上园内各项服务行业，其收入更为可观。

1971 年 10 月 1 日，美国佛罗里达州的迪斯尼乐园对公众开放。此地原是人烟稀少的乡村田园，经过 20 多年的苦心经营，这个占地 120 多平方千米的游乐场所成了拥有 30 亿美元资产的综合娱乐中心。

本土迪斯尼乐园取得成功后，迪斯尼公司开始将目光投向海外。1983 年，东京迪斯尼乐园开张，获得了意想不到的成功，创造了新的参观人数记录。当年游客数量就超过 1000 万人次，游乐支出达到 3550 万美元，比预计高出 1550 万美元，人均支出 30 美元，超出预计数将近一半。2001 年，耗资 3380 亿日元的东京迪斯尼海上乐园开业，数年时间里就获得了数倍于投资的巨额利润。在日本迪斯尼公园尚处于建设期的时候，迪斯尼公司将建设下一个主题公园的目光投向了欧洲。

东京迪斯尼乐园的成功加快了欧洲迪斯尼（后更名为巴黎迪斯尼，为行文方便，文中仍沿用旧称）的进程。从 1982 年开始，欧洲迪斯尼项目正式启动。迪斯尼公司在先后考察和评估了 200 多个选址方案后，很快就将选择范围缩小到西班牙巴塞罗那和法国巴黎。虽然巴塞罗那温暖的气候比巴黎更吸引人，但在经济发展、交通运输、可供建设的土地面积、政府支持等方面却都与巴黎存在差距，因此，迪斯尼公司最终确定了法国巴黎。

与其他欧洲城市相比，巴黎位于欧洲中心，交通非常便利。为支持主题公园建设，法国政府出资，通过铁路、高速公路和高速地铁，将迪斯尼乐园与城市交通网联系起来。从巴黎市中心到公园乘高速地铁仅需 35 分钟，欧洲大陆重要城市均可通过航空、公路和铁路与巴黎相连。1987 年开始兴建的英吉利海峡隧道贯通后（1994 年开始运营），从伦敦到巴黎仅需 3 小时。

法国有千姿百态的各地景色和异常丰富的历史景点，有建筑和美食等丰厚遗产，还有档次不同的旅馆配置以及发达的交通设施。巴黎的旅游业非常发达，是世界旅游的主要目标国（2001年，法国在本土和海外总共接待了7650万外国游客，超过了当年世界旅游者总量的10％，是世界旅游第一目标国[①]）。

巴黎的气候条件不如美国本土的两个乐园，它一年中只有6个月时间适合户外活动，但东京迪斯尼的成功使公司认为他们已经掌握了寒冷气候下的主题公园的操作和管理模式，如增加室内活动内容，采取更多的措施保护旅客抵御寒风、低温、降雨等不利气候的影响等等。

在欧洲迪斯尼项目的决策中，迪斯尼公司对前三个主题公园建设中出现的问题进行了有效改进。例如，主题公园需要相对大的发展空间，在洛杉矶迪斯尼乐园的建设中，其他投资者抢购了乐园附近尚未开发的土地，限制了乐园的扩张，也制约了相关房地产业的发展。在建设佛罗里达州奥兰多迪斯尼乐园时，为避免投机商抢购土地，迪斯尼公司采用了匿名购买土地的方式，使乐园面积最终达到122平方千米，但由于低估了消费者对旅馆的需求，公司失去了在酒店业的盈利机会。东京迪斯尼乐园为避免承担过多的市场风险，采用乐园由东京地产商进行建设，收取转让费和服务费的合作方式，这就使经营风险大大降低，但由于没有乐园的所有权，公司所得的利润也大大降低，除去开办时的咨询费，迪斯尼公司从东京迪斯尼乐园获得的收入仅限于门票收入的10％和园内商品销售额的5％。

欧洲迪斯尼项目的规划和建设从一开始就试图避免前三个迪斯尼乐园建设中存在的问题。一是通过与法国政府积极沟通，购买了4800英亩（折合19.45平方公里）的土地，而每英亩的价格还不足2000

---

① 参见《法国旅游业》，数据来自法国驻华领事馆官方网站（http://www.ambafrance—cn.org/cn）。

美元,这就为乐园的建设和未来发展房地产等相关产业留足了空间。二是增加了旅馆设施建设,能够为游客提供充足的休息空间。三是在合作方式上,采取了股权合作方式,法国银行以 7.85％的利率向迪斯尼公司提供期限 20 年的贷款,迪斯尼公司以现金形式得到这笔贷款,投资 7 亿美元成立欧洲迪斯尼公司,迪斯尼公司拥有欧洲迪斯尼公司49％的股权(这是当时法国法律所允许的最高比例)。根据协议,迪斯尼公司按年收入的 3％收取管理费,同时还可以从其他收入中获得5％到 10％的额外收入。[①] 在向公众发行迪斯尼公司 51％股票的融资过程中,欧洲迪斯尼公司也获得了成功。尽管迪斯尼具有很大的品牌效应,但由于主题公园在当时尚不为欧洲普遍接受,迪斯尼公司通过各种媒介向社会公众进行了广泛的宣传和有效的促销活动,最终使公众接受了迪斯尼主题公园模式,迪斯尼公司的股票得到超额认购,并在巴黎、伦敦和布鲁塞尔三地同时上市。

第三节　欧洲迪斯尼乐园的经营历程

　　尽管迪斯尼公司和社会公众对欧洲迪斯尼乐园寄予了厚望,但之后的发展却不尽如人意。首先是建设成本远远超出了最初的预算,欧洲迪斯尼的预计成本为 28 亿美元,但实际成本却达到了44 亿美元,超出预算的 76％,超出预算的部分主要是因为建造的规模超过了设想的规模以及建设成本的大幅上升。

　　1992 年 4 月,欧洲迪斯尼乐园开业,为此公司进行了大量的公众宣传活动,乐园内热情的服务、充满神话与欢乐的迪斯尼世界为公众留下了深刻的印象。

　　美国和欧洲之间存在着明显的文化差异,作为当时欧洲最大的

---

　　① 〔美〕保罗·纳特著,刘寅龙等译:《决策之难——15 个重大决策失误案例分析》,第14 页,新华出版社,2004 年版。

一个主题公园,为解决可能出现的文化冲突,迪斯尼进行了大量的准备工作。如选择罗伯特·费特卡帕里克作为欧洲迪斯尼公园主席,他虽然是一个美国人,但却会说法语,对欧洲也很了解,而且娶了一位法国妻子;乐园里设定了法语和英语两种官方语言;为适应欧洲语言环境,安排了持不同语言的导游;乐园设立了一个具有360度屏幕的球幕电影剧场,目的是使游客们了解整个欧洲的历史。

开业的成功使当时管理者普遍担心的,不是乐园能否最终获得成功,而是过度的成功将会超过乐园的承受能力从而使园区面积和旅馆数量不能满足旅客的需要,但实际的经营状况却与管理者的优虑大相径庭。由于当时正值世界经济全面衰退之际,开业当年欧洲迪斯尼乐园共吸引了1100万名游客,基本达到了预期要求,但这是在票价大打折扣后才实现的,人均园内消费也远低于预期水平,当年,公司亏损9.6亿美元。之后客源一直不足,亏损严重,公司采取了裁员、关闭部分景点、降低门票售价、推迟二期项目开发等一系列措施,美国总公司也采取了内部补贴等一系列措施,但财务亏损一直未能得到有效缓解,1993财政年度亏损53亿法郎,1994财政年度亏损18亿法郎。1995年财政年度首次盈利1.14亿法郎,但据有关专家分析,如果将该年度的特许权使用费、付息以及270万法郎可转换债券等因素都考虑在内,实际盈利仅为200万法郎[①]。由于公司承担着巨大债务,贷款利率又不断上升,使贷款本息偿还压力巨大。在公司处于持续亏损的情况下,投资者逐渐失去了信心,欧洲迪斯尼公司陷入了空前的财务危机之中。

在法国政府的协助下,欧洲迪斯尼乐园先后进行了两次庞大的财务重组。迪斯尼公司增加了对欧洲迪斯尼乐园的财务支持,同意取消5年的特许权费用和门票、商品的收入;银行增加了信贷

---

① 李天元:《欧洲迪斯尼项目开发的历史教训》,载《旅游学刊》2004年第6期,第73页。

支持,减免了部分贷款利息;同时,欧洲迪斯尼乐园通过寻求战略合作伙伴、出售股票的方式获得现金,有效减轻了财务负担。

内部管理上也采取了一系列改进措施:将原来的欧洲迪斯尼更名为巴黎迪斯尼,以更好地适应法国国内游客的口味;管理层中增加法国人数量;降低门票及住宿价格;改变原来许多与当地文化不相适应的产品或服务……改进的直接成果是降低了运营成本。随着欧洲经济复苏和交通条件的进一步改善,入园人数和人均消费水平出现回升,部分年份出现盈利,迪斯尼乐园逐渐成为巴黎最吸引游客的景观之一。

2005 年 9 月,香港迪斯尼乐园开业,成为全球第五个迪斯尼乐园。带着前两次的经验教训,从 1998 年开始,迪斯尼公司和香港特区政府就合作兴建乐园展开了艰苦的谈判,最后迪斯尼获得了一定的股份。特区政府负责开拓土地(填海造田)、兴建地铁与运输网等基础设施,以注资、拨地及贷款方式控股 57%,迪斯尼公司拥有 43% 的股份。表 10-1 为迪斯尼公司五个主题公园基本经营情况。

表 10-1　迪斯尼公司五个主题公园基本经营情况表[①]

		洛杉矶	奥兰多	东京	巴黎	香港
开业时间		1955.5	1971.10	1983.9	1992.4	2005.9
占地面积(公顷)		206	12228	201	1945	126
门票价格(美元)	1 天(成人/儿童)	79/69	63/52	51/44/34	54/44	38/27
	2 天(成人/儿童)	116/96	125/103	87/77/60	121/99	*
	3 天(成人/儿童)	169/139	181/99	112/100/91	145/119	*

注:1. 门票价格为各迪斯尼乐园公布的 2006 年夏季网上票价,标价为当地

① 表中数据来源于各迪斯尼官方网站,http://www.disney.go.com,http://www.disney.co.jp;http://www.disney.com.hk,;http://www.disney.fr。

货币。按中国国家外汇管理局 2006 年 7 月汇率折算成美元,其中 1 欧元＝1.2572美元;1 港元＝0.1287 美元;1 日元＝0.008709 美元。

2. 各地票价对儿童的规定分别为:美国 3～9 岁;巴黎 3～11 岁;东京分为 4～11 岁和 12～17 岁;香港 3～11 岁。东京和香港老年人票价另有优惠。

第四节　欧洲迪斯尼乐园陷入困境的原因

欧洲迪斯尼乐园从一个被寄予很大希望的项目起步,到最终出现严重的经营困难,到目前仍未完全摆脱经营困境,从管理学角度分析,症结在于项目决策和管理过程中出现的偏差。从文化产业学角度看,欧洲迪斯尼对于主题公园这类文化旅游项目的建设也具有重要的启示意义。

(一)世界宏观经济走势对产业发展具有决定性的影响,尤其是对于主题公园这样一个投资周期长、成本高昂的文化消费项目,表现尤为明显

欧洲迪斯尼开业正值欧洲经济衰退之际,从 1990 年开始,美国、日本、欧洲等国家相继陷入了经济衰退之中。欧盟主要国家直到 1994 年才走出谷底,在经过短暂的复苏后,又出现了下降趋势。经济衰退减少了消费者的消费能力和消费信心,对主题公园这样一种消费价格较高的产品的需求也随之下降。1992 年欧盟提出了建立统一的货币市场及欧元的计划,1995 年至 1997 年,欧洲各国的货币大幅贬值,平均贬值 25％以上。这对于收入以法郎为主、贷款以美元偿还的欧洲迪斯尼乐园来说,无疑是雪上加霜。

反观东京迪斯尼乐园开业的 1983 年,正值日本经济最高涨的时期。日本经济在经历了 20 世纪二战后的初期重建和六七十年代的高速增长之后,80 年代仍保持了很高的增长速度,在 80 年代末一跃成为美国之后的世界第二大经济体。经济的快速增长刺激了证券市场和房地产市场的发展,20 世纪 80 年代是日本泡沫经

济最严重的时期,国民财富以几何级数急剧膨胀。经济的持续增长、金融财富的大量增加及闲暇时间的增多,提高了消费者的消费能力,东京迪斯尼乐园的开张恰恰迎合了消费升级的需要,从而培育出了一种新型的消费习惯,去迪斯尼成为日本一种时尚的度假方式。

(二)文化背景的差异导致了欧洲迪斯尼乐园的失利

在欧洲迪斯尼的选址过程中,迪斯尼公司更多地关注了巴黎在旅游、交通、经济等方面的优势,对可能产生的文化冲突及其后果却认识不足。法国曾是一个称雄欧洲的国家,在相当长的历史时期内有着强大国力和政治抱负,二战至今仍在国际舞台上扮演着重要角色,同时法国又是一个文化大国,长期致力于弘扬法语文化,把对外文化宣传作为法国总体外交的重要组成部分,是世界上最重视对外文化宣传的国家之一,目的是通过文化传播提升自己在国际上的地位,因此法国一直是美国文化在欧洲最有力的抵制者。

在欧洲迪斯尼项目选址评估阶段,法国政府和巴黎政府对迪斯尼乐园项目给予了政策和经济上的大力支持,不过这更多的是出自经济上的考虑,希望增加就业、进一步提升巴黎的旅游设施水平。但是法国文化部和公众从一开始就对这个项目持反对态度,然而反对的声音却没有得到各方面足够的重视。

迪斯尼文化作为美国文化的重要代表,带有深刻的文化优越感,这与二战后美国国际地位快速提升带来的文化优势有着深刻的联系。迪斯尼公司认为迪斯尼文化同样可以在法国取得成功,这种盲目的自大情绪和过于乐观的态度掩盖了项目评估过程中对风险的认识,事实上由于文化冲突带来的影响远远超出了迪斯尼公司的认可程度和承受能力,影响到欧洲迪斯尼乐园经营的各个方面。

(1)消费水平和消费习惯。在欧洲迪斯尼乐园项目评估中,迪斯尼公司评估消费水平参照了美国消费者的标准和习惯,他们认为迪斯尼乐园的垄断地位使得消费者不会太关注价格,所以最初成人票价高于同期美国奥兰多乐园11美元,宾馆价格与巴黎市区标准相当。与美国和日本游客相比,欧洲游客更为节俭和精明,加之经济衰退的影响,欧洲游客在乐园里餐饮、住宿、购物的水平远低于美国本土乐园和东京迪斯尼的游客。他们通过缩短逗留时间、不在乐园内住宿、自带食品、减少购物等方式节约开支,因此虽然开业之初游客数量曾经达到了预定要求,但在酒店宾馆使用率、人均消费水平等方面都与预期目标存在很大差距,这就使得欧洲迪斯尼乐园的经营远远没有达到预期效果。

(2)餐饮习惯。最大的争议来自饮酒,迪斯尼文化反对饮酒,因此在乐园经营的初期,园内不出售酒类饮料,这与绝大多数欧洲人的生活习惯相抵触,因为在欧洲,午餐和晚餐都要用酒佐餐,由于这个原因,许多欧洲游客放弃了参观计划。欧洲游客有自带食品的习惯,而乐园内却禁止野餐。管理者在最初甚至认为,欧洲游客不讲究早餐,因此乐园内早餐准备严重不足。

(3)度假模式。迪斯尼乐园面对的主要客户是度假游客,欧洲游客喜欢较长的假期,夏天孩子放假时是休假的高峰期,其他时间则是低谷期,而且在度假时并不总是愿意带着孩子出行,而美国人外出度假的频率要比欧洲人高得多,也更习惯带着孩子度假。因此与美国本土乐园相比,欧洲迪斯尼乐园经营的波动周期十分明显。

(4)旅游购物。出售纪念品是迪斯尼乐园一个重要的收入来源,日本游客有购买纪念品赠送亲友的习惯,但欧洲游客却没有这个习惯。

(5)交通条件。巴黎便利的交通条件是当初选址的一个重要因素,但最后却成了影响公园收入的"双刃剑",便利的交通条件吸引了游客,但也使得许多游客将乐园作为"早去晚归一日游"或

"两个白天一晚上"的项目,导致酒店住宿率始终处于较低水平。在建设规划中,根据当时欧洲轿车拥有量测算的数据和分析表明,更多的游客会选择自己驾车去乐园,但事实上,大量的欧洲游客却选择了借助公共交通工具旅游,乐园最初设计的停车场里大型客车停车位和为司机提供服务的区域严重不足。

(6)管理文化。欧洲和美国在管理文化上存在着明显的差异,美国的管理方式激起了欧洲迪斯尼乐园管理层内部、管理层和员工之间的冲突。雇工制度方面,欧洲工会影响力远大于美国,乐园游客的高峰和低谷在游客数量上相差 10 倍,在美国,出现这种情况可以通过星期工作制和年度工作制、临时雇工的增减来调整员工数量,员工数量安排和管理具有高度灵活性,高峰期间可以增加雇员满足需要,低谷期间可以通过减员降低人员成本。但法国却有关于非弹性时间的规定,要求在游客低谷期不能通过减员控制成本,为保证高峰期的需要又必须保持足够的员工数量,相对于本土乐园来说,这就大大增加了人员成本支出。

思考题

1. 迪斯尼公司计划在上海建立新的主题公园,试分析其经营前景如何。

2. 迪斯尼乐园为什么在欧洲会"水土不服"? 请分析其中的原因。

3. 迪斯尼乐园经营的成败对其他大型主题公园有何借鉴作用?

相关案例:

索尼公司进军影视业的失败教训

1946 年 5 月,井深大与盛田昭夫合伙创立了东京电信工程公司。1958 年 1 月,公司更名为索尼公司(Sony)。公司的创始人始终坚持团队精神和创新精神,使公司从一个微不足道的小企业发展成为世界级的大企业。索尼公司从电子产品起步,是电子产品发展中的重要角色,是第一家利用晶体管技术制造晶体管收音机的公司,研制了曾风靡一时的随身听,成为日本及全球最为知名的电子企业之一。在公司发展中,索尼一直致力于国际化和多元化的发展道路,1960 年在美国成立了索尼公司美国区,1961 年在美国纽约证券交易所场外交易市场上发行股票融资,是第一家在美国证券市场融资的日本企业。1970 年 9 月,索尼公司在纽约证券交易所上市,成为当时在纽约证交所上市的第 30 家非美国公司和第一家日本企业,在全球化进程中迈出了重要的一步。在公司多元化经营中,索尼公司在音乐、影视、计算机、游戏、娱乐运营等方面的发展使其成为全球最大综合娱乐公司之一,形成了电子、游戏、娱乐三个核心产业。按照《福克斯》(Fortune)公布的 2005 年全球 500 强企业排名,索尼公司列第 47 位,营业收入达到 666 亿美元。

　　20 世纪 80 年代末期,日本经济经历了持续多年的高速增长,受世界经济和金融影响,日元开始大幅升值,从 1985 年"广场协议"前的 1 美元兑 240 日元持续升值到 1995 年的 80 日元的水平(1989 年约为 120 日元左右),随着日元的持续升值,国民财富以几何数级急剧膨胀,日本一跃成为世界上第二位的经济大国,企业和居民大量的闲置资金开始寻找更好的投资机会,在国内,民间大量闲置资金投入到房地产行业和相关传统行业。在海外市场,日元持续升值导致日本跨国公司海外利润大幅下降,引发了大规模收购美国资产和企业的热潮,这一热潮被当时的媒体称为"日本收购美国"。

　　在日本大量收购美国企业的过程中,索尼公司 1989 年斥资 34 亿美元收购哥伦比亚影业娱乐公司(Columbia Pictures Entertainment Inc.)成为当时舆论关注的热点。哥伦比亚公司最初成立于1920年,名叫哥伦比亚电影销售公司,主要从事喜剧短片的拍摄,1924年改为影业娱乐公司,在20世纪30年代发展成为美国电影业的八家大公司之一,被索尼收购之前归可口可乐公司,是好莱坞电影的一个重要标志。

索尼公司收购哥伦比亚影业公司,是当时"日本收购美国"风潮中最重要的部分之一,这次收购行为既有当时日本经济快速发展和国民财富快速增长的背景,也是索尼公司国际化战略的组成部分。更重要的是,这是索尼公司推行多元化战略的重要选择,因为早在1968年,索尼公司就与哥伦比亚广播公司合作成立了哥伦比亚/索尼唱片公司(CBS/Sony Records Inc.),1988年收购了了哥伦比亚唱片公司(1991年更名为索尼音乐娱乐公司)。对电子产品消费者来说,影视、音乐娱乐节目可以看作是"软件"消费,电子产品则是"硬件"消费,索尼公司通过收购电影、唱片公司,实现了软硬件生产的一体化,而收购在电影市场中具有较大影响力的哥伦比亚影业公司更有助于提升多元化经营的优势。

在索尼公司收购哥伦比亚影业公司后,管理上面临着国际化和多元化的双重压力。国际化方面,对海外企业的管理必须确保合理的授权,管得太死会抑制海外企业的业务发展,授权过大又会使总公司失去对海外公司的有效控制,从而损害公司的整体形象和收益水平。在20世纪80年代,面对着日益扩大的海外生产规模,海外分公司除销售外,部件采购、工程设计和其他辅助功能大量本土化,索尼公司对海外分公司的管理采取了公司总裁盛田昭夫提出的"全球本地化"管理策略,为把海外独立的业务部门纳入到总公司的控制下,引入了战略业务单元(SBU)的概念,让这些新单元在全球基础上进行商业的全权运作。与其他日本跨国公司相比,索尼公司总公司对海外分公司在生产、销售、物流、技术等方面授权更大,借助于公司总裁盛田绍夫的个人魅力形成的对海外公司的"软约束",这种管理在以往的管理中取得了成功,使索尼的海外分公司能够方便地和当地的政府和企业进行谈判,也有利于在当地开展业务。但是在多元化经营上,索尼公司收购的哥伦比亚影业公司与索尼公司的传统业务之间分属不同的行业,管理方式上存在较大的差异。

基于国际化和多元化对管理方式上的要求,最终彼得·古伯和让·彼得斯被索尼公司选中经营哥伦比亚影业公司。后来的事实证明,正是在最高管理层选择上的失误,导致了索尼公司在电影业务经营上的失败。1991年8月,哥伦比亚影业公司更名为索尼影业娱乐公司。在完成收购到1994年的五年时间里,影业公司基本未推出有影响的电影作品。1994年11月,索尼公司宣布影业娱乐公司亏损32亿美元,是历史上日本公司亏损最大的一笔,也是在美国投资的外国企业遭受的最大打击之一,成为结束"日本收购美国"神话的重要标志。

索尼公司在进军电影业之初的失败主要有以下几个原因:

首先是最高管理层对经营者的选择失误影响了收购后的公司经营。古伯和彼得斯被选为经营影业公司,是索尼公司不得已而为之的无奈选择,为抵制索尼公司进军好莱坞,更合适的人选在收购之前就与各影业公司签订了长期合同,有的人选拒绝与索尼合作。古伯和彼得斯在好莱坞制作了《雨人》、《紫色》、《蝙蝠侠》等卖座影片,但两人从没有直接介入过电影的制作过程。对于管理这样一个大型电影公司,两人既没有相应的资格,又没有任何经验。在与哥伦比亚影业公司签订协议之前,两人刚刚与华纳公司签订了一份合同,在沟通无效后华纳将索尼公司告上法庭,最终索尼公司不得不交足了8亿美元才结束了这场官司。

其次是电影产业运营的独特规律与索尼公司电子产品生产存在的差异,使得索尼公司对影业公司的经营失去了控制。好莱坞与索尼以往所处的商业环境明显不同,索尼公司基本没有管理电影业的经验,电影业投入巨大,而收入具有极大的不确定性。而索尼公司不了解电影制作的技术和细节,不知道如何确定能够带来票房的影片,不知道如何与大牌明星签约,此类问题使得影业公司游离于索尼公司和设在美国纽约的区域总部监管之外,最终出现巨额亏损。

再次是经济之外的因素对企业管理产生了较大影响。20世纪80年代末期,日本大举收购美国资产和企业引发了美国民众对日本的抵制情绪,索尼公司收购被美国人视为骄傲的好莱坞更是将这种抵制情绪推上了顶峰,直接影响到公司最高管理层的选择问题,并对日后的公司内部管理产生了深远影响。为了平息对立情绪,索尼公司不断让步,影业公司的美国最高管理层和管理团队巧妙地借助于来自舆论的压力,提高了在谈判中的地位,既拿着美国公司的薪金水平,又享受到了日本终身雇佣制的福利。古伯就成功地运用这种情绪化的力量,在索尼公司认为他是哥伦比亚公司最合适的总裁时,漫天要价,动辄以退出相威胁,想尽一切办法扩大自己的利益,使索尼吃尽了苦头。

在经历了巨额亏损后,索尼公司并没有放弃电影产业。1995年4月,出井伸之出任索尼公司总裁,很快调整了索尼的美国管理团队,自己代理索尼美国总裁。出井继续坚持了盛田绍夫"全球本地化"的海外管理理念,但将全球本地化的范围缩小到仅指聘请当地管理人员并把当地的管理权授予当地管理人员的范围,强调按照当地的管理治理结构来治理海外公司,以避免出现既享用美国管理层的高薪,又不按照美国公司治理结构来行使授权的行为。

影业公司管理层调整后,索尼总部整改了影业公司的管理程序,邀请了约翰·凯利(John Cally)出任总裁,改变了原来放任不管的政策,在削减成本、制作开发更有希望走红的影片、加强与总部联系等方面进行了积极的改进。但改革之初并没有出现明显的转机,直到2000年,公司仍处于亏损状态。事情的转机出现在2002年夏季,影业公司推出的《蜘蛛侠》当周票房收入就达到1.14亿美元,之后又推出了《精灵鼠小弟》、《霹雳天使》等一系列影片,这才使得影业公司盈利水平大幅度提高,影视收入成为索尼公司稳定的财源。2005年4月,以索尼公司为首的国际财团击败时代华纳公司,成功收购米高梅影业公司。影视业的顺利发展,带动了公司声像设备的销售。索尼公司硬软件接合,推动了整个公司业绩的提升。在网络时代,索尼公司又充分利用现有的影片资源(收购米高梅后影片库中影片超过8000部),开展网络电影服务,通过网络将索尼公司的影视和音乐节目送入家庭用户和其他用户之中,推动好莱坞进入数字信息时代。

面对中国市场的巨大潜力,索尼依托其旗下的哥伦比亚电影集团公司(Columbia TriStar Motion Picture Group),积极进入中国市场。1995年,哥伦比亚电影集团公司在北京设立代表处,成为当时好莱坞八大电影公司中最先进入中国电影市场并与中国的电影公司进行合作的跨国影视公司。除引进推广好莱坞影片外,索尼还积极从事合作拍摄以及华语电影的海外发行推广。近年来,公司投资、拍摄、发行了20多部华语电影,其中包括广受好评的《卧虎藏龙》、《大腕》、《手机》、《天地英雄》和《功夫》等影片。

2004年11月28日,中国国家广电总局、商务部联合颁布了《中外合资、合作广播电视节目制作经营企业管理暂行规定》,明确规定允许外资公司涉足中国内地的广播电视节目制作与发行领域,但前提是中方持股不得少于51%。这标志着中国内地的广播影视制作和发行正式对境外传媒业开放。而在此之前的11月25日,北京—索尼影视国际电视公司已与中国电影集团华龙电影数字制作有限公司共同组建华索影视数字制作有限公司。该公司在获得中华人民共和国国家广电总局和商务部等管理机构的批准后,成为中国首家获官方批准并投入运营的中外影视制作公司。①

① 案例的部分数据和资料参阅了Shu Shin Luh著,孙彦译:《索尼之路——最富于创新的电子产品巨人的经营秘诀》(中国人民大学出版社,2004年版),特此说明。

第十一章

阿童木的故乡——日本动漫产业透析

第一节　日本动漫简介

"动漫",简单来说,就是动画和漫画的缩略称谓。在美国,manga一词专指日本漫画,anime专指日本动画。现在,人们一般把卡通(cartoon)当作动漫的同义词使用。当然,也有人认为,卡通与动漫还是有区别的,卡通更适合年龄层次较低的观众,而动漫的观众层次较高,包括成人。[①] 这种说法虽有一定道理,但并没有形成定论。所以,在此我们也不必将两者作刻意区分。

作为世界上首屈一指的动漫王国,长期以来,日本的漫画创作出版和动画制作播映都极为繁荣,其漫画与动画的发展也结合得非常紧密。一般来说,在日本,动画都是以有影响的漫画作品为基础,而漫画作品也借助动画的形式得到广泛流传,两者相辅相成,互相促进,共同推动着日本动漫在良性循环的轨道上飞速发展。下面我们分别简单介绍一下日本漫画和动画的发展情况。

---

① 参见祝普文主编:《世界动画史》(下),第356页,中国摄影出版社,2003年版。

一、日本漫画

1. 日本漫画史略[①]

漫画是日本传统文化的有机组成部分,被认为是继茶道、艺伎和相扑之后的日本第四大国宝,其历史一直可以追溯到6世纪的日本佛教僧侣绘画。12世纪的鸟羽僧正觉犹(1053～1140)一直被日本漫画界尊为祖师,他所画的《鸟兽戏画》被日本政府列为四大国宝绘卷之一。18世纪到19世纪曾深刻影响了欧洲绘画的日本浮世绘中也包含了明显的漫画因子,正是浮世绘大师葛饰北斋在1814年首次将"漫画"一词用在了画作上。19世纪中后期以后,随着西风东渐,日本漫画也开始受到西方绘画的影响。到明治时期(1870～1911),众多漫画杂志的创刊极大促进了漫画创作的繁荣,出现了像北泽乐天这样的漫画大师,这一时期也被认为是日本现代漫画史的开端。此后,日本的漫画稳步发展,但是日本政府发动的侵略战争,却使其坠入了无底的深渊。战后,日本漫画才慢慢恢复元气。1946年,被称为日本现代动漫之父和"漫画之神"的手塚治虫创作了《新宝岛》并开始在杂志上连载,这部作品第一次运用了电影的拍摄手法来表现人物的动态特征,从而确立了日本现代漫画以"画面的连续性"见长的鲜明特色。手塚治虫创作的另一部科幻题材的长篇故事漫画《铁臂阿童木》,从1952年起在杂志上连载,前后时间长达16年之久,后来又拍成动画片,对日本当代漫画发展产生了广泛而深远的影响。在手塚治虫的引领下,20世纪50～70年代的日本漫画进入到一个百花齐放、人才辈出、蓬勃发展的时期。这一时期,少年漫画是主要类型,但读者范围已不再局限于初中生和小学生,而是扩展到了大学生和高中生以及各阶层的青年,在全社会引起广泛的关注。另外,随着电视的普及,大

[①]　参见白晓煌编著:《日本动漫》,第27～50页,中国旅游出版社,2006年版。

量的漫画开始被改编成动画片搬上荧屏,漫画的社会影响进一步扩大。八九十年代是日本漫画发展的成熟期,以漫画大师宫崎骏为代表的一大批杰出漫画家,推出了众多蜚声世界的经典佳作,将日本漫画的发展推向了一个高峰。90年代,特别是进入新世纪以后,日本漫画发展的步伐开始放慢,漫画杂志的销量较之鼎盛期有明显下降,像著名的《周刊少年漫画》的销量就从最高峰的480万册下滑到了230万册。目前,日本漫画正处于一个调整和变革的时期。

2. 发达的日本漫画出版业

日本是仅次于美国和德国的传统出版大国。对于日本的出版业来说,杂志的地位极为重要,可以说占据了其出版业的半壁江山。在日本,支撑杂志的中坚力量主要是漫画类和妇女类的杂志,因而,漫画业的发展实际上对整个日本出版业的走势具有举足轻重的影响。特别是在近年来日本出版业陷入重重危机的大背景下,漫画出版更是成为少有的亮点。

日本漫画杂志,按发行期长短可分为周刊、双周刊、月刊、双月刊、季刊、不定期刊等,按读者年龄和性别可分为少男、少女、男性、女性四类,从内容来说则是包罗万象,从童话故事、科幻、冒险、技击、爱情、体育、卫生、历史、科学、政治、经济、宗教、幽默娱乐、奇闻轶事到文艺小说、纪实文学、政府文献、学生课外辅导材料等,应有尽有,能够充分满足不同类型读者的需求,成为所谓的"全民漫画"。现在日本有一个著名口号,那就是"让三岁到八十岁的人都有漫画看",由此可见其市场的细分程度之高和读者的范围之广。

图 11-1　日本少年 JUMP 杂志

　　日本的漫画一般都是先在杂志上连载，每期有十几页到几十页不等，然后再根据受欢迎的程度出单行本。单行本一般以杂志连载内容为主，有时会有修正和删减。如果连载的时间长，那么单行本就会出版若干卷。单行本出版的速度因连载杂志、画家和出版社的不同而有所差异，一般短则两个月，长则一年。像《我的女神》在月刊 AFTERNOON 上连载，单行本第一卷发行于 1989 年 8 月，第 23 卷发行于 2001 年 10 月，连载 12 年，平均每半年出一卷。有时单行本在再版时还会有豪华珍藏版、袖珍文库版和总集版等各种不同的类型。

长期以来，日本漫画杂志市场的规模非常巨大，自 1984 年以来，其漫画杂志每年发行量都高达十几亿册，占日本杂志发行量总额的 30% 以上，占杂志总码洋的 20%，而且，这些杂志每年派生出的漫画图书发行量也多达数亿册。现在，日本每月出版的漫画单行本都有几百种。像 2002 年 1 月出版的漫画书就有 558 种，2 月份则为 608 种。日本现有漫画杂志 300 多种，在 20 世纪末，按照每期最高发行量排出的日本前 15 位杂志中，漫画杂志占据了 12 种，而且占据了前 7 位。其中集英社主办的《周刊少年 JUMP》（见图 11-1）深受日本男孩欢迎，拥有数百万忠实的读者，被称为"少年漫画王者"，其年发行量最高时曾达到创纪录的 650 万册。从 1976 年到 2006 年，漫画家秋本治在该刊连载的长篇漫画《乌龙派出所》称得上是日本最长寿的漫画作品了。目前，《乌龙派出所》单行本的发行量已高达 1 亿 2 千万册，直逼发行量冠军《七龙珠》1 亿 2 千 6 百万册的纪录。由于《七龙珠》已结束连载，所以《乌龙派出所》在今后几乎可以肯定会登上发行量榜首位置。①

二、日本动画

1. 日本动画史略②

与漫画悠久的历史相比，动画在日本的出现已是 20 世纪的事了。在美国和法国动画影片的影响下，日本在 1917 年制作出了第一部国产动画影片。此后，在政府的推动下，日本的动画片获得了很大发展。当时文部省每年都提供 10 万日元经费用于教育资料

---

① 参见白晓煌编著：《日本动漫》，第 50～53 页，中国旅游出版社，2006 年版。

② 参见陈奇佳：《日本动漫艺术概论》，第 28～66 页，上海交通大学出版社，2006 年版。

动画的制作,并在中小学课堂上放映,同时政府还规定在各所学校放映的电影中至少要有一部动画片。这些举措使草创期的日本动画呈现出良好的发展势头。

进入 30 年代以后,日本的动画日趋活跃,在技术上有了很大的提高,但在内容上却开始走上了宣扬军国主义的歧途。随着对外侵略战争的失败,日本动画受到毁灭性打击,战后相当长一段时期都在低谷徘徊,直到 1956 年 7 月东映株式会社收购日动映画株式会社成立东映动画株式会社,日本动画才开始重新复兴。

从战后到 60 年代初,日本动画一直处于探索当中。这一时期,随着漫画大师手塚治虫参与动画制作,日本动画开始得到迅速发展。1963 年元旦,手塚治虫创作的世界第一部电视动画连续剧《铁臂阿童木》开始在富士电视台播出,历时 4 年之久,获得空前成功,其收视率最高时达到 40.2%,而且,这部动画片还在 1963 年 9 月被美国国家广播公司(NBC)购买,进入了北美市场,此后,又被 40 多个国家购买和转播,成为日本动画出口的先驱。更为重要的是,《铁臂阿童木》所创造的商业运作模式,对后来日本动漫产业的发展产生了极为深远的影响。

从 60 年代初到 70 年代末,日本动画进入了全面振兴的阶段。这一时期,在手塚治虫等人的努力下,日本动画开始创造出属于自己的艺术风格,可以说,今天日本动画的大部分主题都是在这一时期确立的,同时,日本动画的制作流程也是在这一时期基本定型的。至此,日本动漫业已开始形成较为完整的文化产业链。

从 70 年代末到整个 80 年代,是日本动画的黄金时代。这一时期,日本动画在技术上不断突破,名家名作大量涌现。在经营方面,除了电影、电视市场外,又开辟了录影带这一新的市场。这一切都意味着日本动画已攀上了其发展的巅峰。当时,除了宫崎骏这位继手塚治虫之后日本动画的又一位标志性人物之外,著名的动画家还有松本零士、富野由悠季、藤本弘和安孙子素雄(两人合用笔名藤子不二雄)、鸟山明、美树本晴彦、车田正美、神保史郎等人,他们主创的动画片《风之谷》、《天空之城》、《魔女宅急变》、《银河铁道999》、《机动战士高达》、《机器猫》、《阿拉蕾》、《龙朱》、《超时空要塞Macross》、《圣斗士星矢》、《花仙子》等都是在日本风靡一时的佳作,其中不少作品在世界上也颇负盛名。

90年代以后,日本动画在题材的开拓、新人的涌现等方面较之前一时期有所衰退,但仍有不少脍炙人口的佳作问世,如《乱马1/2》、《城市猎人》、《樱桃小丸子》、《蜡笔小新》、《美少女战士》、《灌篮高手》、《名侦探柯南》等,在日本动画史上都占有重要地位。这一时期,宫奇骏仍是日本动画的领军人物,其他重要的动画家还有大友克洋、押井守等人,他们主创的《幽灵公主》、《阿基拉》、《攻壳机动队》都堪称日本动画的经典之作。

进入新世纪,以宫崎骏的《千与千寻》(2001)获得2002年柏林电影节金熊奖和第75届奥斯卡动画长片奖为标志,日本动画引起全世界的广泛关注。2005年,宫崎骏又一次凭借《哈尔的移动城堡》在日本本土获得空前成功,进一步巩固了其新世纪日本动画第一人的地位。但是,宫崎骏的辉煌成就也不能掩盖日本动画所面临的问题,比如艺术创新的不足、思想品位的低下、动画与漫画的脱节等等,这些都需要在未来的发展中逐步加以解决。因此,与漫画一样,新世纪的日本动画如果要想做到可持续性发展,也必须进行一番调整。只有这样,才能创造更加辉煌的未来。

2.日本动画的特点

与另一动画强国美国相比,日本动画在内容方面具有自己独特的风格。一般来说,美国动画的观众定位是幼稚的小孩子,具有一种好坏分明、二元对立的简单思维模式,剧情设置通俗易懂,语言轻松直白,画面荒诞搞笑,极尽夸张滑稽之能事,而其主角也多是动物。相比之下,日本动画观众的定位是各个年龄都有,因此其题材更为广泛,思想观念更为复杂和深刻,而且其主角多以处于现代社会关系网络中的人为主,对于人性的丰富多样有着更为细腻的描写。首先,从题材方面来看,日本动画涉及科幻、冒险、魔法、妖怪、动物、体育、历史、宗教、环保、战争、侦探、游侠、教育、黑帮、爱情、童话、青春励志、少年成长等众多领域。其次,从思想方面来看,日本动画对于现代价值观念如人本主义、个性主义、功利主义、情爱伦理以及现代人生的痛苦、无奈和荒芜等都有深刻的反思,对现代社会的诸种组织形态如职业制度、教育制度、民主政治以及国家和战争中存在的众多问题进行了有力揭示,对于现代科学技术文明如机器人的智慧与权利、网络与赛博朋客文化以及现代时空关系等问题也都有所触及。[①] 再次,从思维方式方面来看,日本动画突破了二元对立的简单模式,能够较为深刻地表现人性的复杂幽微。在日本动画中,没有"好"与"坏"的界限,"一些角色经常在两边阵营转换,甚至有些角色可以是'亦正亦邪',而有些角色'非正非邪',有时一个角色转入'正义的阵营',但其思想和人品却是邪恶的,反之亦然。同样,在表现一场战争时,有可能交战双方都不是'正义',或者都不是'邪恶'。"[②] 最后,从民族文化传统的角度来看,日本动画所蕴含的"物哀"情结、武士道精神、实用主义价值取向和扬善抑恶的审美心理,也都表现了深厚的文化积淀和鲜明的民族风格,具有一种独特的艺术魅力。[③]

除了上述思想内容方面的差异,与美国动画相比,日本动画在形式上的特色也很突出。首先,从传播媒介来看,美国动画主要以电影为主,往往具有好莱坞式的大制作风格——简练但是具备丰富变化的线条,震撼的场面,华丽的视听效果,名演员配音和老少

---

① 参见陈奇佳:《日本动漫艺术概论》,第 108～135 页,上海交通大学出版社,2006 年版。

② 转引自韩亚辉、戴敏敏:《论日本动画资讯杂志与动画产业的互动关系》,载《同济大学学报(社会科学版)》2005 年第 6 期。

③ 参见白晓煌编著:《日本动漫》,第 21～25 页,中国旅游出版社,2006 年版。

皆宜的戏剧化情节等。日本动画则有电影、电视和录影带三种形式，其中以电视的影响和成就最大。与美国相比，日本动画起步较晚，在资金和技术上都处于劣势。因此，其开创者手塚治虫从一开始就没有在技术上模仿和照搬美国模式，而是另辟蹊径，创造出了一种被后人称为"偷懒动画"的制作方式，使日本动画走上了一条适合本国国情的发展道路。我们知道，动画是连续的平面画幅逐格拍摄的产物，它主要利用了人的视觉暂留原理。一般来说，一秒钟需要 24 张画幅才能达到应有的观赏效果。像美国迪斯尼的做法就是在每秒钟内均制作 24 张具有细部变化的画幅。而手塚治虫却采用了一秒钟内画 8 张，然后每张拍 3 次的办法，即采用缩减张数、大量定格画面以及重复镜头的方式来降低成本节省时间，这种方式被称作 LIMITED ANIME——将一些简单的或是多次使用的画面保存起来，多次使用，关键部分则认真制作。这样，原本需要 10000 张动画的 22 分钟 TV 动画，有时只需绘制 3000 张动画就可以了。这使日本动画的制作周期大为缩短，产量迅速提高，从而适应了电视的播出要求。不过，由此也带来了日本动画"动画不动"的弊端。与美国动画角色面部表情的丰富生动相比，日本动画在这方面明显有所不足。为此，日本动画非常注意扬长避短，努力在静止的部分狠下工夫，精雕细琢。比如在角色造型上突出大眼睛小嘴巴的唯美风格，同时采用纤细的直线条、写意的构图和大量的特写画面，注重画面鲜亮的明暗对比和镜头角度的合理选取等，这些努力在一定程度上弥补了上述不足，并且使东方式的静态美得到了完美的发扬，结果反倒促使日本动画逐渐形成了一种独特的魅力。①

在数字化技术的应用方面，美日两国的动画也有明显不同。

---

① 参见韩亚辉、戴敏敏：《论日本动画资讯杂志与动画产业的互动关系》，载《同济大学学报（社会科学版）》2005 年第 6 期。

美国动画多是直接利用计算机生成图像的三维动画,风格类似好莱坞的真人大片,其特点是人物台词多,细节丰满全面,画面细腻流畅,肢体表现力强,动感十足,相对而言,观众处在一个被动接受的位置上。而日本动画则更多是将手绘漫画或照片计算机化的二维动画,其表现方式更富有象征性,有很多没有表达出来的潜台词和画外之意,从而给观众留下丰富的想象空间。这样,观众在观赏时就与创作者形成了良好的互动关系,共同赋予动画作品以生命。①

最后还应该指出的是,自 1980 年以来,日本动画取得了突飞猛进的进步,在某些方面已经发生了天翻地覆的变化。因此,其技术风格和传播方式也不可能是一成不变的,实际上在继承传统的同时,也在不断有所创新。许多日本动画强调明暗对比、远近焦距以及速度感、跃动感,甚至使用电影上的蒙太奇手法,在技术上与美国动画相比已经难分高低了,甚至在某些方面还有所超越。像日本动画《超音战士》所表现的速度感,就是利用加强视觉残留现象的画法,在每秒 32 张的限制下,达到了爆炸性的动感效果。再如《机动战士——逆袭》中用每秒 80 张的空前魄力作画来表现战斗画面的速度感,也是一种特殊技术。而《风之谷》、《天空之城》、《王立宇宙军》及《机动警察》的精密写实背景,即使是以逼真性见长的美国动画也望尘莫及,②这与日本传统动画的静态美、象征性的特色已相去甚远了。另外,从传播媒介方面看,近年来日本动画在电视片长盛不衰的基础上,以宫崎骏等人为代表的动画电影在世界上影响也越来越大,这在一定程度上也促进了日本动画技术风格的变化。

---

① 参见倪红梅、钱铮:《专家解读日本动漫业成功秘诀》,载《经济参考报》,2006年6月29日。

② 参见白晓煌编著:《日本动漫》,第 9~10 页,中国旅游出版社,2006 年版。

第二节　动漫为何受欢迎

今天,动漫已不仅仅是在孩子们中间流行,许多青年学生和成年人也沉浸其中,乐此不疲。据中国的一项调查表明,只有19.3％的成年人认为动漫只是小孩子的玩艺儿,另八成的成年人则愿意把动漫带入自己的生活中。当然,对于大多数中国人来说,对于动漫的印象基本还是来自青少年时代的美好记忆,此项调查也证实了这一点,有多达82.5％的被调查者都是如此。[①] 至于在日本,漫画书、动画影视片和录影带、各种带有动漫形象的玩具、文具、服装和装饰品更是像空气一样无处不在,动漫已经成为一种全民性的核心文化了。日本三菱研究所的一项调查表明,87％的日本人喜欢动漫,84％的日本人拥有动漫相关产品。这意味着在这个动漫王国里,绝大多数成年人和未成年人都是动漫文化的拥趸。此外,那些更加疯狂迷恋动漫的日本人则被称为"御宅族"。在世界其他国家和地区如美国、欧洲以及亚洲的韩国,动漫文化也相当发达。那么,动漫为什么会受到人们特别是青少年的喜爱和追捧呢? 其原因大概有以下几个方面:

首先,从文化变迁的角度来说,我们目前正在经历一个由印刷文化向视觉文化转换的历史进程。这里所谓的视觉文化是指"文化脱离了以语言为中心的理性主义形态,日益转向以图像为中心特别是以影像为中心的感性主义形态。视觉文化,不但标志着一种文化形态的转变和形成,而且意味着人类思维范式的一种转换。"[②]在这样一个又被称为后现代主义的历史时期,风光一时的

---

① 参见郭琳:《80％成年人喜欢动漫》,载《杭州日报》,2005年5月28日。

② 周宪:《读图、身体、意识形态》,载《文化研究》第三辑,第72页,天津社会科学院出版社,2002年版。

"语言转向"正在被新近兴起的"图像转向"无情取代。书面阅读的深度思考日渐稀少,而图像浏览的感官愉悦更为流行。

　　由于我们所置身的整个世界到处都充斥着图像,以至于法国思想家居伊·德波专门提出了"奇观社会"的概念,他说:"在现代生产条件无所不在的社会,生活本身展现为景观(spectacles)的庞大堆聚。直接存在的一切全都转化为一个表象。"[①]在此,表象说到底也就是图像。在这样一个由图像主宰的景观社会里,本质与现象,真实与表象已难以区分了。在某种意义上,表象本身就是真实,并且是一种比真实还要真的"超真实"(hyperreality)。法国后现代主义思想家鲍德里亚把这种超真实又称为"拟像"(simula-tion)。在鲍德里亚看来,迪斯尼乐园称得上是"拟像秩序"的一个完美模型。在迪斯尼乐园的每个角落,美国的客观性图像都被极为传神地绘制出来,所有价值都在这缩影和漫画故事中得到了淋漓尽致的表现。因此,鲍德里亚觉得,迪斯尼乐园里的美国模型甚至比现实社会中真实的美国还要真实,以至于美国越来越像迪斯尼乐园了。[②] 动漫作为重要的视觉艺术形式,正好顺应了当代文化潮流的发展趋势,因而对当代人的社会生活产生了越来越重要的影响,而且,对于没有背负沉重文化包袱的青少年来说,这种影响要更为强烈一些。

　　其次,从视觉消费的审美心理来看,动漫所具有的超越现实、重组时空的特征,能够最大限度地满足人们情感、愿望和想象力的需求,因而很自然地成为一种为大众所喜闻乐见的艺术形式。

　　绘画原本是把时间中流动的意象凝结为空间中静态的画面,

---

　　①　[法]居伊·德波著:《景观社会》,王昭凤译,第3页,南京大学出版社,2006年版。

　　②　吴琼:《视觉性与视觉文化——视觉文化研究的谱系》,载吴琼编《视觉文化的奇观》,第13页,中国人民大学出版社,2005年版。

在人类技术手段尚不发达的漫长年代里,它除了表现画家自我的思想情感之外,主要承担的是反映客观现实的历史使命。后来随着影像技术的发展,绘画开始摆脱再现客观现实的重负,更多地表现主观性的大胆想象和内在的丰富情感,进而追求属于自己的不同于影视和摄影的独特艺术风格。这样,当人们以逐格拍摄的形式让绘画动起来的时候,人们往往并不希望看到像电影一样再现现实的逼真画面,而是要求把绘画的独特价值发挥出来。也就是说,动漫可以采用抽象、夸张、变形、拼贴等各种手段来超越现实时空的限制,满足人们的心理诉求。而在这方面,日本动漫显然表现得更为突出。在日本动漫作品中看到的人物,大多是长腿细腰,头长与身长的比例常常为1∶8,这反映了现代日本人对人体审美注重其风姿的理想标准,至于说真实的人体状况如何则根本无需考虑。另外,这些人物大多数都美目流盼,神采飞扬:女性的头发不是如飞泻的瀑布,就是光怪陆离、奇形怪状,其形状与色彩之丰富鲜明,完全超出了自然和生理的限制;服饰的设计更是精巧出奇,令人叹为观止,极大满足了大众对形式美的心理渴求,折射甚至引领了当代流行的审美观念。至于说动漫所借鉴的影视艺术的"蒙太奇思维",则在时空重组方面发挥了重要作用,并产生了较之影视作品更为引人入胜的艺术效果。比如,现代的许多动画设计常常根据配音的节奏绘画,镜头长度只有2秒左右,由此组成的影像具有强烈的视觉冲击力。还有一些动画作品大量运用特写和近景镜头,甚至以特殊的"划"的方式,把不同的角色,甚至动静不同的对象放在同一个镜头中,以强化矛盾和冲突。这一手法已突破了平面艺术与影视艺术的藩篱,使漫画中的画格布局在动画中出现,充分显示了动漫视觉消费所具有的时空重组的游戏特征,因而倍受想象力发达、好奇心强烈的青少年青睐。①

---

①　参见李思屈:《数字娱乐产业》,第148～151页,四川大学出版社,2006年版。

第三,作为一种浅显通俗的大众艺术形式,动漫主要是凭借其强烈的娱乐性吸引着人们的目光的,即使其教育功能也是通过寓教于乐的方式得以实现的。这正如美国的沃尔特·迪斯尼所说的,动漫是"通过一种讲故事的方式和一种视觉娱乐的方式,给世界上的男女老少带来了很多的快乐和信心"①。在优秀的动画片中,首先打动人们的总是那些风趣幽默的语言、滑稽夸张的动作、生动曲折的故事、紧张刺激的情节、大胆离奇的想象、个性突出的人物、美不胜收的画面、百听不厌的插曲等等,人们从中获得的是一种审美的愉悦,而不是什么拖沓冗长的说教和枯燥乏味的思想。由此可见。娱乐性是动漫艺术最重要的审美功能。事实上,中国动画与美日等世界一流动画的主要差距就是表现在教育性有余而娱乐性不足上。对此,中国视协卡通艺委会副主任傅铁铮分析说:"我们中国人对动画或者卡通这种艺术,或者说艺术产品本身的特质认识不清楚。我们很少考虑到观众或者是消费者对卡通这种文化产品的消费诉求是什么。我觉得人们看动画片或者购买卡通产品的第一诉求是'找乐儿'——寻找快乐是人们在纷忙工作或生活之后的第一诉求,所以当你设计一部动画片的时候,应该把能不能给大家提供快乐放在第一位。我自己曾经试图拍过一部动画片,我在写导演阐述的时候就强调,我们的片子要给大家提供什么?第一,是快乐;第二,是快乐;第三,还是快乐。我认为国产片与外国进口动画片的第一差距就在这点。"②动画片如此,漫画也不例外,在日本,漫画作品都非常强调娱乐性。一般来说,一部脍炙人口的连载漫画作品,娱乐性要占到40％左右,故事性约占40％,技巧性约占20％。

---

① 陈晓萌主编:《全球话题 产业经验》,第78页,学林出版社,2005年版。

② 祝华新:《新动漫:一个被遮蔽的富有产业》,载《中国电子商务》2004年第12期。

第四,与娱乐性密切相关,动漫还具有一种心理宣泄的功能,这使其成为了生活在竞争激烈的现代社会中的人们的精神缓冲剂,有助于他们摆脱生活中无处不在的心理压力和紧张情绪,因而受到各阶层的广泛欢迎。在高速发展的现代社会,人们一方面享有丰富多彩的生活和自由发展的空间,另一方面也必须承担前所未有的巨大风险和压力。像青少年要面对考试、升学、找工作等种种难题,成年人要应对工作业绩、人际交往、情感生活等各方面的烦恼与困惑,老年人从高速运转的社会体系中被抛离出来之后,精神上的空虚、孤独往往也难以避免。在这种情况下,人们需要一个心理宣泄的渠道,以缓解沉重的精神压力。而动漫正是以其轻松感、亲和力和刺激性满足了人们的这一心理需求。在充满梦幻色彩的动漫世界中,人们暂时卸下了工作和学习的重负,忘却了失业的威胁,抛开了人事的纷扰,使头脑和身体都得到必要的调节和休息,从而能够以更加充沛的精力和更加良好的精神状态面对世界和人生。在日本,动漫之所以能成为一种全民性的文化,跟作为经济动物的日本人心理压力过大有着密切关系。而当过劳死、抑郁症等现代社会疾病在世界范围内蔓延开来的时候,动漫随之跨越国界大为流行也就不难理解了。

另外,与其他国家动漫多以少年儿童为接受对象有所不同,日本有大量的成人动漫并且具有性宣泄的作用。这跟日本特有的性文化有关,同时也迎合了现代文明社会的人们试图以安全的方式逾越性压抑、性禁忌的隐秘心理,因而在不同的国家和民族都拥有广泛的群众基础。像《蜡笔小新》就是因为以调侃的方式触及了性禁忌的话题而受到人们喜爱的。当然,这类作品是儿童不宜的,应有分级制度加以限制。同时,成人对此也应有分辨力和批判的眼光,要警惕其色情和低级趣味的一面。

第五,从动漫在世界范围内的接受对象来看,其主流还是青少年。即使在有"全民动漫"之称的日本,最容易迷恋动漫的也还是

14～24岁的年龄群。因此,动漫的广泛流行,与它能够满足青少年的心理需求是分不开的。青少年时代正是人的自我意识觉醒和确立的关键时期,处于这一时期的青少年普遍渴望独立和自由,很容易产生对家庭和社会权威的逆反心理。现代大量的"青春动漫"之所以赢得他们的喜爱,在很大程度上也正是因为其具有颠覆性的特点。这些动漫作品所塑造的形象,往往不是循规蹈矩、老实听话的"乖孩子",而大多是言行叛逆、个性突出的"问题少年",这恰恰迎合了当代社会年轻人崇尚自我,张扬个性,不愿受束缚的特点。像头脑简单爱惹祸的樱木花道,不讲理、爱幻想、贪吃贪睡、丢三落四的小丸子,人小鬼大、好色、服软、会耍挟人的蜡笔小新,还有那只整天坐在马桶上动脑筋使坏但是又"不坏那么多,只坏一点点"的流氓兔,在传统意义上都不值得学习和效仿,但却在青少年中风行,说明他们确实是通过这些"有一点点缺德"的动漫形象实现了自我认同,并对社会规范进行了质疑和反抗。当然这里所有的质疑和反抗都是在轻松、幽默和游戏的氛围中实现的,也就是说,动漫实际上是充当了他们一个无伤大雅的心理宣泄渠道。①不过,这里需要引起我们注意的是,一般来说,由于这类动漫作品首先考虑的都是娱乐性,所以对于教育功能很难顾及,甚至有些作品会逾越伦理的底线,对青少年造成不良影响,对此,我们应该有所认识和防范。当然,也并不能说所有叛逆性的动漫形象都没有教育意义。比如《灌篮高手》中的樱木花道虽算不上一个正面人物,但他对篮球事业的热情以及为了理想而不懈努力的精神,对青少年也能产生一种励志的作用,这种教育效果是不容否认的。

通过上述的分析,我们不难发现,动漫之所以能风靡世界并不是偶然的,而是有着深刻的社会文化和审美心理方面的原因。除

---

① 参见李子臣、李薇:《火爆动漫——动漫的发展现状及社会心理需求》,载《社会》2003年第2期。

此之外,动漫在思想内容、形式风格和传播途径等方面的特点还有不少吸引人的地方,此处不再赘述。

第三节　作为产业的日本动漫

作为世界上最大的动漫产品制造国和输出国,日本动漫产业非常发达,其年营业额达到 230 万亿日元,年纯利润为 6000 亿日元,广义的动漫产业已占日本 GDP 十几个百分点,是仅次于旅游业的国民经济第二大支柱,为日本经济振兴做出了重大贡献。

在日本,动画片、电子游戏和漫画(anime game comic 简称AGC)经常被视为一个经济整体,已经形成了一个完整的产业链:先在杂志上连载或发行单行本漫画,然后改编成动画片,最后进行动漫周边开发,相关产品主要有游戏、CD、模型、玩具、服装、饮食、小说、真人版影视作品等。这样,动漫产业就形成了融影视、出版、音乐、科技、玩具制造、旅游、服装、饮食、游戏、广告等诸多行业于一体的综合性现代化大型产业,市场规模极为可观。下面我们分别简要介绍一下作为产业的日本漫画、动画和游戏的发展情况。

一、日本漫画产业

作为动漫产业链的源头,日本的漫画市场相当繁荣,其销售收入已经超过了日本本土电影票房和电玩软件市场的总收入,成为日本文化产业的重要代表。

整个日本漫画市场按照幼儿、少年、青年、成人等进行了高度细分,而其中占据最大市场份额的当属青少年漫画,绝大多数被改编的动画原作也都是青少年漫画。在市场上居领先地位的三大少年漫画周刊,高峰时的发行量都高达数百万册,如仅按每册 10 日元计,目前这三本杂志每周的营业税加起来可达10亿日元以上。[①] 漫画市场如此繁荣,也为漫画名家带来了丰厚的收入。在日本十大高收入排行榜上总能看到漫画家的名字。像手塚治虫这样的漫画家在年仅26岁时,就以年收入217万日元成为关西最富有的画家了。2004年4月,69岁的漫画家横山光辉因火灾罹难,留下了11亿2千万日元的巨额遗产,收入之高令人惊叹。当然也不是所有的漫画家都这样富有,实际上,在日本数千名专职漫画家当中,真正单纯依靠漫画创作收入维持一般生活的只占1/10左右。[②] 这也说明日本漫画家的贫富差距还是非常明显的。

日本漫画产业在充分挖掘国内市场的基础上,还积极拓展海外市场。从20世纪80年代后期开始,日本漫画在美国市场的销售额逐年递增。最先在美国掀起漫画热潮的是出版了《鲁宾三世》的"TOKYOPOP"公司,该公司一度占据了美国漫画市场一半的份额。2003年,"TOKYOPOP"公司共出版300款漫画,据测算,2004年的销售总额是2003年的两倍,达3500万美元。如今,日本漫画的英译本在美国的书店随处可见,销路颇佳。像英译本的日本漫画《明治剑客浪漫谭》刚一出版,就成为美国2004年第一季度最畅销的漫画,其中两册还入选《今日美国》全美最畅销的150本书之内(包括所有类别的)。此外,《飞龙》的单行本在美国已卖出了5000万册,按月或隔月出版的系列漫画《龙珠》在美国的销售量也达到每期20000册。在美国曼哈顿最大的漫画专卖店中,日本漫画已占了店内漫画总数的20%,而且还不断有新书上架。据专门追踪漫画出版情况的ICv2的调查数据显示,2003年日本在美国和加拿大的漫画市场分别收获了9000万美元和1亿1千万美元,比2002年增长了50%,截止到2004年6月,这种增长趋势

---

① 参见张亮:《日本动漫产业启示录》,载《南风窗》2003年第2期。

② 参见白晓煌编著:《日本动漫》,第68页,中国旅游出版社,2006年版。

还在继续。日本漫画在北美市场的畅销,也吸引了更多书商和出版商的目光。像美国 Virgin Megastore 公司的各分店都设有漫画区,在区内辟有日本动漫专区。其负责人坦言,他们希望看到更多的英文版日本漫画面市,他们还打算把丰富的漫画库存打造成公司独特的卖点,以使自己区别于其他同类的连锁出版商及独立出版商。由此可见,日本漫画在美国还有着广阔的市场增长空间,这对于国内市场已日趋饱和的日本漫画产业来说,无疑是一个喜讯。①

在亚洲市场,日本漫画的销售情况同样不错。自 20 世纪 80 年代以来,日本漫画就逐渐进入中国,对中国的"80 年代生人"产生了巨大影响。我国台湾、香港地区和韩国过去都曾以盗版日本漫画而闻名,由此培养了一大批日本漫画的忠实读者。现在,这些国家和地区都与日本大型出版商签署了正式的版权协议,翻译出版了大量日本最流行的漫画,成为日本漫画产业海外销售收入的重要来源。

总的来说,到目前为止,日本漫画产业已经形成了一整套成熟的运作模式,在国内外市场上都取得了骄人的业绩。不过,在经历了 30 年的高速增长之后,新世纪的日本漫画产业也遇到了不少困难,发展势头明显趋缓。因此,如何突破发展的瓶颈,实现可持续增长,是日本漫画产业下一步所要解决的主要课题。

二、日本动画产业

日本的动画产业是在其发达的漫画出版业基础上发展起来的。作为动漫产业的核心,日本影视动画片和动画录影带的播映市场都相当繁荣。据日本有关方面的一份调查数据显示,日本国内电影院每年上映的动画片为 80 多部,日本电视台每周播放的电

---

① 参见谭玲、殷俊编著:《动漫产业》,第 61~62 页,四川大学出版社,2006 年版。

视节目有 80 多集,一年播放的动画节目接近 4000 集。在每年电影电视排名前 15 位的影视片中,常常有近 40% 都是动画片,在每年 90 亿美元的影院票房收入中,有 55% 来自动画片。1997 年上映的动画片《幽灵公主》,观众人数高达 1200 万,创下了 300 亿日元的票房纪录。2003 年上映的《千与千寻》又以 400 亿日元的票房收入刷新了这项记录,并把美国大片《泰坦尼克号》甩到了后面。另据日本数码内容协会公布的调查数据表明,在 2003 年度,日本动画播映市场销售额为 3739 亿日元,比 2002 年度的 2135 亿日元增长了 1604 亿日元,增幅高达 75.1%。而日本电影院同年的收入也只有 2000 多亿日元。① 当然,日本动画片的价值远不止于此,动画片《口袋怪兽》中的皮卡丘,仅一个角色的形象版权,每年就高达 1000 亿日元,超过了日本整个动画业的制作产值。

　　日本的动画产业不仅拥有庞大的国内市场,在国际市场上也占有很高的份额。1963 年,日本电视动画片《铁臂阿童木》在美国播映,标志着日本动画海外市场拓展的开始。1999 年,动画影片《口袋怪兽》在美国上映首日,票房就达 1010 万美元,创造了日本影片在美国首映日的票房纪录。新世纪日本动画电影代表作《千与千寻》,还在美国电影市场创造了"单场观众人数最多"的纪录。近年来,每年都有三四部日本制作的动画影片在美国各大电影院上映。在美电视播出市场上,日本动画片的数量也在急剧增长。1990 年到 1994 年共有 13 部动画片在美国播出,1995 年到 1999 年有 29 部,到 2000 年以后,日本动画片的播放数量一下子上升到了 50 部左右。② 到 2003 年,日本推销到美国的动画片以及相关产品总收入已达到 43.59 亿美元,是其钢铁出口收入的 4 倍。这表明日本动画在美国已有了相当大的市场。

---

　① 参见张丽霞:《动漫产业点亮日本经济》,载《环球时报》2005 年 5 月 6 日。
　② 参见谭玲、殷俊编著:《动漫产业》,第 69 页,四川大学出版社,2006 年版。

与此同时,日本动画制作商也加快了向欧洲和亚洲市场扩张的脚步。1978 年,随着动画片《高达战士》在法国电视第二频道的开播,欧洲市场被逐渐打开。20 世纪 80 年代初,日本动画又大量进入中国市场,中国现在二三十岁的青年一代很多都是看着日本动画片长大的。为了开拓亚洲市场,日本专门播放本国动画片的专属频道——ANIMAX 频道从 2004 年开始扩展到亚洲一些国家和地区。ANIMAX 的亚洲频道一共有 6 大市场,其中国内的收费订户是 400 万,在东南亚的家庭用户有 160 万。观看该频道的总人数则高达 9400 万。在有些地方,有 80％的观众每天都观看这个频道的动画片。[①]

目前,全球播放的动画节目约有 60％是日本制作的,在欧洲,这个比例更高,达到八成以上。世界上有 68 个国家播放日本电视动画,40 个国家上映其动画电影。[②] 以口袋怪兽皮卡丘为主角的电视动画片在全球 68 个国家以 25 种语言播出,皮卡丘也因此成为世界上最著名的动漫形象之一。

日本现有 200 多家动画片制作公司,市场规模为 1519 亿日元,如果加上与动画片相关的商品开发和销售,市场规模约为 1 万亿日元。[③] 对于日本整体的动漫产业来说,其动画的核心地位迄今为止仍是不可动摇的。

三、日本游戏产业

电子游戏是美国人发明的,早期世界电子游戏的中心也在美国,但是率先将电子游戏变成一种支柱产业的还是日本。经过多

① 参见陈晓萌主编:《全球话题 产业经验》,第 76～81 页,学林出版社,2005 年版。
② 参见周京:《日本动漫产业推动经济发展》,载《中国贸易报》2005 年 8 月 4 日。
③ 张爱平、何静:《日本的文化产业概况与特点》,载江蓝生、谢绳武主编:《2001～2002 年:中国文化产业发展报告》,第 282 页,社会科学文献出版社,2002 年版。

年努力,电子游戏产业被培育成了日本第一时尚娱乐产业,每年创造着2万亿日元的庞大产值,其产值占到日本GDP的1/5左右,已超过了汽车和家电两大传统产业。

在20世纪80年代,以任天堂、世嘉和索尼为代表的日本品牌完全占据了全世界的电子游戏市场。当时,任天堂公司员工总共不到1000人,而人均每年创造的纯利润却高达9000多万日元,按当年国际汇率,约合80万美元,其产业的含金量之高由此可见一斑。1998年,任天堂的净利润是858亿日元,约合8.03亿美元;2000年其销售收入达到5400亿日元,即50亿美元左右,净利润为820亿日元,约合7.67亿美元,其产值和效益一度超过了丰田汽车公司。[①]

进入90年代以后,随着美国、韩国等国家电子游戏产业的蓬勃发展,日本已不再能够垄断世界电子游戏市场,特别是在新兴的电脑网络游戏的开发方面,日本更是不占任何优势。但是,凭借其深厚的历史积淀,日本仍保持了世界电子游戏强国的地位,特别是在传统游戏软硬件的销售方面,还有相当大的市场。在其游戏产业最辉煌的1998年,全球电子游戏市场90%以上的硬件、50%以上的软件,均牢牢控制在日本厂商手中。到目前为止,日本生产的各种游戏主机在全世界的总销量已达2.14亿台。1996年日本Bandai公司所制造的"电子鸡"宠物,次年年底仅在日本就售出了1500万只,随后迅速风靡世界。由日本索尼公司1994年开发制作的PS游戏软硬件,在国际市场的销售量超过了国内。到2001年9月,PS游戏硬件在国内销售了1890万台,在北美是3390万台,欧洲是3546万台。PS软件在国内售出了2亿6400万张,北美是3亿100万张,欧洲是2亿3700万张。2000年推出的PS2游戏软硬件在国内外的销售情况也与此类似。依靠上述销售业

---

① 参见谭玲、殷俊编著:《动漫产业》,第71页,四川大学出版社,2006年版。

绩,现在索尼公司游戏产业的收益已超过了传统的家电产业。2000年日本电子游戏产业的国内消费和出口合计的总销售额中,软件达到5800亿日元、硬件(电子游戏机)达到5400亿日元。在美国市场上,1999年软件销售额排名的前7位都是日本企业。而在2001年的圣诞节商家大战中,游戏机销售数量的80%以上也是日本企业的产品。① 但是日本游戏软件的国内市场规模却在逐年递减,1997年为最高,1998年为5137亿日元,1999年为4851亿日元,2000年为4131亿日元,达5833亿日元。②

　　进入新世纪后,在空前激烈的市场竞争中,日本的电子游戏产业开始面临严峻的挑战。据统计,日本游戏软件的销售量从1998年的34亿美元锐减到2003年的22亿美元,2003年日本电子游戏市场萎缩了9.6%,下降到38亿美元。到2005年,日本整体的游戏市场较之鼎盛期已经缩水了1/3。而从1998年到2003年,美国电子游戏产品销售额却增长了1.5%,提高到70亿美元。2005年,美国电子游戏市场再创新高,总销售额达到105亿美元,增长率为6%。欧洲市场也是形势一片大好,与美国之间的差距正在不断缩小。另外,韩国作为游戏产业的新兴力量,凭借其IT产业的雄厚基础,近年来大力发展了电脑网络游戏和手机游戏产业,已经成为新世纪全球新的游戏产业中心。总的来说,这些国家和地区游戏产业的欣欣向荣与日本游戏产业的持续低迷形成了鲜明对照。

　　当然,日本游戏产业也在努力寻求摆脱困境的途径。2005年,不断萎缩的日本游戏产业终于依靠PSP和NDS这两部掌机的销售实现了反弹,其国内家用机市场规模比2004年膨胀了

　　① 参见《日本经济新闻》2002年1月21日。
　　② 张爱平、何静:《日本的文化产业概况与特点》,载江蓝生、谢绳武主编:《2001～2002年:中国文化产业发展报告》,第283页,社会科学文献出版社,2002年版。

6.2%,达到了4547.3亿日元。但是,其软件销售仍不见起色,这也意味着其未来的发展前景仍不容乐观。

最后,应该指出,日本动漫产业在发展过程中也存在一些问题,目前也面临一些困难。比如,为数不少的动漫作品充斥着色情、暴力和扭曲历史的内容,对青少年的身心健康造成了不良影响;市场的过度竞争造成大量产品积压,市场结构有待调整;工作环境和收入欠佳使优秀人才不断流失,后备人才匮乏;中小动漫制作公司一直为资金不足所困扰,处境艰难,实力雄厚的大公司却把制作程序转向成本低廉的中韩等国,现在日本70%的动漫制作已不在日本本土,这使日本动漫产业出现了"空洞化"倾向;等等。在国际市场上,不但有来自强大的美国的压力,动漫产业的后起之秀韩国以及我国台湾、香港等地区也都开始对日本发起了强有力的挑战。① 因此,虽然目前日本仍保持着世界动漫产业的领先地位,但未来的发展道路也充满变数。

第四节　日本主要动漫产品案例

日本动漫产业在其多年的发展过程中,创造了许多著名的动漫产品,不仅在世界范围内产生了广泛的影响,而且获得了极佳的经济效益。下面我们不妨选择两种重要的日本动漫产品进行简要分析。

一、日本动漫产业的开创之作——《铁臂阿童木》

1952 年,日本现代动漫之父手塚治虫的漫画代表作《铁臂阿童木》开始在《少年漫画》周刊杂志上连载。这部漫画作品赋予了

---

① 参见张胜冰、徐向昱、马树华:《世界文化产业概要》,第 136 页,云南大学出版社,2006 年版。

小机器人阿童木以纯真、善良、勇敢、百折不挠的精神内涵，迎合了战后日本人的精神需求，因而深受日本广大读者喜爱。手塚治虫通过阿童木故事所创造的科学幻想的世界，以及对机器人与人类社会关系的探讨，也都成为此后日本动漫作品经久不衰的题材和主题。

后来，手塚治虫又将漫画《铁臂阿童木》改编成了动画电视连续剧，于1963年元旦开始在富士电视台播出，反响极为强烈，创下了收视率的最高纪录。更为重要的是，作为世界上第一部动画电视连续剧，《铁臂阿童木》的出现标志着日本动漫产业迈出了关键性的一步，具有里程碑式的意义。

可以想见，对于一部长达52集（每周一集，连播一年）的长篇动画电视连续剧来说，在制作时会遇到不少棘手的难题。其中最大的难题当属如何解决制作周期和资金的问题。当时，日本动画的制作技术根本无法与美国的迪斯尼相比。一般来说，一部长篇电视动画片的制作期需要三年，每集的制作成本为200万日元，52集共需1亿多资金。而签约的富士电视台，每集仅付55万日元，52集共2600万日元，资金缺口高达8000万日元，这几乎是天文数字。为了解决上述难题，手塚治虫对动画生产工艺进行了大胆改革，从而大大降低了制作成本，缩短了制作周期。同时，他还带领"虫动画工作室"的同仁日夜奋战，每人每天完成画稿66幅，远远超出每人每天5幅的常例。这样的超负荷工作基本能够保证每周一集30分钟的动画片按时播放，但是资金的缺口仍较大。为此，手塚治虫又通过三种方式进行集资：一是让"明治制果公司"广告赞助；二是以"阿童木"形象向企业、商社有偿转让，取得一亿日元的版权收入；三是将作品销往美国。这样三管齐下，终于解决了资金缺口问题，并最终扭亏为盈。从此，"阿童木"有了"能生金子的蛋"之美誉。在此不难看出，手塚治虫实际上在无意间开创了日本动漫商业化运作的先河。首先，他打破了动漫只是艺术品的传统观念,以自己的实践证明,动漫作品同时还是具有高附加值和巨大市场潜力的商品。其次,他冲破了动漫生产、销售与资金间的单线性联系,探索出一种全新的立体化的市场运作新模式,从而获取了足以支撑动漫艺术发展的社会资金。①

　　作为日本动漫产业的开山之作,《铁臂阿童木》(见图 11-2)在国内外市场上都获得了巨大成功,影响至今不衰。2003 年 4 月 7 日是铁臂阿童木在漫画作品中的诞生日期。在这一天到来之际,日本有关方面举行了盛大的纪念活动。比如,日本高岛野公司在东京举办了"阿童木"专展,展出了阿童木的各种形象造型。其中,特别引人注目的是一个浑身缀满珠宝的小阿童木机器人,其价值超过了 1 亿日元。在铁臂阿童木的假想诞生地高田马场一带的商店街,非政府组织和早稻田大学还联合发行了"阿童木货币"。货币单位为马力,1 马力相当于 1 日元,有 10 马力、100 马力、200 马力三种币值。这种货币作为对志愿者的答谢分发给他们,可以在高田马场地区的 69 家店铺使用。② 日本新座市更是别出心裁地在 4 月 7 日这一天为阿童木颁发了特别户口簿,使之成为了该市的特别居民。后来,新座市为了发展旅游业,举办了"一日市长制度"活动,希望以此扩大城市的知名度,结果铁臂阿童木当选了其第一任市长。

---

　　① 参见徐霖恩:《日本动漫艺术的产业化发展》,第 297～298 页,载尹继佐《文化发展与国际大都市建设——2003 年上海文化发展蓝皮书》,上海社会科学院出版社,2002 年版。

　　② 参见高红:《求解阿童木故乡动漫方程》,载《经济参考报》2004 年 8 月 23 日。

图 11-2　日本著名动画形象《铁臂阿童木》

　　拥有阿童木相关版权的日本手塚制作公司则借庆祝活动制定了一个庞大的"阿童木梦想计划",进行了一系列广泛深入的动漫商务开发。该计划涉及制作、播放、出版、音乐、食品、生活用品、文具、服饰、IT 及通信等多个行业,共有 70 多家公司参加。这其中不乏像富士电视台、明治制果公司、TAKARA 玩具公司这样知名的大企业。富士电视台从 4 月份开始播出新版 50 集的《铁臂阿童木》电视动画片,制作预算高达 15 亿日元,是通常动画的 3 倍之多;明治制果公司主要生产贴有赠品标签的阿童木巧克力,并且在糖果和口香糖等全部点心类食品中都采用了阿童木的形象;TAKARA 公司则开始大量上市阿童木机器人娃娃及相关玩具商品,预计每年可实现 20 亿日元(约合人民币 1.3 亿元)的销售额。

　　在进行动漫商务开发的过程中,手塚制作公司十分注重海外市场的拓展,正如富士电视台制作局局长所说:"在过去 50 年出现的漫画角色中,阿童木名列第一。如果说米老鼠是美国制造的话,我希望将'阿童木'以日本制造的形象推广到全世界。"所以阿童木的电视动画新片从 2003 年中期起,就陆续被引入了美国以及亚洲的韩国、新加坡等国家和我国台湾、香港等地区。中国中央电视台的《动漫世界》栏目也从 2004 年 12 月 28 日起,正式开始播放这部动画片。而阿童木的电影则由索尼影视娱乐有限公司集中了日美两国的精英在好莱坞进行制作,并将在日美同时公映。这部电影采用了全 3D CG 动画技术,制作费用和宣传费用均高达 100 亿日元(约合人民币 6.7 亿元),其震撼性的效果可想而知。

据日本电通消费者研究中心预测,"阿童木关联商务"的经济波及效果在 3 年内有望高达 5000 亿日元(约合人民币 334 亿元)。而正在打造这一"巨型计划"的,则是在各公司担任要职的、伴随阿童木一起成长起来的行业精英。像著名玩具公司 TAKARA 的社长佐藤庆太,就是一位狂热的阿童木迷,在他的社长办公室摆放了全套阿童木漫画单行本,平时他也总是热切地购买与阿童木有关的商品。在批发商、零售店主和超市采购部门的管理层中,也不乏从小就在阿童木的熏陶下长大的人,在他们负责进货时,以阿童木为动漫形象的商品很容易得到他们的认可和接受。

为了推行"阿童木梦想计划",手塚制作公司采用了代理店的商业运作模式。其主要特点是:由手塚制作公司负责角色形象商品的企划,并向商家发放与生产许可及销售许可相对应的"生产权利"及"销售权利"。这样做的好处,是可以有效地对商品的品质和流通进行监督和管理。例如,在实行了代理店的运营方式之后,带有阿童木形象的 T 恤很快就售出了 30 万件以上,而普通的角色形象 T 恤一般仅有 8 万件左右的销量。

从手塚制作公司所实施的"阿童木梦想计划"我们不难发现,作为一个有着 50 年历史的著名品牌,阿童木在新的世纪仍然有着无限的商机。手塚制作公司高层表示:"希望创造一个从父母到儿女,再到子孙,代代继承阿童木世界观的社会环境。"而这也是参加"阿童木梦想计划"的企业共同的心愿。对于这些企业来说,阿童木商务应该成为一个能够持续产生长期效益而绝非狂热一时的产业。

也只有这样,在新的世纪里,阿童木的财富神话才能继续存在下去。①

二、日本动漫产业链的成功运作——皮卡丘奇迹

日本动漫产业的兴旺发达除了依靠作品播映市场的繁荣之外,更重要的还是来自对动漫周边衍生产品的开发和经营,通过对动漫形象资源的二次乃至多次利用来提升其附加值。在这方面,"口袋怪兽"皮卡丘可以说是创造了日本动漫产业过去十年最大的奇迹。皮卡丘这个动漫形象最早来自任天堂的掌上游戏《宠物小精灵》,在此基础上,不断衍生出影视动画片、玩具等众多产品,由此创下了近1万亿日元的经济规模。在美国财经杂志《福布斯》2003年公布的"虚拟形象富豪榜"上,皮卡丘的身价高达8.25亿美元。通过皮卡丘奇迹,我们可以领略日本动漫产业链的各个环节是如何连动共同获益的。

1996年,任天堂公司推出了以皮卡丘为动漫形象的掌上电子游戏——《宠物小精灵》(见图11-3),随后,就调动整个动漫产业链进行衍生产品的开发利用。为了开拓市场,任天堂公司首先在日本影响力最大的幼儿漫画杂志 GoroGoro Comid 上展开强大的宣传攻势。游戏推出3个月后,也就是在1996年的5月号杂志上,刊出了任天堂关于这款游戏"绝对找不到的第151只宠物小精灵'梦',20名大赠送"的广告,结果反响十分热烈。两个月后,任天堂又借新款掌上游戏机(Game Boy)发售的机会再推一轮公关。10月,当玩具、文具、日用品等动漫周边衍生产品开始销售时,GoroGoro Comid 杂志相关的漫画连载也在同步进行之中了。此后,以皮卡丘为主角的动漫影视作品开始使这个可爱的动漫形象跨出国门,影响力逐渐波及全世界。1999年6月,动画片《宠物小精灵》在美国上映时,一举

---

① 参见[日]平井太郎:《新世纪阿童木商务》虞斌译,载《动漫产业资讯》2005年4月(总第8期)。

打破美国电视动画片的收视纪录，到 7 月份全美已经有超过 150 家电视台播放这部动画，一度占领了美国电视台 89.7％的份额，火爆程度令人惊叹。当年 11 月，《宠物小精灵》的电影《超梦的逆袭》在美国上映时，第一天就日进 1010 万美元，创造了美国影院动画片首日上映票房收入的最高纪录。[①] 最终票房超过 8500 万美元，打破全美有史以来动画电影的最高纪录，并成为首部打破欧美电影票房纪录的亚洲影片。另外，《口袋怪兽皮卡丘》电影版的录像带在美国上市第一天就卖出了 100 万套。皮卡丘也因此成为美国最受欢迎的动漫形象之一，在全美"50 大最受欢迎卡通形象"评选中，皮卡丘位列第 15 位，超过了米老鼠等传统动漫形象。

图 11-3　日本动画《宠物小精灵》

---

① 　参见张亮：《日本动漫产业启示录》，载《南风窗》2003 年第 2 期。

有关皮卡丘的影视动画片在日本国内同样也引起了轰动。1997年4月,"口袋怪兽"皮卡丘的电视动画在日本播出时,获得了巨大成功,曾取得过超过18％的收视率,甚至其主题曲也进入了音乐流行榜的前10名,销量突破50万张,创下了声优单曲专辑的最高纪录。皮卡丘的8部动画电影在1998～2005年的日本动画电影票房中,2次排名第一,4次排名第二,2次排名第四,在日本总计票房达到400亿日元,动员观众超过3500万人次。

基于上述深厚的市场基础,任天堂的游戏产品也获得了丰厚的收益。起初,《宠物小精灵》分红和绿两块游戏卡,由于所包罗的宠物小精灵不同,所以游戏玩家必须两块卡全部都买才能找齐所有的宠物小精灵。1997年,任天堂又推出了青色游戏卡,仅仅改变了游戏的图案与宠物小精灵的分布地点和出现几率,就立刻狂售近62万套。后来又推出了专门供彩色掌上机使用的游戏卡,其销量仅在1998年就已超过百万。此时,游戏中的宠物小精灵已超过250种。①

1998年,《宠物小精灵》红、蓝两种游戏卡在美国上市,立刻登上全美游戏销量榜首,并在其后持续热卖长达半年,最后三个版本的游戏卡总销量接近1500万套,销售额接近4亿美元。次年1月,"宠物小精灵"的对战卡片开始在美国上市,短期之内就卖出了24亿张,超过了日本16亿张的销售记录。所谓的"Trading Card Game"成为本年度美国青少年间最流行的游戏。

1999年,皮卡丘登陆欧洲,9月,其电视动画在英国播出,随后游戏、卡片、玩具等相继全面上市。除了掌上游戏之外,已经风靡美日两地的对战卡片在英国也取得了更大的成功。大街上到处可见拿着"口袋怪兽"卡片互相炫耀的孩子们,这种对战卡片的发行销售更是成了暴利行业。西雅图一家精明的发行商在英国推出了

---

① 参见张亮:《日本动漫产业启示录》,载《南风窗》2003年第2期。

两套 60 张的卡片,一套 7.25 英镑的普通版,一套 9.99 英镑的限量版。由于限量版奇货可居,在网络上被一度炒到 300 英镑。现在,有关皮卡丘的战斗卡片在全球的销售量已突破 200 亿张。

迄今为止,皮卡丘游戏系列在全球的总销量突破 1 亿 5 千万套,多次登上日本和全球年度游戏销量的王座,其游戏新作常常在几天之内就轻松卖出上百万套。毫无疑问,皮卡丘已成为游戏产业史上价值最高的品牌。它不但超过了历史上最畅销的游戏《勇者斗恶龙》和《超级玛莉》,而且它的衍生产品横跨一百多个行业,多达万种,由全球 1000 多家公司专门生产和制造。皮卡丘也因此而成为继机器猫、Hello Kitty 之后的日本第三大动漫偶像,并且大有后来居上之势。任天堂负责皮卡丘市场推广的石原恒和认为,只要努力,皮卡丘能成为 30 年内都不会褪色的动漫品牌。现在,皮卡丘的受众也在不断扩大,过去只是集中在儿童、中学生以及他们 30 来岁的父母。但是随着影响力的不断扩大,高中生、大学生之中的爱好者也在增加。

石原恒和曾说自己的梦想就是赶超迪斯尼,如果说这句话表明了任天堂的经营方向和奋斗目标,那么,日本第二大广告公司博报堂的娱乐事业局制作人新关光二所言则道出了皮卡丘成功的大环境因素:"泡沫经济时期,大家收集名画古董,现在不能如此挥霍,日本人喜爱收集东西的习惯就转移到个性商品上了。这些商品并非高价的奢侈品,而是像皮卡丘一样的个性商品。"1998 年亚洲金融危机之后,电子游戏产业在逆境之中的兴起,某种程度上反映了人们消费观念的转化。所以,强调收集和交换乐趣的"皮卡丘"不仅在中小学生间造成轰动,对日本的成年人也有极大吸引力。[①]

---

①　参见《口袋妖怪——皮卡丘诞生 10 周年》,http://www.skyhu.com/zhuanti/ly01/001.htm.

现在，从带有皮卡丘彩绘的波音747客机到为爱知世博会而建的皮卡丘主题公园，从全球7家口袋怪兽中心到风靡美国的Pokemon Rocks America Tour，从不断推出的皮卡丘影视游戏作品到五花八门的各种皮卡丘衍生产品，口袋怪兽皮卡丘的形象可以说是无处不在，影响力与日俱增。这说明皮卡丘的动漫产业链仍在创造着巨大经济效益，皮卡丘奇迹还在延续。

思考题

1. 试分析动漫产品在当代社会受到欢迎的原因。
2. 日本发展动漫产业有哪些经验值得我们借鉴？
3. 请以实例谈谈动漫衍生产品。

相关案例：

盛大网络是如何发展游戏产业的

作为中国网络游戏业的巨人，上海盛大网络发展有限公司是一家非常年轻的企业。它成立于1999年11月，是伴随着网络游戏这一新兴的文化产业成长起来的。当时创办公司的启动资金只有50万元。公司成立之初，主要从事网络动漫产业，是国内最早涉足这一产业的企业之一。2001年，盛大网络用30万美元的入门费和付给供应商27%的分成获得韩国网络游戏《传奇》的运营权，并从9月开始正式运营。此举也意味着盛大的主业已由网络动漫转向了网络游戏。这次重要转型可以说是盛大网络走向高速发展极为关键一步。到2002年上半年，《传奇》游戏注册用户就超过了1800万，创造了中国网络游戏史的新纪录。据国际数据公司（IDC）的统计表明，盛大网络占据了2002年中国网络游戏业68%

的市场份额，成为世界第一大网络游戏运营商。仅2002年一年，《传奇》游戏就为盛大网络带来约6亿人民币的收入，超过国内三大门户网站收入的总和。

这时，盛大网络已经成为国内同时在线人数最多的网络游戏站点。当在线游戏人数飙升到10万人级别时，盛大网络的全国服务器也增加到了几十组，原有的服务系统则面临崩溃。于是，盛大网络立刻斥500万元巨资于2002年5月建起了大规模的呼叫中心，保证了网络游戏的正常运营。

对于网络游戏运营商来说，掌握强大的渠道话语权至关重要。因此，盛大网络在拥有了呼叫中心之后，接着又在2002年6月建立了用户接待中心；2003年1月，收购了国内移动领域和棋牌领域的知名企业——深圳风林火山电脑技术有限公司；2003年2月，收购了全国移动应用服务供应商——上海数龙科技有限公司。这一系列的资本运作，进一步加强了盛大网络对渠道的强有力控制。

虽然盛大网络创造了飞跃式发展的"传奇"，但是，这种仅仅做韩国网络游戏运营商的商业模式的缺陷也非常明显。一方面，韩国网络游戏供应商掌握着游戏源代码，每月要从销售收入中提成27%，仅2001年韩方就因此收获了1.2亿元，这显然加大了盛大网络的经济负担和商业风险。另一方面，作为运营商的盛大网络又无法对用户的需求做出及时的反应，也无法针对国内的市场环境对产品进行调整，当然就更谈不上开拓游戏衍生的边缘市场了，这样就等于丧失了发展的主动权。2002年9月，韩国《传奇》游戏的供应商不慎将源代码泄露，致使中国境内出现了2500多家非法私自营运的游戏服务器，给盛大网络带来巨大损失。2003年1月，韩国《传奇》游戏供应商又单方面宣布了中止代理合同的消息。这一切更进一步坚定了盛大网络自立门户的决心。

为了进行具有自主知识产权的游戏开发，盛大网络于2003年

3月投资成立了上海盛品网络发展有限公司,10月成立了上海盛锦软件开发有限公司,2004年1月,收购在网络游戏引擎核心技术开发领域全球领先的美国ZONA公司。

经过不懈努力,2003年7月,盛大网络历时一年自主研发的大型网络游戏《传奇世界》终于成功上市,这标志着国内游戏业走上了独立发展的道路。9月,《传奇世界》同时在线人数超过30万,盛大网络所有游戏在线人数则突破100万,再次刷新由自己保持的世界纪录。10月,在胡润和《福布斯》相继推出的两份中国富豪榜单上,盛大网络的创建者陈天桥都以40亿人民币的身价跻身于前10名之列。盛大网络的游戏霸主地位已无可置疑。

然而,盛大网络的目标并不止于此,创建"网络迪斯尼"成为其新的梦想。对此,陈天桥是这样描绘盛大网络的发展蓝图的:"立足中国,依托亚洲,成为中国居领导地位的互动娱乐媒体企业。迪斯尼公司依托电影业,用了70年时间发展为行业巨头。我希望能通过游戏、卡通和宽带,将产品和品牌融合起来。盛大的远景,是从网络游戏,逐步扩展到互动娱乐传媒乃至上下游媒体、广告和制造产业,建立立体化的现实的盛大娱乐世界。"为此,盛大网络在人事方面作了重要调整。2004年2月,著名职业经理人、前微软中国总裁唐骏入主盛大网络,陈天桥开始退居幕后。与此同时,盛大网络加紧了上市和国际化的步伐。2004年5月13日登陆纳斯达克的盛大网络,[①]股价由11.30美元高开后一路飙升,最后以8.8%的涨幅创造了2004年中国概念股在国际资本市场上最优异的开局。[②]到8月10日,盛大网络的市值已达到14.8亿美元,成为纳斯达克市值最高的中国概念网络股。按照持有股票的比例计算,31岁的陈天桥一跃成为拥有90亿人民币的中国大陆首富。同时,盛大网络也超越了韩国网络公司NC—SOFT的市值,成为全球最大的网络游戏股。

为了打造其"网络迪斯尼的"的娱乐王国,盛大网络在2004年先后进行了5次重要的战略投资和收购,其对象分别是国内最大的在线对战游戏平台——上海浩方在线信息技术有限公司、棋牌游戏开发运营商——杭州边锋软件技术有限公司、移动设备游戏开发商——北京数位红软件应用技术有限公司、国内原创文学门户网站——起点中文网、在韩国上市的网络游戏开发运营及发行公司Actoz Soft公司。除此之外,盛大网络还与新浪、英特尔、微软、长虹、上海广电集团等国内外著名企业展开密切合作,试图通吃网络游戏产业链从顶端到底端的所有环节。特别是在2005年2月19日,盛大网络通过在公开市场购买的形式,获得新浪19.5%的股份,一举成为其最大的股东。这无疑为盛大网络实现其战略构想提供了一个更大的平台。

当然,盛大网络以游戏为基础的家庭娱乐战略也不是没有风险,凯捷咨询副总裁李波认为:"如果盛大准备通吃产业链的话,虽然用户面更广了,但用户的忠诚度却低了。国际上,微软、惠普、索尼等都曾经涉及过家庭娱乐战略,但至今尚无人成功。陈天桥的胆量可嘉,但必须要锁定一些城市和特定的客户群。"[①]盛大网络的此次重要转型不会那么轻而易举。实际上,在公司宣布转型一年多来,由于其主营业务由过去所擅长的大型游戏主动扩展到休闲游戏,商业模式由以往所擅长的时间收费开始扩展到免费运营增值服务,结果在收入方面出现了相当大的震荡,并且直接导致盛大网络2005年第四季度高达5.389亿元(6680万美元)的巨额亏损。因此,现在来判断盛大网络的战略转型是否能续写新的传奇,还为时尚早。

---

① 参见陆琼琼:《陈天桥解说盛大路线图》,载《经济观察报》2005年4月18日。

欧洲文化遗产的保护与开发利用

　　欧洲是世界上文化遗产保护得最好的地区之一，也是对文化遗产最有效地加以开发利用的地区之一，有很多成功的经验和做法值得重视。欧洲的文化遗产充分体现出有效保护和充分利用相结合的原则，在这个基础上去充分挖掘文化遗产的历史价值对当代社会所产生的意义。在欧洲很多城市，遗留下来很多各个时期不同风格的文物古迹和建筑样式，成为人类珍贵的文化遗产。这些文化遗产不仅成为人们寻古探幽、追溯历史文化遗迹的特定场所，也成为当代社会发展的一种重要经济资源；不仅具有深厚的历史价值，同时也具有极高的经济价值。欧洲各国的社会经济发展与其文化遗产的保护和开发利用有密切关系，很多问题值得我们去深入探讨和研究。

第一节　文化遗产的价值

　　文化遗产是人类一种重要文化资源。专门研究遗产管理的英国诺丁汉特伦特大学文化资源管理专业教授迈拉·沙克利说道："大多数遗产地都成为了其国家文化旅游的吸引物。有些如英国的巨石阵，埃及的金字塔，中国的长城等，在很大程度上成为了国家的象征，并得到了全世界的公认。文化遗产是一种脆弱的、不可修复的资源，必须

受到保护,以保持它的真实性并留给后人享用。"①他把文化遗产分为以下两类:碑碣、建筑群和单独的遗址;都市建筑群

第一类包括的标准必须是:

(1)能够代表一种独一无二的艺术成就,或具有创造性的杰出作品(底比斯,吉萨,拉利贝拉,复活节岛等)。

(2)从空间上来说,或从世界文化地域上来说,能够对建筑、碑碣艺术、城市建筑的发展或景观设计产生重大影响(哈德良城墙)。

(3)已经消失的文明或文化传统具有独一无二至少是例外的证据(努斯汀茨村,底比斯,吉萨,哈德良城墙,复活节岛等)。

(4)有某种杰出的建筑或典型的建筑群或景观,能够表明人类历史的某个重要阶段(别尔坦,哈德良城墙等)。

(5)具有杰出的传统的人类定居或土地使用典范,能够代表某种文化(或某些文化),但在遭遇不可逆转的变迁冲突或在特殊的情况下,容易变得脆弱(卡卡杜湾,复活节岛等)。

(6)与历史事件或生活传统,与思想、信仰,与具有全球价值的艺术文学作品等有着直接或可触知的联系(底比斯,吉萨,拉利贝拉等)。

第二类是指具有历史意义的城镇(其中包括城市和其他都市),主要为:

(1)具有特殊阶段或文化的城镇,应得到全面的保护,并不被后来的发展所破坏。

(2)保留了空间布局和结构的城镇,具有连续性的历史阶段,其历史价值优于其现代环境。

(3)具有历史意义的中心,所占面积几乎与古城一样,但现在被圈到现代化的城市里。

(4)一些零散的地区,但保留了某种具有历史意义的古城的遗

① [英]迈拉·沙克利著,张晓萍、何昌邑等译:《游客管理:世界文化遗产管理案例分析》,第1页,云南大学出版社,2004年版。

迹，虽然这座古城已消逝。①

图 12-1　圆明园遗址（作者摄）

从历史的角度来看，文化遗产的价值就在于它是人类文明的标志，是构成人类社会文化传统的重要来源。图 12-1 为我国重要文化遗产圆明园遗址。文化遗产的价值不仅影响着人类历史的发展，而且也影响到人类社会未来的发展，因此，保护文化遗产对人类社会具有重要意义。1972 年 11 月 16 日，在法国巴黎召开的第 17 届联合国教科文组织大会上，经与会代表一致同意，通过了《保护世界文化与自然遗产公约》（简称《世界遗产公约》）。该公约对保护世界遗产的重要意义作了明确的规定和阐述，并指出了被列入世界遗产保护对象和范围。这个具有历史性的文件对加速人类遗产保护起到了积极作用。按照这个公约，世界遗产指的是被联

---

① 　[英]迈拉·沙克利著，张晓萍、何昌邑等译：《游客管理：世界文化遗产管理案例分析》，第 4～5 页，云南大学出版社，2004 年版。

合国教科文组织及它所属的世界遗产委员会确认的人类罕见的、目前无法替代的财富,是全人类公认的具有突出意义和普遍价值的文物古迹和自然景观。对于文化遗产,按照《保护世界文化与自然遗产公约》的规定,它包括以下内容:

文物:从历史、艺术或科学角度看,具有突出意义和普遍价值的建筑物、雕刻和绘画,具有考古意义的成分和结构,铭文、洞穴、住区及各类文物的综合体;

建筑群:从历史、艺术和科学的角度看,因其建筑的形式、同一性及其在景观中的地位,具有突出意义和普遍价值的单独或相互联系的建筑群;

遗址:从历史、美学、人种学或人类学角度,具有突出意义和普遍价值的人类工程或人与自然的共同杰作以及考古遗址地带。

后来联合国教科文组织又制定了《世界遗产公约》的补充文件《执行遗产公约的操作准则》,作为世界遗产评定的具体依据,它规定凡提名列入《世界遗产名录》的文化遗产项目,必须符合下列一项或几项标准方可获得批准:

(1)代表一种独特的艺术成就,一种创造性的天才杰作;

(2)在一定时期内或世界某一文化区域内,对建筑艺术、纪念物艺术、城镇规划或景观设计方面的发展产生过大的影响;

(3)能为一种已消逝的文明或文化传统提供一种独特的至少是特殊的见证;

(4)可作为一种建筑或建筑群或景观的杰出范例,展示出人类历史上一个(或几个)重要阶段;

(5)可作为传统的人类居住地或使用地的杰出范例,代表一种(或几种)文化,尤其在不可逆转之变化的影响下变得易于损坏;

(6)与特殊普遍意义的事件或现行传统或思想或信仰或文学艺术作品有直接或实质的联系。

截至 2003 年,欧洲共有 754 项遗产被列入《世界遗产名录》,

其中文化遗产占了582项，在世界遗产中占了一半多（中国有20项遗产被列入世界文化遗产）。[①] 从这里可以看出，欧洲国家世界文化遗产的数量最多，是世界文化遗产比较丰富的地区。正是因为丰富多彩的遗产数量，再加上长期养成的文明习惯，欧洲人对文化遗产历来持一种尊重的态度。

对当代社会来说，文化遗产的价值可以从以下方面来认识：

首先，文化遗产是人类历史和文化传统的积淀。文化遗产是人类社会历史的记录，它体现出人类文化发展的历史进程，因此，文化遗产构成了人类不断延续着的历史和文化，它以时间和空间的形式存活于人类社会中，保护人类文化遗产就是保护人类的历史和文化传统。文化遗产对现代社会来说是一笔十分珍贵的财富，因为它已经成为人们了解人类社会过去的真实资料。

其次，文化遗产还是人类精神财富的载体。依照存在形态文化遗产分为物质文化遗产和非物质文化遗产。文化遗产不同于自然遗产之处在于它是人类文化创造的产物，是人类按自身利益和需要有意识、有目的创造出来的，这种创造活动中自然就包括了人类的价值观念、思想意识、生活经验和精神世界的追求。这些精神财富在人类社会漫长历史岁月中都作为文化遗产形式保存了下来，它是我们了解人类精神世界发展的不可缺少的重要资源。

再次，文化遗产还具有突出的社会教育功能。正如有论者指出的：遗产资源的本质在于它是一种符号，是一种积淀，是传统文化和国家、民族、历史的象征。一个国家，一个民族，历史的和文化的积淀都是在国家自然与文化遗产中得到体现的，人文精神不是空话，它是依托在一些具体的、能够体现民族文化传统、民族精神甚至是民族尊严的某些载体上。自然与文化遗产正是这样的载

① 参见余晋岳主编：《世界文化遗产与自然遗产手册》，第3～4页，上海科学技术文献出版社，2004年版。

体。这些世界遗产之所以被称为人类共同的财富,最关键的就是因为这些地方集中保留了古往今来最美好的东西,赏心悦目的时候最容易激发人们探索和关心的好奇,知识的吸收和民众素养的提高也会由此而产生。这是比接受知识更重要的深层教育。[①] 文化遗产资源无疑可以对当代社会起到突出的人文方面的教育和审美熏陶,而且这种教育和熏陶常常是潜移默化地渗透到人的内心当中。

最后,文化遗产也是当代社会的一种重要经济资源。对当代社会来说,遗产不仅意味着一种保护,也意味着一种开发利用。对遗产的经营与管理已经成为当代社会的重要课题。文化也是一种生产力,尤其是对当代社会而言,文化遗产的潜在经济价值表现得更加突出。文化遗产经过合理开发,其文化价值可以转化为经济价值,这里涉及到对文化遗产如何进行有效管理与经营等很多方面的问题,如对文化遗产性质的认识,如何处理好文化遗产的价值与利益的关系,文化遗产的所有权与经营权,文化遗产的保护原则与开发利用,遗产保护区、风景名胜区与文物古迹的管理等。世界各国在这方面既有很多成功的经验,也留下了不少失败的教训,这方面还有很多问题值得深入研究。图 12-2 为我国烟台历史文化建筑群。

① 参见龚益:《世界文化与自然遗产的社会教育功能》,载郑玉歆、郑易生主编:《自然文化遗产管理——中外理论与实践》,社会科学文献出版社,2003 年版。

图 12-2　烟台历史文化建筑群（作者摄）

第二节　欧洲文化遗产的历史渊源及类别

欧洲各国文化之间具有很深的历史渊源，从根本上说，它们同古希腊和古罗马文化具有非常密切的关系。由于文明传统的深刻联系，欧洲国家在文化遗产保护与开发利用方面的一些经验，也表现出很多共同之处。

古希腊是世界四大文明古国之一，是西方文明的发源地，由它所诞生的哲学、艺术、伦理、美学、科学等思想观念，影响到整个西方文化和社会的发展。对西方来说，古希腊本身就是一笔丰厚的文化遗产，它留下的文化遗产很多，有物质文化遗产，也有精神文化遗产，是一座巨大的文化宝库，深刻地影响到整个西方文明和西方社会的发展。德国古典美学家黑格尔曾经说，有教养的欧洲人一提到希腊,都会有一种家园的感觉。恩格斯也说过:"在希腊哲学的多种多样形式中,差不多可以找到以后各种观点的胚胎萌芽。"①西方史学家则是"言必称希腊"。虽然今天的希腊在欧洲算不上是一个经济发达国家,甚至还呈现出破落景象,人均收入落在亚洲的韩国和我国香港之后,但是,希腊带给西方的文化遗产仍然是西方享用不尽的文化资源。

古希腊给人类社会留下了丰厚的文化遗产,这些文化遗产对西方文化发展带来了深刻的影响。如以著名的雅典卫城等为代表的建筑,以米洛的维纳斯等为代表的雕塑,还有大量流传下来的古希腊神话、悲剧、喜剧以及民主、科学、理性等观念形式,都是西方文化悠久传统的源头。

欧洲文化的另一源头是宗教,它影响了西方道德观念的形成。西方宗教始于古罗马时期,它与古希伯来文明有关。不了解西方宗教也就不了解西方文化和西方社会。事实上,欧洲很多文化遗产都与宗教有关,如各个历史时期遗留下来的各种不同类型的宗教建筑,各种宗教题材的绘画、雕刻、文学艺术等。

欧洲各种文化遗产资源十分丰富,被列入《世界遗产名录》的也最多。欧洲的很多城市都同文化遗产联系在一起,例如,意大利首都罗马就被人们称之为"建在历史上的城市",它曾经有过自己的辉煌,整个城市到处都是由文物古迹构成的文化遗产,这里曾经作为世界文化和政治的中心影响了整个世界,出现过世界上早期的议会民主制度,还有历史上著名的凯撒大帝等,到后来成为基督教的中心。这里保留下来的文化遗产有古罗马的遗迹、中世纪的宗教建筑和艺术、文艺复兴时期的宫殿和巴洛克式建筑样式等等。每个遗迹、废墟,甚至每块石头后面,都记载着一段历史、讲述着一段故事。所以,人们都说,罗马本身就是一部生动形象的历史。

---

① 《马克思恩格斯选集》第3卷,第468页,人民出版社,1972年版。

欧洲文化遗产的特点十分鲜明，按文化来源看，表现出不同时期的文化分类。从类型上看，欧洲文化遗产中有人类远古时期的文化遗址，如阿尔塔米拉洞窟、阿尔塔岩画、韦泽尔峡谷洞穴群；有古希腊、古罗马为代表的欧洲早期历史文化遗产，如雅典卫城、阿波罗神庙、奥林匹亚遗址、罗马斗兽场、圣玛利亚教堂、比萨中央教堂广场等；有中世纪以来的宗教建筑和绘画艺术，如巴黎圣母院、亚琛大教堂、米兰大教堂、夏尔特尔大教堂、里拉修道院、科隆大教堂、坎特伯雷大教堂、圣奥古斯丁修道院、圣马丁教堂等。也有大量的代表不同历史时期文化的古典宫殿建筑和艺术，如爱丁堡老城、克里姆林宫、凡尔赛宫、卢浮宫、枫丹白露宫、内塞巴尔古城、伯尔尼古城等。欧洲还有很多具有文化象征意义的建筑、标志物和景观，如凯旋门、埃菲尔铁塔、大笨钟、伦敦塔、塞纳河、莱茵河等。这些文化遗产大都保护得都十分完好，成为欧洲历史文明的见证。可以说，欧洲的魅力正是由这些独特的文化遗产构成的。

第三节　欧洲各国文化遗产保护与开发实例

文化遗产的保护与开发一直是当代社会所关注的问题。丰富的文化遗产资源使得欧洲各国对文化遗产的保护意识非常强烈，在理论与实践两个方面都提供了很好的范例。欧洲很多城市之所以没有建造大量现代化的高楼大厦，正是出于文化遗产保护的需要。在欧洲很多国家，人们对历史文化遗产特别尊重，也特别喜爱徜徉于各种文化遗产中去进行品味、体验和思考，这已经形成欧洲人热衷于旅游的一个深层原因。欧洲各国的城市建设和发展首先考虑的就是是否有利于保护文化遗产，这和世界上许多新兴国家和地区的做法不同，在发展中国家的一些城市，人们经常能看到的大拆大建、大兴土木的现象，把很多古建筑、古街道、古文物景观拆掉，建起很多所谓现代化的高楼大厦和摩天大楼，或是兴建一些外观漂亮的仿古建筑和街区等,但在欧洲国家,我们往往看不到这种现象。

欧洲各国对文化遗产的保护意识也反映在他们产业结构的改变上。为了更好地保护文化古迹,欧洲许多经济发达国家把重点放在最有效地保护文化遗产和文化资源上,大力发展新兴产业,如高科技产业、文化创意产业、观光产业等,逐步淘汰旧的产业,限制那些消耗资源、污染环境、破坏生态的传统产业。例如,英国就经历了由传统产业向现代产业的转型。提出要大力发展"创意产业",走知识经济的道路,并把以伦敦为代表的城市定义为创意中心,加大对文化遗产资源的开发利用。尤其是1997年布莱尔领导的工党上台以后,更是大力发展以创意活动为主的创意产业,并推动成立了"创意产业特别工作小组",以此作为振兴英国经济的突破口。据有关资料统计,创意产业已占到伦敦经济的15%,从事创意产业的人口占伦敦整个劳动力的20%。这大大改变了英国作为传统工业中心的形象。

瑞士近年来也一直限制传统工业的发展,鼓励发展新兴产业。瑞士在世界上属于经济发达国家,也是世界上最富裕的国家之一,人均国民生产总值为世界第一,达到4.3万美元。长期以来,工业、金融业和旅游业是瑞士的重要支柱产业。瑞士虽然国土面积狭小,但文化资源却很丰富,被列入世界文化遗产的就有伯尔尼古城、圣加伦的修道院、米斯泰尔的本笃会圣约翰女修道院、贝林佐纳三城堡防卫墙和集镇要塞等多项遗产。同时,瑞士自然遗产也很丰富,有作为世界自然遗产的圣乔治山、少女峰等。瑞士自然风光优美,在世界上享有"欧洲花园"之称,这里有山有水,山水相间,森林密布,雪峰奇立,风景如画,是世界著名的旅游胜地。瑞士不仅城市环境优美,连乡村也美丽如画。进入瑞士的乡村,到处可以看见奇花斗艳的田野,美丽洁净的农舍,悠闲地吃着草的牛羊,绿油油的溪谷,明镜般的湖水和远处白雪皑皑的阿尔卑斯山脉。瑞士有大片的森林、牧场、花园和湖泊，充满田园般的诗情画意。因此，瑞士特别适合发展观光产业。

在瑞士，尽管有发达的工业，但工业并没有对自然环境和文化遗产造成污染和破坏，这使得瑞士成为世界上自然环境和文化遗产保护得最好的国家之一，再加上全球最安全的人文环境，瑞士成为世界各国游客最向往的旅游目的地国家。以瑞士首都伯尔尼为例，它被称之为"花园中的村庄"或"花园城市"，虽然其重要性和知名度不如瑞士的苏黎世、日内瓦、巴塞尔、洛桑，但在瑞士人眼里，它是最漂亮的城市，因为它不仅有古老的文化遗产，还有十分优美的生态环境，充分体现了文化传统与大自然融为一体的特点。伯尔尼人口只有10多万，它是一个有着800年悠久历史和文化的城市。伯尔尼在德语中是熊的意思，所以，作为伯尔尼州徽的标志上有许多熊的图案，城市中到处可看到大量的以熊为主题的雕塑和标志物。伯尔尼有很多古代遗留下来的街心喷泉，这成为这座花园城市的突出文化标记。为了保护城市的文化与自然景观特色，伯尔尼不允许建盖现代化的高楼大厦，以免破坏文化遗产与自然景观的和谐一致。作为瑞士首都，它甚至连机场也不建造，而且就连国家很多机构也不设在这里，而是设在其他城市，这在世界上恐怕是非常罕见的。① 这很能说明瑞士人对文化与自然的尊重。

再比如法国。法国是世界著名的文化大国，悠久的历史、灿烂的文明为法国留下了极为丰富的文化遗产，成为法兰西民族引以为荣的宝贵财富。而巴黎更是久负盛名的世界艺术之都，多年来一直是众多艺术家、艺术爱好者和游客向往的圣地。在法国，文化遗产长期以来受到了特别的保护。

法国是世界上最重视文化保护的国家之一，政府对文化的管

① 参见张胜冰、徐向昱、马树华：《世界文化产业概要》，第109～112页，云南大学出版社，2006年版。

理与保护起到了积极的作用。在 20 世纪 50 年代,法国专门成立了主管国家文化事务的专门管理机构——文化事务部,并在文化部下专门设立了文化遗产司,来推动对国家悠久历史文化遗产的保护和开发利用。法国文化遗产极为丰富,名胜古迹数不胜数。像凡尔赛宫、卢浮宫、枫丹白露宫、巴黎圣母院、凯旋门、布尔日大教堂、圣心大教堂、米迪运河、普罗万城等,都是闻名世界的文化遗产。法国政府充分认识到文化遗产保护工作的重要性,投入大量资金,维护和修复古建筑遗址、城堡、教堂等,同时加强博物馆、档案馆、艺术中心建设,提高国民的文化遗产保护意识。这些措施同时也有力地促进了法国文化旅游业的发展。

法国是世界第一旅游大国,2003 年,到法国旅游的游客超过 7700 万,占到世界旅游市场的 10％以上,旅游盈利超过 710 亿法郎,其中相当一部分人是因向往法国文化而来旅游的。法国人也热衷于文化旅游,在法国,有 42％的旅游者参观过历史建筑物,有 34％的旅游者参观过博物馆。文化是吸引外国旅游者到法国旅游的一个重要因素。一项统计表明,85％的美国人、78％的日本人、73％的奥地利人、71％的瑞士人、66％的西班牙人和 62％的英国人及德国人,在进行旅游目的地的选择时,文化都是他们考虑的一个重要因素。以精美绝伦的建筑艺术为代表的法国文化遗产,为文化旅游业的发展奠定了坚实的物质基础。卢浮宫、凡尔赛宫、巴黎圣母院、凯旋门、埃菲尔铁塔等举世闻名的艺术精品,吸引着国内外成千上万的游客前来观赏。据统计,1975～1990 年,法国主要历史建筑物的付费旅游者数量增长了 37％,国家历史建筑物的旅游人数同期增幅为 78％。其中卢浮宫的游览人数翻了一番,从 1988 年的 270 万增长到 1994 年的 600 万人。上述数字还没有包括那些像巴黎圣母院那样免费游览的历史建筑,实际上,仅巴黎圣母院每年免费接待的人数就高达 1300 万。参观历史建筑物的法国民众的比例在 1981 年为 30％,1987 年上升到 37％,1993 年上升到57%。法国把这些历史建筑物视为"国家的窗口和荣誉",非常重视其保护工作。1994年法国建立了保护历史建筑物的特别基金,5900万法郎被用于维护鲁昂圣母院、布尔日大教堂和巴黎圣母院以及老巴黎歌剧院。法国文化部文化遗产司在1996年有高达20多亿法郎的预算,用于保护和整修1.3万个历史建筑和维修2.4万个有历史价值的建筑。出于保护的目的,一些重要的国家历史建筑物都严格限制团队旅游者。例如卢浮宫,团队客人必须交纳100～500法郎的维护金,在奥赛博物馆,当代艺术展览则拒绝团队客人。①

图12-3 巴黎的街区与古建筑

在保护和开发利用文化遗产方面,法国可谓做到了极致,这对

---

① 参见杨帆:《法国的文化旅游》,载《海淀走读大学学报》2003年第2期。

增加人们对法国悠久文化的向往起到了重要作用。例如,塞纳河作为巴黎的重要象征之一,已经成为巴黎最富魅力之处。塞纳河的魅力不仅在于自然景色优美,更重要的还在于巴黎的很多古建筑和文物古迹均分布在河的两岸,如著名的波旁宫、卢浮宫、奥塞博物馆、圣礼拜堂、巴黎裁判所、巴黎圣母院、埃菲尔铁塔、亚历山大三世大桥等。精妙绝伦、充满历史文化厚重感的文物古迹与塞纳河畔优美的自然风光巧妙地结合在一起,构成一幅优美的图画。

在城市发展方面,法国也特别重视文化遗产的价值,充分发挥文化遗产的特殊功能。例如作为世界名城的巴黎,其魅力在于其浓厚的文化气息和众多的文物古迹。很多老建筑、老街区、文化遗址保留了下来,并没有因城市发展而遭受破坏。巴黎没有其他城市那样现代化的高楼大厦和宽阔的马路,保留着从前古老城市风貌的古建筑和古街道特别多。如图 12-3 所示。这种对文化遗产的珍惜和爱护,使得巴黎成为世界上最富有文化内涵和精神气质的城市。

思考题

1. 在现代社会应如何认识文化遗产的价值?
2. 简述欧洲文化遗产的历史渊源。
3. 欧洲各国对文化遗产保护与开发利用的主要经验是什么?

相关案例:

我国城市中古城的拆建

著名作家冯骥才在《巴黎,艺术至上》中写道:"对于古老建筑的维修,历来分为两种方式,也是两种观念,一是整旧如新;一是整旧如旧,即在修整中尽力保持古物历时久远的历史感。前一种方式多出于实用,后一种方式则考虑到古建筑蕴涵的历史和文化的意义。……而近年来古物修复专家们又再讨论一种新的方法——整旧如初,即还历史以本来面目,除去古物表面斑驳含混和漫漶不清的一层物质侵染。"在巴黎,无论是建筑修复专家,还是平常百姓,人们都在不遗余力地保护着老建筑。如果你住在一栋老建筑里,而你想在建筑上做一些修改和粉饰,就必须去巴黎的城建部门申请并获得审批才可以动工。法国人的这种文物保护意识已经渗透到人们的日常行为之中。

随着我国社会经济发展带来的城市化进程的加快,我国城市发展进入到一个快速发展的时期,一个突出现象是各城市都在大兴土木、大拆大建,进行城市的扩张和改造。一是"拆",即把一些原来的古建筑、老房子、老街区等拆除;二是"建",即在拆除的基础上建造所谓的新的古建筑和街区。在这种扩张和改造中,许多真正具有历史文化意义的旧城和古建筑、老房子、老街区等被无情地拆毁和改造,代之而起的是大量外表看上去十分漂亮的现代化仿古建筑和街区,以吸引人们的注意力。近年来,我国许多城市中建造了大量的仿古建筑微缩景观和主题公园,如北京的世界公园,深圳的世界之窗、锦绣中华,昆明的云南民族村、金马碧鸡坊,开封的宋代一条街,杭州的世界休闲博览园,以及随处可见的大量的所谓"唐城"、"宋城"、"明府"、"清宫"等。这些仿古建筑和仿古街区都难以掩盖赤裸裸的商业动机和经济利益的驱使。它使人们生活于具有文化欺骗性的虚假审美幻象之中,不再去追求对历史和文化的一种真实的体验,而是满足于一种感官的廉价的审美。这已经成为近年来我国城市建设中的一种突出现象,已引起很多有识之士的忧虑和思考。

第十三章 湖南广播影视集团的异军突起

　　湖南广播影视集团是近年来国内同行业中一支引人瞩目的文化企业,尤其是它制作的电视节目,在国内不景气的电视市场上具有很高的收视率,在国内受到广泛的关注和好评,被公认为地方台中唯一能和央视构成有力竞争的对手。湖南广播影视集团近年来的突出表现很值得深入研究,也有很多成功经验值得同行业借鉴。可以说对于我国文化产业发展来说,湖南广播影视集团在体制创新、机制转变和市场化运作方面都具有开创意义。

第一节　湖南广播影视集团简介

　　2000 年 12 月 27 日,湖南广播影视集团(Golden Eagle Broadcasting System,简称 GBS)在长沙正式挂牌成立,它是我国第一家省级广电传媒集团,标志着我国广播影视业在体制创新、集团化运作方面迈出了重要的一步。

　　湖南广播影视集团属于事业性质,实行企业化管理,是独立的事业法人实体。它以广播影视为主,兼营广告、网络、会展、投资、房地产和影视摄制基地等相关产业,是一家跨媒体、跨行业经营的大型传媒集团,下辖有:

十个电视频道(其中两个上星频道):分别为湖南电视台卫星频道、金鹰卡通卫视、时尚(购物)频道、湖南经视综合频道、湖南经视都市频道、湖南经视生活频道、湖南娱乐频道、湖南影视频道、湖南公共频道、湖南潇湘电影频道。

一个电影子集团:潇湘电影集团。

五个广播频道:分别为湖南人民广播电台交通频道、经济频道、文艺频道、新闻频道和湖南经济电视台金鹰955频道。

三家公开发行的报刊:分别为湖南卫视所辖卫视报刊社的《湖南广播电视报》、《天下情》杂志、湖南经视下辖的《法制周报》。

一家综合性新闻网站:金鹰网。

十几家全资或控股公司,其中电广传媒是由集团控股的上市公司,被业界称为"中国传媒第一股"。

湖南广播影视集团成立后,通过集团化经营与规模化发展,已成为湖南广播影视业的"航空母舰"、我国广播影视生产和文化产业的重要基地。

近年来,随着一大批优秀电视节目的问世,湖广集团受到人们越来越多的关注,其影响力也日益扩大。例如,湖南卫视的《快乐大本营》、《晚间新闻》、《背后的故事》、《财富中国》、《真情》、《谁是英雄》、《娜可不一样》等栏目,都已深入人心,产生了巨大的影响力。2004年以来举办的"超级女声"更是在全国范围内产生了巨大反响,成为影响公众娱乐生活的轰动事件。据湖南广播影视集团官方网站数据显示:湖广集团下辖的湖南卫视的收视率从2004年的全国第六,上升到了2005年的全国第四,并成为连续三年第一家也是唯一一家市场份额超过2%的中国省级卫视。在湖南省内收视市场的前十个电视频道中,GBS占据七席。[①]

湖南广播影视集团下辖的湖南华夏影视传播有限公司从《六

---

① 参见湖南广播影视集团官方网站,http://www.gbs.cn/jianjie.htm。

个梦》、《梅花三弄》、《两个永恒》、《苍天有泪》起,就开始播放琼瑶作品,受到观众特别是青少年观众的喜爱。特别是近几年的《还珠格格》,更是非同凡响,形成了独特的"格格"文化现象。另外,其下辖的湖南电广传媒股份有限公司节目分公司是一家集策划、制作、发行、引进为一体的大型专业影视机构,拍摄制作了《乾隆王朝》、《非常公民》、《绝对权力》、《白领公寓》、《中华英豪》、《青春出动》等一大批优秀的影视剧。

2005 年,湖南广播影视集团经营收入达到 17 亿,固定资产超过 80 亿。[①]

目前,湖南广播影视集团拥有以湖南卫视为标志的精品频道品牌,以电广传媒为标志的资本运营品牌,以中国金鹰电视艺术节为标志的节庆活动品牌,以金鹰影视文化城为标志的产业经营品牌。其中金鹰影视文化城由长沙世界之窗、长沙海底世界、湖南国际影视会展中心、湖南国际会展(中心)酒店、湖南金鹰城置业有限公司组成,构成了完整的产业链,在华南地区呈现出迅速崛起的发展势头。

目前,湖南广播影视集团正继往开来,以稳健的步伐和大胆改革的锐气向现代国际化传媒企业的发展目标迈进。

第二节　以市场为取向的文化产业发展战略

在我国,发展文化产业,要以不断满足人民群众的精神文化需求为目标,为此,要充分发挥市场机制的作用,围绕市场从事生产经营活动,积极引导文化消费,培育消费市场,并积极参与国际文化市场的竞争。在市场经济条件下,市场需求是文化产业存在、发展的出发点和归结点。文化产业的发展应当以市场为取向,充分

---

① 见湖南广播影视集团官方网站,http://www.gbs.cn/jianjie.htm

发挥市场对文化产业的调配作用，要使市场在资源配置中发挥重要作用。正如有论者所说的："充分发挥市场在资源配置中的基础性作用，是建立社会主义文化市场经济体制的基本要求。要使我国的文化产业发展富有活力和效率，在继续发挥政府作用的同时，必须充分发挥市场机制的作用，加快文化市场体系的培育，使市场真正成为配置文化资源的主要力量。"①当前文化市场呈现出多元化、时尚化甚至另类化的发展格局，这既为文化产业的发展提供了广阔的空间，也对文化产业提出了不断变化的挑战。处在文化产业链中的广播影视业，必须关注受众的审美、娱乐、休闲、兴趣需求的不断变化，依照特定文化消费的指向，设计出相应的节目，以满足公众的文化消费心理，适应公众的文化需求，否则，广播影视节目就会被市场无情地淘汰。"把适宜于市场化、产业化操作的文化当作一项产业来发展，就是把这一部分文化产品和服务作为商品，通过市场经济的手段来满足人们的消费需求，并使自身得到发展。因此，文化产业的发展也必须遵循'生产、分配、交换、消费'这个商品生产的普遍规律，必须接受文化资源配置、文化市场供给与需求，以及投资、价格、成本、回报率等一系列市场杠杆的调节。"②因此，市场经济条件下的广播影视业必须以市场为取向，适应市场发展变化的要求，按照市场经济规律来不断开发适合观众口味的节目，从而使节目能受到观众认可，获得良好的收视率和经济回报。

湖南广播影视集团正是遵循市场的这一内在要求而发展壮大起来的。为了适应广播影视业竞争越来越激烈的形势，找到适合自身实际和受众要求的定位，湖广集团制定了坚持以市场为取向的文化产业发展战略，走进市场、认识市场、适应市场、拓展市场。

① 胡惠林：《文化产业学——现代文化产业理论与政策》，第233页，上海文艺出版社，2006年版。

② 孙是炎：《文化与文化产业的社会化》，载《马克思主义与现实》2001年第5期。

湖南省广播电视局党组书记、局长,湖南广播影视集团董事长魏文彬说:"湖南电视持续了多年的改革,我们首先是从抓机制入手的。我认为我们过去的机制有个死结没有解开,就是媒体运行以行政权力为纽带,以行政领导为中心。媒体是一个精神产品的生产单位,生产单位应该以质量为纽带,以效益为中心。"①这就明确指出了湖广集团以市场为取向的改革思路和发展策略。据报道,自组建集团以来,湖南广播影视集团始终"以'由计划型向产业型转变,由松散型向紧密型转变'为改革思路,率先在我国进行广电传媒产业的市场化和产业改革,不仅在产业组织方面率先完成了以频道制管理为标志的产业资源整合,而且超前地将产业经营完全纳入了市场化运作轨道,创造了'电视湘军'的崛起之势"②。

近年来,虽然经历了风风雨雨,但由于始终坚持以市场为取向的发展策略,不断按市场要求调整自身,满足受众不断变化的审美、娱乐、休闲、兴趣需求,湖南广播影视集团最终走上了适合自身、快速发展的道路。例如,2005年,集团所属的湖南卫视适应市场需求,一方面操办了"超级女声"这一拥有4亿观众,有望称得上中国电视史上最具轰动效应的电视活动;另一方面,每天深夜10点整播出的韩国长篇连续剧《大长今》,也引发了2005年电视剧的收视狂潮。据报道,《大长今》的全国平均收视份额超过了14%,也就是说,全国每100个坐在电视机前的观众,就有14个在收看由湖南卫视播出的《大长今》。③ 而这两方面举措正是为满足观众的情感心理需要、适应市场需求而采取的。一方面,当代年轻人重视张扬个性,有极大的表现欲,急切地需要一个表现自我的舞台;

---

①　刘姝萍、王永亮:《魏文彬:解析"电视湘军"之谜》,载《声屏世界》2005年第5期。

②　谢建辉、胡惠林:《长沙市文化产业现状分析与2002年形势预测》,载《2001~2002年:中国文化产业发展报告》,社会科学文献出版社,2002年版。

③　吴阿仑:《"电视湘军"的点金术》,载《中国企业家》2005年第20期。

另一方面,在竞争激烈的当代社会,人们迫切需要励志的文艺作品来唤起自己的自信心。"超级女声"和《大长今》正是分别满足了这两项需求,从而给湖南广播影视集团带来了巨大的市场收益。"据湖南广电集团董事长魏文彬对《中国企业家》透露,2005年度'超级女声'为湖南卫视带来的收入至少超过1亿元。而当初被行业人士称作以一个'天价'购得的《大长今》中国内地首播权,也成了湖南卫视的'摇钱树',湖南卫视已经获得了超过3500万元的贴片广告收入,而它当初为本剧掏出的'天价'是800万元。"①这些都说明只有按照市场要求运作,文化产业才能取得良好的收益,以市场为取向的文化产业发展策略是湖南广播影视集团的正确选择。近年来,湖南广播影视集团继续沿着以市场为取向的发展道路不断进行改革和调整,从而能够不断满足市场需求,在竞争激烈的广播影视业占据有利的位置。

为更好地适应市场的需要,湖南广播影视集团主要采取了以下措施:

首先,为了适应市场要求,湖南广播影视集团鼓励内部相互竞争和借鉴,不断深化改革,例如,在"快乐大本营"闻名全国之前,湖南经视同类型的"幸运"系列节目早已在湖南万人空巷,创下了很高的收视率。在"超级女声"火爆之前,湖南经视同类型的选秀节目如"绝对男人大选"、"明星学院"在湖南也很有影响。"快乐大本营"、"超级女声"的巨大成功,正是在这种竞争中借鉴了集团其他频道的经验才取得的。而且湖广集团深化改革,重新进行资源调整,将卫视定位为向省外发展,将经视、娱乐频道定位为在省内抢占市场,从而使集团内部形成了既互相竞争、又互相促进的氛围。这些措施有力地激发了所属单位的活力,使他们不断进行自身调整以适应市场,从而使集团走上健康发展的道路。正如湖南

---

① 吴阿仑:《"电视湘军"的点金术》,载《中国企业家》2005年第20期。

广播影视集团总经理曾凡安先生所说："盘活资源,这也是把产业做强做大的关键。广播影视资源主要涵盖频道资源、节目资源、人力资源、财力资源、设备资源、技术资源、网络资源等。过去,广播影视业存在的一个最大弊端就是资产资源重复、闲置、内耗现象严重。集团组建以后,一个重要经营手段就是盘活资源,第一位的是要盘活人力资源,要通过竞争机制、激励机制、教育机制,充分调动起人的积极性和主动性。要通过对频道的整合和重新定位,重新配置频道资源,实现频道生产和播出的专业化,走社会化大生产的道路。要通过宏观调控的手段,对财力、物力进行必要的适度集中和统一,使有限的财力、物力得到有效的利用和开发。"①

总之,正是通过鼓励内部竞争及互相借鉴,不断深化改革,湖南广播影视集团盘活了资源,有效地利用和开发了人力、物力和财力,从而使自身整体实力大为增强。

其次,湖南广播影视集团积极扩展业务,力图形成完整的产业链。通过内部改制和资源整合,湖南广播影视集团自身原有资源得到了很好的利用和开发,影响力日益扩大,同时湖南广播影视集团积极扩展业务范围,开发新业务,并且通过业务的延伸力图形成完整的产业链条。例如,湖南广播影视集团从上个世纪末便开始打造被媒体誉为"东方好莱坞"的金鹰影视文化城,而且在现有2600亩园区的产业规模上,金鹰影视文化城将进一步建设适合现代传媒集团发展的新型项目,使之功能更完善,产业链更完整,成为名副其实的国家级影视文化城。集团下辖的湖南经视也积极开拓业务外延,2003年4月,托管长沙世界之窗,2005年1月1日,创办了全国首家由电视台主办的电台"金鹰955",2005年8月22日,推出了纸质传媒《法制周报》,目前湖南经视正朝跨行业、跨媒

---

① 曾凡安:《新世纪广播影视集团改革的思考》,载《中国广播电视学刊》2001年第12期。

体、集约化、立体式的现代传媒集团方向发展。总之,湖南广播影视集团自成立以来,不仅进行内部体制改革和资源整合,而且以广阔的视野积极进行业务扩展,打造产业链,因而能够进一步发展壮大。

第三,按照市场规律,湖南广播影视集团大力打造自身品牌。市场经济条件下,品牌在消费者的购买行为中有着举足轻重的作用,品牌一旦形成就会备受消费者的依赖和关注并在以后的消费活动中成为消费者的惯性选择。对于广播影视业来说,品牌同样具有极其重要的作用。刘国基先生说:"品牌是传媒赢利的'原点'和'风暴眼'。品牌一旦形成,任何市场的开拓都会成为可能。在电视传媒的运营中,品牌栏目或频道对内能以其为原动力,拉动精品生产和体制改革,实现媒体生产要素的重组和最佳配置。对外能以其为亲和力,强化媒体辐射功能和信任度,追求目标效益最大化。在媒体纷争的社会环境中,品牌栏目是一种竞争力;在供大于求的媒体环境中,品牌栏目是一种吸引力;在媒体分化的市场环境中,品牌栏目是一种亲和力;在产品多样的消费环境中,品牌是一种信任度。"[①]正是认识到了这一点,湖南广播影视集团积极按照适合自身特点的思路,大力打造自身品牌。例如湖南卫视就打造了"快乐大本营"、"超级女声"等全国闻名的娱乐品牌。

第四,继续举办市场效益良好的节目,同时以国际视野来定位自身的发展。一方面,湖南广播影视集团大力推广市场反响良好的节目,因为这些节目适应了受众审美、娱乐、休闲和兴趣的需要,满足了公众的文化消费需求,具有较大的市场潜力,从而有必要进一步开发。另一方面,湖南广播影视集团以国际视野来定位自身,促进自身发展。胡惠林先生说:"随着中国的文化市场按照中国政府入世承诺的时间表对外开放,中国的文化市场同时也就具有了

---

① 刘国基:《湖南卫视的品牌策略》,载《广告导报》2005年第11期。

世界市场的意义,成为世界文化市场的一个重要组成部分。"①因此,文化产业要做大做强,必须要有国际化的思维和全球视野。正是认识到了这一点,湖南广播影视集团不但打造精品节目,而且力图将节目做到国际上去,达到世界水平。例如,2006年继续举办"超级女声",并努力进行创新和超越。湖南电视台台长欧阳常林说:"未来5至10年里,将以'超级女声'为契机,以卫视为核心平台,争取打造一个跨媒体、跨行业、跨地域、国内一流与国际知名的强势传媒集团。"②

最后,为了适应市场要求,2002年湖南广播影视集团又进行了深刻的内部体制改革。湖南广播影视集团总经理曾凡安先生说:"通过体制改革,主要解决好以下问题:第一是散的问题,散就散在频道与频道之间组合分割,有内耗。资源也是分割的,出现重复和浪费,资源没有得到有效利用;第二是广播电视内部的节目生产低效高成本问题,由于总台成立后,各频道虽然说是专业频道,其实小而全、大而全的状况并没有得到根本改变,一个频道仍是个小综合、小社会,新闻文艺什么都有,机构设置也很全,这种状况不能适应新的竞争局势;第三是集中优势做强做大的问题,湖南广电集团是先挂牌后重组的,主要采取行政手段进行整合,但是挂牌以后,特别是运作一年多后遇到很多问题。因此,我们准备通过资产的重组、资源的合理配置、结构的重新调整来解决这些问题,以适应市场经济的要求。这里的关键在于合理配置资源,盘活现有资源。"③按照这一思路,湖南广播影视集团在内部体制改革中,将原来的各个电视频道进行整合,摆脱了过去各频道各自为战、节目雷

①　胡惠林:《中国国家文化安全论》,第332页,上海人民出版社2005年版。
②　刘俊:《广电湘军打造"东方好莱坞"》,载《法制周报》2006年6月19日。
③　陶毅、刘颐静:《改革风生水起 发展势在必行——访湖南省广播电视局副局长、湖南广播影视集团总经理曾凡安》,载《声屏世界》2002年第3期。

同、大量资源内耗的状况,取得了良好的市场效益。据《中国文化产业年度发展报告(2004)》报道:"从 2002 年开始,湖南广电集团开展以体制创新为重点的'第二轮改革',对其所有电视频道进行重大调整。湖南卫视、湖南经视分别定位为面向湖南省外和省内的核心综合频道,其他频道定位为名副其实的专业频道,试图解决原来同质同构、资源流失、频道内耗的'老大难问题'。改革的效益在 2003 年很快显现出来。"[①]

总之,通过内部体制改革,湖南广播影视集团很好地实现了资源的优化配置,既避免了各频道由于同质化而彼此内耗,又有效地鼓励了各频道在市场效益上的竞争,从而为以后各频道的飞速发展打下了坚实的基础,也因此有了以后湖南卫视、湖南经视、湖南娱乐等各个频道相互促进、各显神通的大发展局面。

第三节 突出大众娱乐性的经营策略

改革开放以来,随着社会主义市场经济体制的确立以及精神文明建设和文化建设的不断发展,文化市场和文化消费呈现了多元分流的趋势。在这种情况下,广播业影视竞争不断加剧,生存空间不断萎缩,收听率和收视率面临着巨大的冲击和压力。湖南广播影视集团认识到,要在激烈的竞争中取得一席之地,必须有自己的准确定位。

根据对现状的分析,湖南广播影视集团采取了突出以大众娱乐性为主的经营策略,主打娱乐牌。因为在当代社会里,人们面临着越来越残酷激烈的竞争和越来越狭小的生存空间,各种压力陡然而生。面对着这样一种生存状况,人们对缓解压力、放松心情的

① 叶朗主编《中国文化产业年度发展报告(2004)》,第 110 页,湖南人民出版社,2004 年版。

需要越来越迫切,对娱乐性事件的兴趣越来越强烈。例如,近年来,制作精良、描写细腻的情感类韩剧在中国大行其道,受到从十几岁青春少女到中年家庭主妇的狂热追捧。在这种情况下,采取突出大众娱乐性的经营策略便成为影视行业的明智选择。正如有学者所说的:"中国电视节目的兴衰流变是与整个大时代背景相契合的。中国改革开放20多年来,已到了一个攻坚阶段,人民群众的社会生活正在由低风险向高风险转变,老百姓要承受的风险和压力越来越大,在这种情况下,百姓一方面比较关注国情时事这种直接关系到自己生存发展的时代背景,一方面需要寻求一种放松的娱乐方式,缓解内心的焦虑,所以,新闻性和游戏性节目在世纪交替的阶段倍受青睐,成为电视节目的两道主餐。游戏节目中,现场观众亲身参与节目,场外观众通过主持人的引导和现场氛围的感染,也大有身临其境之感,将摆脱压抑的心境与追求快乐的天性完全释放出来,在游戏状态下放逐自我、表达自我。这种游戏类节目满足了经济转型时期人们渴望缓解内心压抑的需求,名人在节目中还原了普通人的身份,节目中洋溢着轻松、快乐、平等的气氛,观众的参与行为得到了有史以来最大限度的满足。"[1]因此,湖南广播影视集团顺应时代的需要,打造娱乐品牌,突出大众娱乐性。

在这方面,集团所属的湖南卫视便是典型代表。一般来说,卫视综合频道节目由新闻、综艺娱乐、电视剧三个板块构成。电视剧对所有省级卫视的机会基本是平等的,目前首轮剧均由国家广电总局负责调配编排。从新闻方面看,各省级卫视新闻基本都以本省的新闻联播作为主打新闻,这种新闻很难引起省外观众的兴趣。因此,省级卫视要想突破地域限制只能在综艺娱乐节目方面下工夫。湖南广播影视集团总经理曾凡安谈到湖南卫视怎样做强时指

---

① 何春耕、肖琳芬:《中国电视娱乐节目模式的发展与探索——以湖南卫视〈快乐大本营〉和〈超级女声〉等为例》,载《湖南社会科学》2006年第2期。

出："必须拥有在社会上有鲜明特色、有影响力、有知名度、受众公认的强势品牌。传媒市场的竞争,主要体现在传媒生产的精神产品上。看一个传媒竞争力强不强,就要看这个传媒能否拥有自己的品牌产品,诸如品牌专栏、品牌作品、品牌栏目、品牌节目乃至品牌频道、品牌专版。我曾经在湖南电视台担任台长3年多,深知湖南卫视这几年之所以在全国有一定影响,被媒体当作一种'湖南电视现象'研究,就是靠"快乐大本营"、"玫瑰之约"、"晚间新闻"、"今日谈"几个叫得响、收视率高的品牌栏目。我在1998年写过一篇题为《论电视媒体的品牌经营》的论文,对电视品牌问题谈了自己的认识和体会,认为电视媒体竞争一是靠品牌,二是靠品牌,三还是靠品牌。是否拥有品牌,是衡量一个媒体竞争实力强与不强的重要标志。我们要想增强媒体的竞争实力,就必须建构自己的品牌战略,在培育品牌、创新品牌、维护品牌上下工夫。"[1]正是看到了这一点,湖南卫视在频道特色上极力突出大众娱乐性,实行锁定年轻、锁定娱乐、锁定全国的整体定位,打造"娱乐、资讯为主的个性化综合频道",追求"青春、靓丽、时尚"的电视品牌形象,从而突破地域限制而走向全国,成为"最具活力的中国电视娱乐品牌"。其中,2004年是湖南卫视重要的一年,在这一年湖南卫视清晰、完整地做出了电视娱乐品牌定位。据王庆华先生介绍:"2004年,湖南卫视的频道理念创新得到进一步丰富与完善。在一次全国直播的媒介推广会上,湖南卫视第一次正式公开宣称要全力打造'中国最具活力的电视娱乐品牌'。随后,更是公开为自己的频道和产品贴上了'快乐中国'的标签。至此,湖南卫视的频道理念、定位终于有了一个清晰、完整的表述。迎合这种创新表述,2004年的湖南卫视,不仅对自办栏目进行了全面的'快乐化'改版升级,同时,铺天盖地推出了'零门槛'、'零距离'的全民娱乐秀'超级女声'和终

① 曾凡安:《传媒产业 重在做强》,载《新闻战线》2002年第5期。

极快乐大餐'尖峰对决——乒乓嘉年华'等大型活动及节目,掀起了新一轮电视娱乐狂潮。尤其是 2005 年的'超级女声',更是创下了 15 万人报名海选、近 5 亿观众高度关注、3000 万人参与短信投票的盛况,成为中国的第一个电视狂欢节。"①由此,湖南卫视明确走上了突出大众娱乐性,打造"最具活力的中国电视娱乐品牌"的道路。

为此,湖南卫视坚持抓住提升娱乐品牌核心竞争力和充分彰显娱乐品牌活力本质这两个关键来打造湖南卫视的娱乐品牌。湖南电视台台长欧阳常林说:"第一个关键:我们要不断地提升娱乐品牌的核心竞争力。湖南卫视的核心竞争力离不开自办栏目的原创性,娱乐资源的独特性。既然是娱乐品牌,你在娱乐的资源上是一定要有独特性的,这点我们做到了。大众传媒就是要争夺注意力,也只有在内部机制上保障频道创新的持续性,才能真正的吸引观众、保住观众。第二个关键:我们认为要充分彰显娱乐品牌的活力本质。"②正是通过这两个关键措施,湖南卫视逐渐成为全国知名的电视娱乐品牌。具体体现在以下四个方面:

首先,湖南卫视把"快乐大本营"、"谁是英雄"等娱乐节目作为强档节目,含重播在内,用每天节目时间的四成播出这些娱乐节目,并且将它们作为周末的重头戏。如"快乐大本营"是湖南卫视的周末金牌节目,从晚上 8 点 20 左右一直播到晚上 9 点 40 左右;"金鹰之星"是多栖明星、著名主持人曹颖担纲主持的一档大型影视新秀选拔专栏;"音乐不断歌友会"是国内最受关注的音乐类互动节目之一和备受歌迷推崇的电视音乐大餐;"真情"是知名电视情感栏目,连接华人情感世界的纽带;"背后的故事",则是一档感

---

① 王庆华:《〈快乐大本营〉到"快乐中国"——湖南卫视"快乐"电视理念成因初探》,载《当代电视》2006 年第 4 期。

② 欧阳常林:《湖南卫视:娱乐为王》,载《广告大观》2004 年第 12 期。

动多数人的故事性谈话节目;"谁是英雄"则由相声演员大兵主持,妙趣横生,笑声不断。有学者对此评论道,"在中国电视观众受众市场还没有分化成熟的现状下,频道的专业化形象取决于领军栏目或特性的品牌强势而不是队伍的构成比例","因此湖南广电对于频道的定位,是以品牌性的栏目与资源彰显频道的专业特色而不是频道的兼容性与丰富性来构筑大众的收视基础。"①因此,把娱乐节目作为品牌栏目彰显了湖南卫视突出大众娱乐性的策略,表明了湖南卫视对自身娱乐频道的定位。

其次,主打节目迎合受众求新求奇的心理,突出大众娱乐性。例如,"快乐大本营"中的不少环节花样翻新,吸引了不少人的眼球。其节目的内容,以游戏为主,辅以歌舞、小品、相声和少部分事先录制的节目,主题强调贴近生活、贴近观众,以较高品位的娱乐形式给广大观众带来快乐。主持人何炅、维嘉的幽默机智和李湘的快言快语,都颇受观众欢迎。"谁是英雄"则主要以魔术、杂技、变脸、歌厅系列等比较有动态的表演过程为题材,立足于"行业状元秀",注重以人为本,强调其广泛的社会性、贴近性、趣味性,以益智性娱乐特色吸引着广泛的观众,使观众在快乐中思考,在思考中得到快乐,同时在娱乐中也进行了爱国主义思想教育和爱岗敬业职业道德教育。它由著名笑星大兵担纲主持,风格流畅,充满幽默,取得了良好的收视率,在全台栏目排名中名列前茅。2006年"谁是英雄"荣获最佳大众娱乐擂台秀。"金鹰之星"节目组则成功操作过"七仙女"选拔大赛、"力士华人巨星打造计划"、"金鹰之星·华谊兄弟星势力"及每年一度的"金鹰之星新秀大赛"等一系列活动和赛事。2005年,其制作的"美丽中学生"大型中学生选秀活动,引人瞩目。"美丽中学生"是针对13～18岁左右女生所做的

---

① 吕正标、邓瑜:《电视频道运营管理的比较分析——对重庆电视台、湖南广播影视集团考察后的思考》,载《中国广播电视学刊》2004年第12期。

一个策划。2005年3月12日，"美丽中学生"第一期节目如期播出，拉开了"美丽中学生"全国选拔赛的序幕。从"美丽中学生"已播节目的全国收视看，每期节目全国收视都表现优秀。总体来说，这些节目都迎合了受众求新求奇的心理，突出了大众娱乐性。

再次，在新闻播报上实行大众娱乐与严肃话题相结合的独特方式。湖南卫视的《晚间新闻》首开大陆轻松说新闻之风气，受到观众普遍喜爱，同时也得到了业界和学界的肯定。新闻报道娱乐化鲜明地反映了湖南卫视突出大众娱乐性的策略。我国多年来在新闻界沿袭下来的传统是严肃话题应当庄重严肃的播报，然而湖南卫视经过多年实践经验的总结以及对近年来新闻改革政策和新时代受众市场情况的分析，逐渐形成了新的思路，独辟蹊径，一改正襟危坐播新闻的惯例，在编排手法上加入新颖的娱乐创意，用轻松诙谐的形式来播报严肃的内容，使观众以轻松的心态来接受严肃的新闻，从而在最大程度上实现了媒体的有效传播。

最后，湖南卫视具有独特的娱乐内容资源和卓越的娱乐创新能力。一方面，湖南卫视具有与众不同的娱乐内容资源，并利用这些独有的娱乐内容资源来打造娱乐品牌。湖南卫视认识到，娱乐品牌只能围绕娱乐优势开发，凡是与娱乐定位无关的优势以及共享的资源，如购买的节目等都不能起到强化品牌的作用。因此，湖南卫视大力开发独有的资源，制作具有自身独特性的节目。例如原创节目、著名主持人、金鹰节等，都是其独有的娱乐内容资源。利用开发这些资源，湖南卫视一直保持了超越同类节目的优势。另一方面，湖南卫视具有卓越的娱乐创新能力，从而为打造最具活力的中国电视娱乐品牌奠定了坚实的基础。在节目制作中，湖南卫视敏锐的娱乐创新意识和良好的娱乐创新能力使它们获得了众多观众的支持。为了保持较高的收视率，湖南卫视紧紧围绕品牌定位，围绕娱乐性，贴近观众，不断进行节目创新。近年来的"超级女声"、"金鹰新秀"、"冒险你最红"、"全国PUB歌手大奖赛"、"美丽村姑"、"美丽中学生"无一不是具有独特创新性的节目,从而取得了巨大的反响。

　　总之,湖南卫视采取了突出大众娱乐性的经营策略,自 1997 年 7 月播出"快乐大本营"以来,又逐步推出"玫瑰之约"、"超级女声"等娱乐节目,在全国刮起了强烈的娱乐旋风,取得了巨大的市场效益。由表 13-1 可以看出,湖南卫视广告增长之迅速远超过同期的中央电视台,这反映出实行大众娱乐性策略的湖南卫视在社会影响和市场效益上的巨大增长。据湖南电视台台长欧阳常林介绍:"2004 年的全国卫视栏目有一个排名,在最受欢迎的 50 个省级卫视节目中,湖南卫视占了 14 个,将近 1/3。全国节目收视排名前 10 强中,湖南占了 3 个,另外,湖南卫视的音乐节目也有非常大的影响力,它是我们境内的唱片公司进行宣传和炒作的首选品牌。"[①]目前,除中央级媒体外,全国省一级卫星频道没有哪家能与湖南卫视相抗衡,这也显示了湖南卫视实行大众娱乐性经营策略所取得的成效。

表 13-1　湖南卫视与央视广告收入对比[②]

时间	湖南卫视	中央电视台
	1 个上星频道	16 个上星频道
2002 年	2.98 亿	63.5 亿
2003 年	6.4 亿	75.3 亿
2004 年	8.7 亿	80 亿
2005 年	超过 10 亿	未公布

　①　欧阳常林:《湖南卫视:娱乐为王》,载《广告大观》2004 年第 12 期。
　②　吴阿仑:《"电视湘军"的点金术》,载《中国企业家》2005 年第 20 期。

同时,湖南广播影视集团所属的其他频道频率也积极推行突出大众娱乐性的经营策略,不断开发出新颖有趣的节目来打造自身品牌。例如湖南广播影视集团下辖的湖南人民广播电台经济频道,2006年7月9~14日推出了为期6天5晚的"雪碧挑战音乐极限——冲刺吉尼斯世界纪录万人飙歌会"活动。据报道:"此次活动引起了全国媒体的高度关注,新华社、中新社、中央人民广播电台、中国青年报、北京青年报、南方都市报、湖南卫视、湖南经视、湖南日报、长沙晚报、潇湘晨报、新闻晚报、成都商报、新浪、搜狐、红网等全国60多家媒体争相对此次音乐挑战吉尼斯活动进行了跟踪报道,报道篇数达百余篇,百度、google等搜索引擎涉及到两次活动的相关条目达6万余条,'长沙'、'勇士'、'挑战'、'吉尼斯'等字眼频频出现在各路媒体上。尤其值得一提的是,中央电视台新闻频道旗舰栏目——"360度"特别与FM901湖南经广现场连线,追踪报道了此事。"[1]由此可见,湖南广播影视集团的整体发展思路和策略是成功的。

第四节 主要娱乐节目运作案例

湖南广播影视集团运作最成功的娱乐节目是"超级女声"和"快乐大本营",他们是湖南广播影视集团最知名的娱乐品牌。下面分别作简要介绍。

一、"快乐大本营"

"快乐大本营"是湖南卫视的一档娱乐综艺栏目,自1997年7月13日正式开播以来一直深受全国各地观众的喜爱,曾荣获过第16届中国电视金鹰奖。该节目主题强调贴近生活、贴近观众,以

---

[1] 张帼:《湖南经广:万人飙歌》,载《新闻天地》2006年第8期。

较高品味的娱乐形式给广大观众带来快乐。《快乐大本营》既不搞阳春白雪，也不为了取悦个别观众而搞过于庸俗的节目；栏目中有众多的明星出现，却不追求明星效应，甚至下岗女工也被请为座上嘉宾；栏目中安排了种类繁多的游戏，却不以哗众取宠为目的；栏目还注重观众的参与，包括现场观众和电视机前观众的参与。这些使"快乐大本营"获得了巨大成功，赢得了观众的良好评价。据报道："1997年《快乐大本营》的播出获得了巨大成功，最红火时平均收视率曾达到33％，广告价格甚至超过中央电视台的平均价格。《快乐大本营》的成功引发了电视娱乐节目的热潮，吸引了全国各个电视台对娱乐综艺节目的关注。各地省级卫视和城市台在短时间内纷纷上马以'快乐'为宗旨、以'游戏'为内容的综艺节目，其中较为有影响的有：《欢乐总动员》（北京台）、《非常周末》（江苏卫视）、《开心100》（福建东南台）、《超级大赢家》（安徽卫视）等等。"① 由此可见，正如其栏目宣传语所说的："快乐大本营，天天好心情"，"快乐大本营"坚持让观众得到快乐，让观众保持快乐心情的栏目定位，在运作中取得了巨大成功。《快乐大本营》具有以下几个鲜明特色：

首先，该栏目以其优良的质量一直在收视率方面名列前茅，尤其是在周末占有很高的收视市场份额，并引发了国内各电视台大办周末综艺节目的热潮。然而尽管如此，《快乐大本营》仍一枝独秀。开播以来，栏目的收视率一直居高不下。2002年，《快乐大本营》在全国卫视栏目知名度排行榜上稳居首位。2005年，《快乐大本营》和中央电视台的《春节联欢晚会》、《实话实说》栏目一道，被《新周刊》评为"15年来中国最有价值的电视节目"。《新周刊》对《快乐大本营》给出的获奖理由是："这档完全本土化制造的经营先

① 何春耕、肖琳芬：《中国电视娱乐节目模式的发展与探索——以湖南卫视〈快乐大本营〉和〈超级女声〉等为例》，载《湖南社会科学》2006年第2期。

文化产业经营管理案例

锋,以其清新、青春、快乐、贴近生活的游戏风格在中国电视娱乐版图迅速卡位,其带动的明星效应和倡导的快乐理念至今生命力不减,7年来已成为中国青少年文化的一部分,并为湖南卫视打造成中国第一电视娱乐品牌定下基调。"[①]这种评价很能反映出《快乐大本营》的娱乐特色。2006年,《快乐大本营》被评为最具影响力的综艺栏目。

其次,《快乐大本营》在国内开创了一种新的电视节目形态,对中国的电视娱乐作出了巨大贡献,使品尝《快乐大本营》这道"电视佳肴"成了全国各地观众周末的一种享受。同时《快乐大本营》借助在全国的巨大收视群体和高收视率,使要求合办专场或在栏目投入广告的企业络绎不绝。例如,"商务通"借"快乐旋风"在全国一炮打响,奠定了在PDA行业的霸主地位。"一汽奥迪"则出巨资抢下了《快乐大本营》新千年的首期特别节目,包装成了"奥迪新年晚会",借这台高水准的晚会将引领时尚的国产顶级轿车——奥迪A6推向全国市场。

再次,通过多种形式,《快乐大本营》将"快乐旋风"刮向四面八方。例如2004年栏目开播七周年,《快乐大本营》策划了一档别出心裁的节目——"快乐之旅"。"快乐之旅"是《快乐大本营》着力打造的全新品牌,它让大本营走向户外,加强了与观众的互动,这次活动规模庞大,成为《快乐大本营》的夺目亮点,深受广大观众、企业和商家的喜爱,也为众多旅游单位所青睐。例如在第一次凤凰古城快乐之旅中,其宣传效果给凤凰古城带来了巨大的经济效益,由2001年的150万元旅游总收入增至2002年1460万元。

其次,栏目自开办以来,先后与近百家全国知名企业合作制作专题晚会,其中不乏与各级政府合作举办的大型文艺晚会,除了湖

① 王庆华:《〈快乐大本营〉到"快乐中国"——湖南卫视"快乐"电视理念成因初探.》,载《当代电视》2006年第4期。

南卫视及栏目自身的宣传外,各企业、政府也运用自身媒体平台对晚会进行宣传炒作。《快乐大本营》还与香港凤凰卫视合办了"两地情,一家亲"特别节目,受到了海外华人的关注。此外,还成功运作造就了李湘、何炅、维嘉等几位具有广泛社会影响的明星人物。

最后,《快乐大本营》还积极借鉴其他节目的经验,不断创新,保持节目的张力和活力。例如 2004 年"超级女声"的火爆和走俏,给嗅觉灵敏、思维创新的《快乐大本营》提供了新的思路,使《快乐大本营》的主创人员认识到大众性、平民性和个性化是大众娱乐的生命力所在,中国娱乐业必须走媒体与受众互动、互补的路子。因此,《快乐大本营》在 2004 年推出了"冒险你最红"这一新颖节目。据媒体报道,"2004 年 5～7 月,《快乐大本营》历时两个月,面向全国征集冒险勇士,超强的号召力、新颖的节目形式、诱人的高额奖品,使得活动备受关注,参加报名的选手高达 18371 人。也就是从报名时起,勇士们便开始了过五关斩六将的重重冒险,经过海选、初选、复选等多重关口,六名勇士最终站到了摄影机前。7 月 10 日起'冒险你最红'举行了最后一场海选。这是'大本营'的一次'颠覆'性的创举,是'大本营'全体出动的最大规模的跨省市节目,也是破天荒第一次全部内容均在外景地动态呈现。原本非常令人担忧的海选节目却妙趣横生,收视良好,而跟进的半决赛更是高潮迭起,不可思议。据统计《快乐大本营》平时的收视率一般在 12 点左右,这几期达到了 14.13 点"①。

2005 年,湖南卫视又推出了全民参与、草根海选的"闪亮新主播"活动。该活动首先在重庆、沈阳、杭州、北京四个赛区进行主持人选拔,在这四个赛区选拔出 3～5 名优胜者进入长沙进行总决选,活动一直到 2006 年 1 月才结束。通过这次活动,一方面《快乐

---

① 何春耕、肖琳芬:《中国电视娱乐节目模式的发展与探索——以湖南卫视〈快乐大本营〉和〈超级女声〉等为例》,载《湖南社会科学》2006 年第 2 期。

大本营》能够选拔出观众心目中最喜爱的主持人,使其在每周六的《动感地带·快乐大本营》或者湖南卫视的其他节目中亮相,从而提高节目受观众喜爱的程度。另一方面,《快乐大本营》通过"闪亮新主播"活动在全国范围内筛选优秀主持人,在诉求内容和诉求对象上比"超级女声"更有诱惑力和颠覆性,在结果上的悬念性更强,从而极大地调动了观众的好奇心,使观众抱着极大的兴趣来参与和观赏。

总之,作为湖南卫视名声最响的王牌综艺节目,《快乐大本营》以其老少咸宜的节目风格,吸引着广大电视观众,在竞争最激烈的周六黄金档取得同时段的收视佳绩。

二、"超级女声"

中国电视娱乐节目发展到今天,满足观众的表演欲并为其提供舞台的表演性真人秀娱乐节目渐渐成为新的收视热点。据介绍,"'真人秀'泛指由制作者制定规则,由普通人参与并录制播出的电视竞赛游戏节目。它打破了新闻、纪录片等真实的电视节目与电视剧等虚拟的电视节目的界限。'真人秀'节目在西方国家相当受欢迎。在美国,《幸存者》首播时观众达到 1500 万,随后由同一家公司(CBS)制作的同类节目《老大哥》首播时,观众更高达2400 万。在法国,《阁楼故事》(《老大哥》法国版)也吸引了日均500 万名观众,每 30 秒广告价格最高达到 621000 欧元。惊人的收视率为这些节目带来了巨额广告收益以及其他相关收益。"①湖南卫视敏锐地觉察出这种趋势,在 2004 年 2 月以《流行偶像》(英国)和《美国偶像》(美国)为蓝本,推出一档全新的真人秀娱乐节目——"超级女声"。

---

① 何春耕、肖琳芬:《中国电视娱乐节目模式的发展与探索——以湖南卫视〈快乐大本营〉和〈超级女声〉等为例》,载《湖南社会科学》2006 年第 2 期。

"超级女声"是一档具有独特品质、以音乐选秀为外壳的表演性真人秀节目,为真人秀娱乐节目开创了一种新模式,获得了极大的成功。整个节目以大众性和亲民性为主题理念,倡导"想唱就唱"和"以唱为本",以声音和魅力选拔女性歌手。按照最初规则,只要喜爱唱歌的女性,不分唱法、不计年龄、不论外形、不问地域,均可免费报名参加并且有 30 秒的机会在电视节目里演唱。然后通过层层淘汰选拔,选拔出真正代表观众意愿的"超级女声"。因此"超级女声"被称为"一场没有门槛的大众歌会"。而且"超级女声"实行大众投票决定选手去留的淘汰方式,将一切权利交给了大众,从而张扬了一种"全民快乐"的氛围。总之,通过融合预选赛阶段的超强互动参与性、百态情趣和复赛决赛阶段的残酷淘汰性,"超级女声"创造了一种独特的表现形式,从而造就了其品牌的成功,使其成为国内电视界、娱乐界的热门事件,引发了广泛关注。

《超级女声》的制作方为上海天娱传媒有限公司。上海天娱传媒有限公司是湖南娱乐频道与北京天中文化共同投资在上海注册成立的一家控股子公司。2004 年 5 月,上海天娱传媒有限公司将"超级女声"赛事作为节目卖给了湖南卫视。赛事一经推出,来自全国各地的选手纷纷前来报名,长沙、武汉、成都等唱区报名人数全都突破 1 万人,其中年龄最大的 89 岁,最小的 6 岁,很快吸引了广大观众的注意力。接下来,形形色色的选手现身荧屏;直言不讳甚至苛刻的评委引发巨大的争议;连续几周每逢周末超长直播海选淘汰赛;活动期间每天一小时的花絮播出;复赛真声进棚大比拼;多场拉票演唱会;媒体鉴赏会等等景象,令人应接不暇,改变了电视观众的收视习惯,颠覆了娱乐选秀节目的传统形态。尤其是 2004 年"快乐中国超级女声"四大唱区赛事和 2004 年度总决赛经由湖南卫视播出后,在传媒界、娱乐界造成了广泛影响。《中国新闻周刊》、《三联生活周刊》、《瞭望东方周刊》、《新周刊》、《北京青年报》、《新京报》、《中国广播影视报产业周刊》纷纷载文报道。新浪网、《成都商报》、《潇湘晨报》、《南京日报》、《南京晨报》、《武汉晨报》、北京音乐电台等媒体倾力推介。在国内媒体的普遍关注下，该节目更被《新周刊》评选为2004"年度创意TV秀"。根据央视索福瑞公司对全国31座城市进行的收视调查，《超级女声》的播出让湖南卫视的白天收视率从0.5％上升到4.6％，市场占有率上升到20％，最高为49％，并且该活动播出时，同时段收视率仅次于中央电视台一套，排名全国第二。①

2005年，《超级女声》的赞助商蒙牛集团购买冠名权投入了2800万，此外还投入8000万制作相关的灯箱、车身、媒体广告。巨大的资金投入再加上去年的成功，《超级女声》影响迅速扩大。2005年3月，"2005快乐中国蒙牛酸酸乳超级女声"全面上演，规模与影响力跃上一个新台阶。在广州、长沙、郑州、成都、杭州，报名人数近15万，创下国内电视大众选唱类节目直接参与人数的最高纪录。从湖南卫视公布的广告价格单看，2004年《超级女声》的广告价格，每15秒高达7.5万元，而2005年《超级女声》总决赛的报价更高，达每15秒11.25万，而央视一套3月报价最贵的电视剧贴片15秒报价也只有11万。② 至于短信方面的提成收入，更是不可小觑。据《青岛早报》报道："去年的'超女'比赛在进入总决赛后，'10进8'票数达到200万张，'6进5'达300万张，'5进3'约500万张，3强决赛突破800万张。仅仅这4场就有1800多万张选票，而总决赛一共有8场之多。业内人士估算，'超女'决赛的短信收入应该达到3000万元左右。"③

"超级女声"2006年继续举办，依然火爆。据媒体报道，"超级女声"在2006年收视率仍保持着全国领先地位，业绩依然不俗。

① 谢耘耕、王彩平：《中国电视娱乐节目市场报告》，载《新闻界》2005年第4期。
② 谢耘耕、王彩平：《中国电视娱乐节目市场报告》，载《新闻界》2005年第4期。
③ 星辰：《超女决赛短信能赚三千万元》，载《青岛早报》2006年9月4日。

例如《新闻天地》报道说:"虽然4年一度的世界杯给众多电视节目带来了巨大冲击,许多节目的收视都出现了不同程度的下滑,但是在'超级女声'与世界杯的硬碰中,'超女'依然坚挺地稳居全国收视的前列。7月7~9日,成都唱区终极决战、沈阳唱区10强诞生和广州唱区预选赛精彩呈现,3场连播,央视索福瑞的收视数据调查显示,7月7日晚的成都赛区总决选和7月8日沈阳唱区20进10晋级赛的收视率均位居同时段全国第一,而7月9日的广州唱区收视率也表现不俗,位居全国同时段收视前列。"①

2006年8月2日下午3:00,总决赛新闻发布会在湖南国际会展中心召开,主办方公布了一直被外界关注的总决赛相关赛制赛程,并针对自超级女声启动以来产生的一些话题给予了积极回应。据介绍,本次"2006超级女声"全国总决赛采用了新的方式,分为复活赛、10强入围赛、10强晋级赛三大版块。其中,复活赛于8月17日(周四)开始,此时5大唱区第4~10共35名复活选手将经过一场复活赛来决出5位选手进入10强入围赛。在10强入围赛中,5位复活选手将挑战5大唱区第3名,再决出5强选手。然后这5强选手再挑战各唱区第2名,由产生的5强选手与各唱区的冠军选手组成10强,成为全国总决赛10强晋级赛的名单,最后通过晋级产生年度冠亚季军。同时,对于复活赛的设计以及评委人选,据介绍,比赛将以"场外票选"和"评委选拔"两条主线交织进行,最终进行首创的"多人PK",由大众评审团决定复活人选,大众评审团将由在复活赛中淘汰的选手组成。而评委方面,据透露将综合5大唱区的专业评委。主持人则由李湘和汪涵担任。湖南卫视欧阳常林称从收视率上来看,"2006超级女声"仍然在全国保持着领先地位,宣称"超级女声"有着良好的国际影响力,目前已有多家国际传媒机构就超女节目和资本运营与湖南广电洽谈。

① 王云峰:《超级女声 超前炽热》,载《新闻天地》2006年第8期。

另外，除了大力提高自身的收视率业绩外，"超级女声"还作为一个完整的产业链来运作，在广告、赞助、短信、演唱会、艺人经纪、品牌开发、授权等各方面都获得了丰厚的收入。例如在电信业务消费方面，"超级女声"就创造了巨额的市场收入。据报道，"超级女声在创造超人气收视率（超过央视新闻联播）、巨额广告收入神话的同时，也创造了一个令人咋舌的电信业务消费盛宴。在总决赛的最后一场，三位选手（李宇春、周笔畅、张靓颖）共获得超过800万条的短消息支持，每条短消息1元，另外每个投票用户要开通包月服务10元/月，一晚比赛直接的电信增值业务收入超过千万，超过某些城市一年的电信增值业务收入。而且我们知道，从海选到最后总决选，举行了几十场比赛。除了直接的电信业务消费外，衍生的电信业务消费也十分可观，在各省的彩铃业务排行榜上，超级女声的彩铃几乎是包揽前几位的。有的学生FANS为了发送短消息支持心中的偶像，买送话费的小灵通手机是一打一打地买（每个手机用户只能发送15条短消息）；更有甚者，成都的某位男士为了支持偶像，一掷50万，一次性买入1万张50元面值的神州行卡，估计创下了中国预付费卡单笔消费的记录。"①同时，在广告方面，"超级女声"同样取得了不俗的业绩。2005年，"超级女声"亚军周笔畅已经签下一单为期2年的广告合同，总收入500万，湖南卫视方可拿到60%代理金即300万。② 另外，湖南卫视还注册了47个不同领域的"超级女声"商标，用于相应的商业开发。从表13-2中我们也可以看出，2005年"超级女声"取得了良好的市场效益，获得了巨大的成功。2006年，"超级女声"在制作节目的同时进一步放大了品牌效应，强力打造超女新娱乐经济产业链，

　　① 潘少钦：《超女神话——高新技术产业运营战略透视》，载《深圳特区科学》2005年第8期。

　　② 吴阿仑：《"电视湘军"的点金术》，载《中国企业家》2005年第20期。

推出了"超女娃娃"等一系列衍生产品。

表13-2　2005年"超级女声"的财富效应①

赞助商投入1.08亿
短信收入3000万
唱片预售收入1800万
3场演唱会出场费300万
广告代言和娱乐经纪至少2000万

　　不过,随着超女的影响力日益扩大,有些学者也对"超级女声"持有不同的看法,例如原文化部部长、全国政协常委、全国政协教科文卫体委员会主任刘忠德就对"超级女声"活动以庸俗化误导青少年的倾向提出了严厉的批评,他说:"作为政府文化艺术有关管理部门来讲,不应该允许超女这类东西存在。因为娱乐节目也有导向的问题。从我们有关部门来讲,不应该允许这种现象存在。就是娱乐节目,为了我们民族、国家的未来,也有一个导向的问题。你看现在各地的青少年都被害了。参加超女的被害了,看这个节目的也被害了,我就这么一个看法。"②也有的论者对"2006年超级女声"经过精心商业谋划的赛制安排提出尖锐批评,认为在超级女声背后隐藏着资本的罪恶,它让我们看到的是心机和谋略、友谊和背叛,全与唱歌无关。③

　　这些学者认为"超级女声"主要的受众面是青少年,而本身价

　　①　吴阿仑:《"电视湘军"的点金术》,载《中国企业家》2005第20期。
　　②　彭国宇:《政协常委称超女让人受毒害引发激烈争议》,载《华夏时报》2006年4月25日。
　　③　田松:《超女背后的资本之恶》,载《中华读书报》2006年9月13日。

值观还没有完全定型的青少年极容易受到"超级女声"活动所带来的负面影响。"超级女声"使青少年放弃了对学习的关注,而期望能够一夜成名、一日暴富,从而使许多青少年的价值观、人生观和世界观发生了错位,使他们认为在人生中不需要很多努力,就可以轻而易举地获取成功和辉煌。因此,对这些爱做梦的青少年来说,"超级女声"客观上所带来的渴求成名、一夜成名的思想可能会使处在思想、情感、价值、认识发展关键期的青少年陷入一种对名利盲目而无序的追求之中,从而身心受到极大的伤害,并且会对其一生产生不良影响。这种担忧也不是没有道理。不过,我们也要看到,"超级女声"作为按照市场机制来运作、具有较大社会影响力的文化品牌,其积极的意义要大于其存在的弊端,它仍然不失为文化产业方面的一个成功案例,值得我们认真研究。

思考题

1. 广播影视业以市场为取向是否会损害节目的艺术性?
2. 怎样避免娱乐节目走向庸俗化?
3. 湖南广播影视集团的发展带给我们哪些启示?

相关案例:

上海文广集团是如何发展壮大的?

上海文化广播影视集团(简称文广集团)是于 2001 年 4 月 19 日宣告成立的以文化广播影视为主业的新闻文化集团,同时兼营旅游、宾馆、演出、会展等相关产业。按照业务范围,它下设九个单位,分别为上海文广新闻传媒集团、上海电影(集团)公司、上海东方明珠(集团)股份有限公司、上海文广演艺中心、上海文广科技发展有限公司、上海文广实业有限公司、上海文广集团大型活动办公室、STR 国际(集团)公司和上海电影资料馆。

多年来文广集团实行品牌战略,以品牌取代地方色彩浓郁的报台名称,运用统一品牌来整合多种资源,实施资源重组、业务重组和机构重组,例如将上海电视台和东方电视台组合成 11 个专业频道,将上海人民广播电台和东方广播电台组合成 10 个专业频率,从而最终在市场上确立自己的地位

同时,上海文广集团十分注重提升节目的生产能力、原创能力、集成能力、营销能力。例如,2003 年 7 月 6 日,文广集团推出的"第一财经"是中国第一个囊括电视频道,广播频率、报纸甚至网络等在内的跨媒体财经资讯平台。2003 年 9 月 11 日,文广集团又以 1.8 亿元人民币的高价获得中超联赛的电视转播权,从而在今后的三年内,对中超联赛进行卫星、无线、有线电视转播,并取得相关电视产品以及衍生产品的制作权,开发权、使用权以及中超联赛电视节目的广告经营权。

另外,上海文广集团还与体外资源、业外资源、海外资源灵活对接,与资源互补性机构、资源竞争性机构、资源垄断性机构合作,以发展和壮大自己。例如 2003 年 5 月初,上海电视台财经频道和全球最大的财经电视媒体——美国 CNBC 达成初次合作,从而使中国财经新闻首次在国际主流电视网中的完整亮相,被称为文广集团向外的第一次"扩张"。

现在,上海文广集团已成为拥有广播电视传统媒体和宽频电视、互动电视、移动电视、IP 电视、手机电视等新媒体的新闻文化集团,以及拥有先进制作设备、制片理念,拍摄制作了大量优秀影视剧的全国重要影视剧生产基地。同时,集团还拥有一批高水平的文艺表演团体和丰富的文化娱乐资源。例如旗下的东方明珠(集团)股份有限公司是中国第一家文化类上市公司,名列中国最具发展潜力上市公司 50 强。旗下的上海文广演艺中心则在演出

营运方面具有丰富的专业经验和雄厚的经济实力,是集剧场管理、演出经营等综合功能于一体的演出领域龙头机构,

另外,文广集团还全方位介入公众文化生活,每年举办上海电视节、上海国际电影节、上海之春国际音乐节等,在海内外享有盛誉。

后记

撰写一本适合文化产业管理专业教学需要的案例教材一直是我们的一个想法,现在总算把这个想法变为现实了。

文化产业管理是一个实践性很强的学科专业,在教学过程中,除了要求学生系统掌握文化产业管理专业的基本理论外,还要结合实际了解文化产业管理在实践中的具体运用,把理论与现实相结合。这样教学才具有针对性,更能增加学生对书本知识的理解。本书在收集一些案例资料(包括实地调研)的基础上,撰写了这本供教学用的文化产业经营管理案例教材。

我们对案例的选择,主要是结合当前国内外文化产业发展的实际,注重学科前沿与发展趋势,尤其是联系我国文化产业实践中所提出的问题,并结合教学的需要,重点选择那些具有典型意义的案例。这些案例要尽可能地反映出各个文化产业门类的情况,涵盖面广一些。再就是,既要有中国文化产业的案例,也要有外国文化产业的案例;既要有成功的文化产业案例,也要有失败的文化产业案例。本书涉及的这些典型案例,都是经过实践证明是成功的或是失败的。有些案例虽然也很典型,但由于尚缺乏实践的验证,因此,本书暂不考虑。本书中还提供了许多相关案例,可作为主案例的补充和延伸,目的是为了进一步启发学生对问题的深入思考,开阔视野,增强解决实际问题的能力。

本书是合作完成的成果。我提出总体思路和方案,并设计出章节框架和内容，然后分头进行撰写。具体分工如下：张胜冰撰写第三章、第八章、第十二章，并与马树华合写第一章；马树华撰写第二章、第六章、第十章；徐向昱撰写第四章、第九章、第十一章；尚光一撰写第五章、第七章、第十三章。第八章中音像市场的盗版的补充案例是由文化产业管理专业学生车群收集的，学生参与一块收集编写案例是我们历来所倡导的，它是案例资料库的来源之一。

本书的写作参考了国内外许多研究资料，包括官方网站公布的一些数据。这些资料都作为参考文献标明了出处。撰写文化产业案例教材并非是一件容易的事，面临很多挑战，这是因为文化产业发展总是处于不断变化之中，各种数据和资料经常在变，这给案例撰写带来一定困难。因此，本书存在各种不足甚至是错误之处也就在所难免，还请方家学者和文化企业界人士批评指正。

本书列入了中国海洋大学教材建设基金项目，在此表示感谢。该书是我校文化产业管理专业系列教材建设的一部分，也是中国海洋大学国家文化产业研究中心所取得的成果之一。在此之前，我们已经出版了《世界文化产业概要》、《文化产业政策与法规》等，还将陆续出版其他几种专业教材。感谢中国海洋大学文学与新闻传播学院的大力支持，感谢参加撰写的几位作者的通力合作和齐心协力，使教材得以如期完成。还要特别感谢刘文俭教授和王才路教授，他们在评审中对书稿提出了许多中肯的意见。最后还要感谢中国海洋大学出版社对本书出版的支持和付出的辛勤劳动。

后记

张胜冰
于中国海洋大学
2006 年 11 月 8 日